AF589533

www.ingramcontent.com/pod-product-compliance
Ingram Content Group UK Ltd.
Pitfield, Milton Keynes, MK11 3LW, UK
UKHW062307290726
14090UKWH00018B/932

9 786254 006586

دو لیمو

کمال حاجیان

نگارگری حاشیه: از آثار علی اصغر تجویدی
صفحه آرایی و طرح روی جلد: کمال حاجیان

شابک: ۶ – ۶۵۸ – ۴۰۰ – ۶۲۵ – ۹۷۸

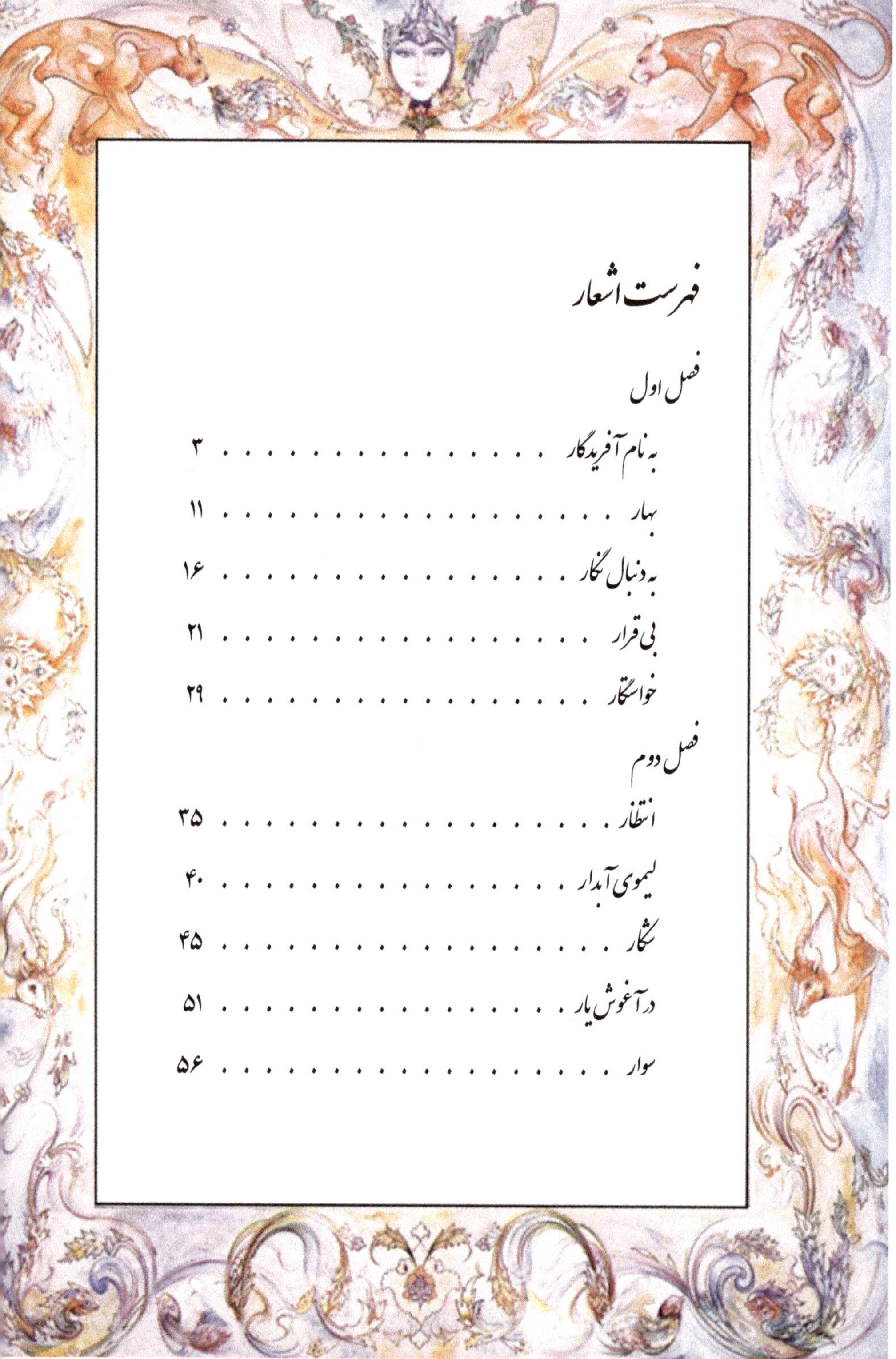

فهرست اشعار

فصل اول

فصل دوم

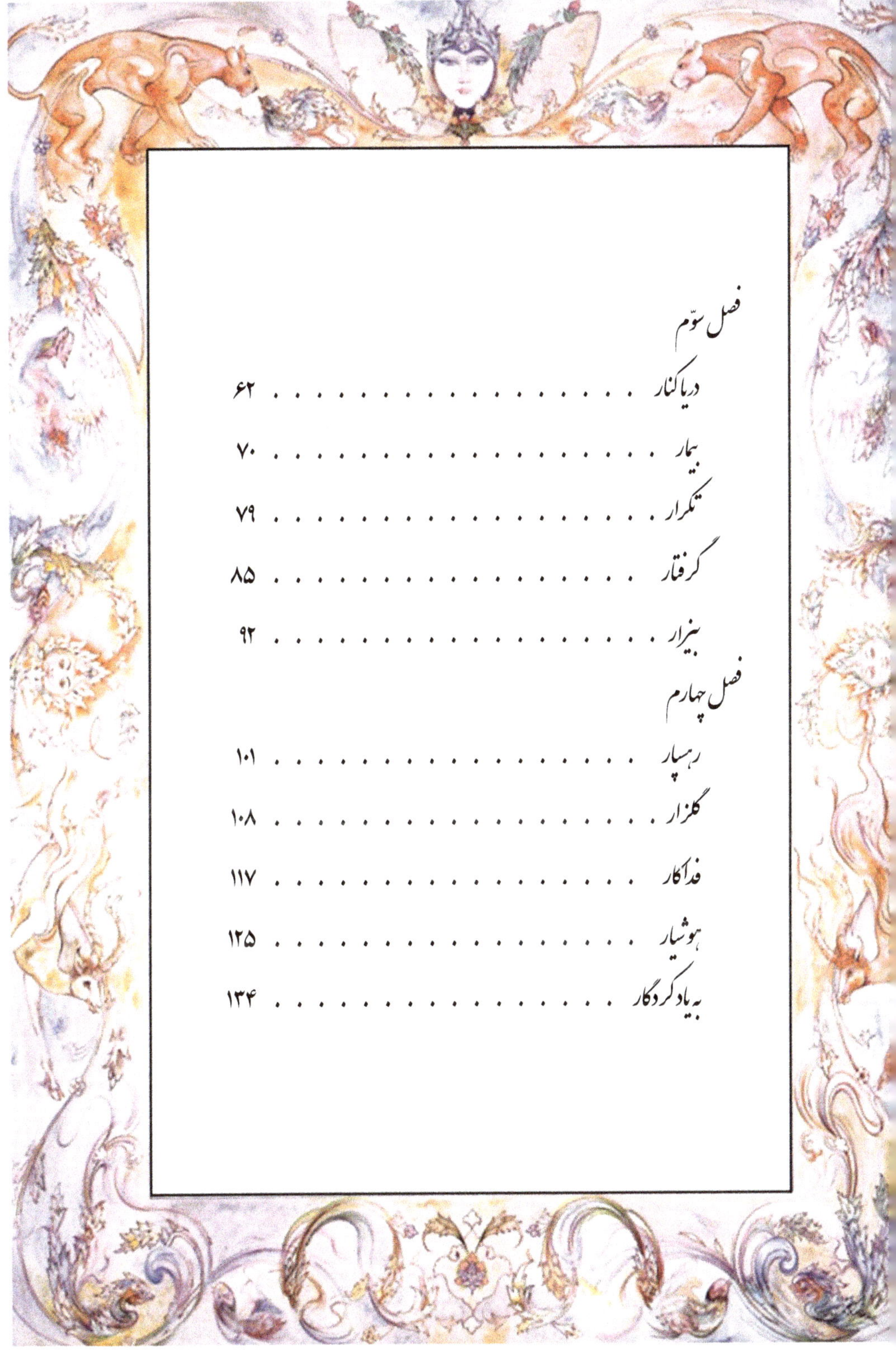

فصل سوّم

فصل چهارم

فصل اوّل

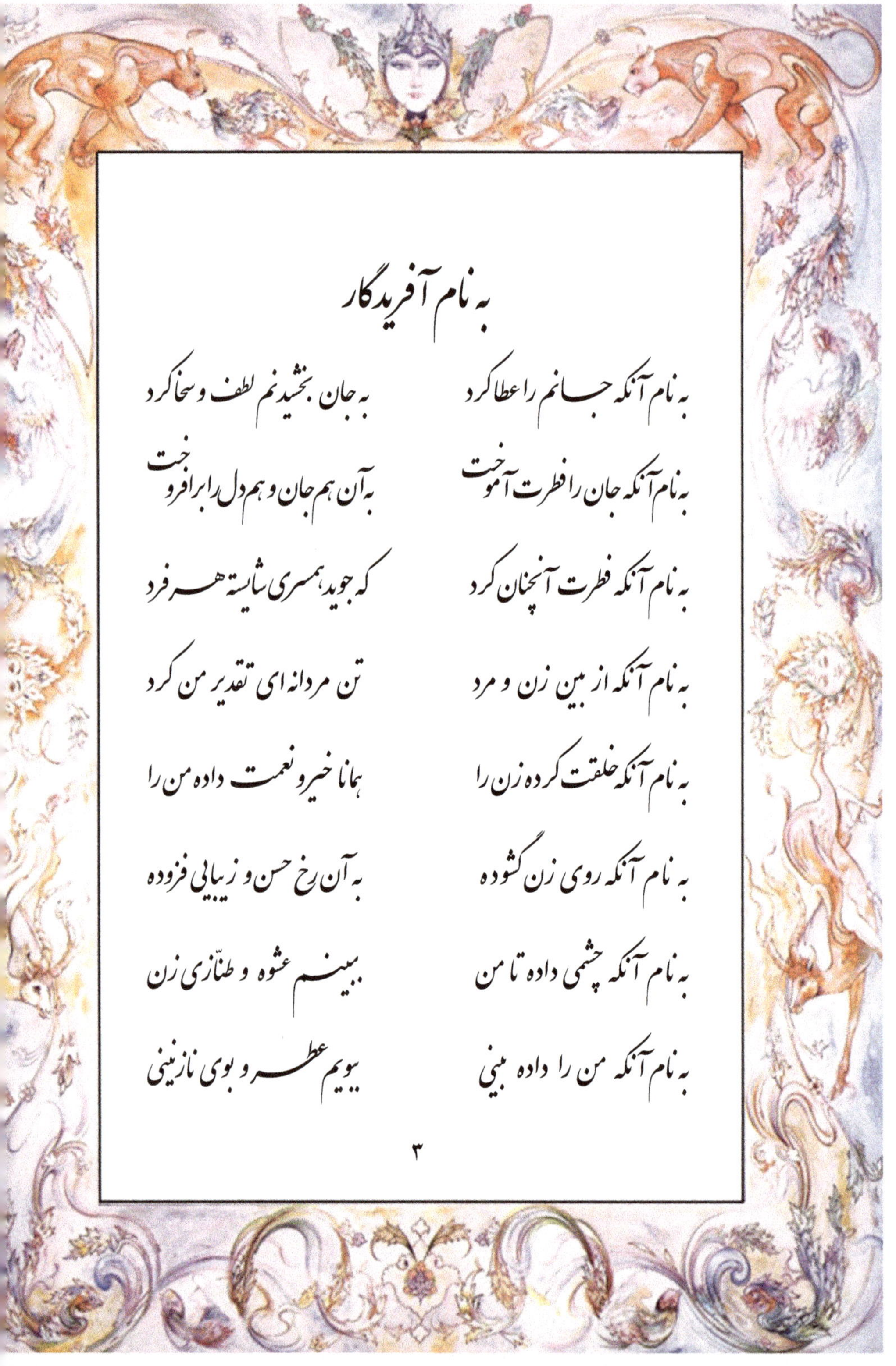

به نام آفریدگار

به نام آنکه جانم را عطا کرد
به جان بخشیدنم لطف و سخا کرد

به نام آنکه جان را فطرت آموخت
به آن هم جان و هم دل را برافروخت

به نام آنکه فطرت آنچنان کرد
که جوید همسری شایسته هر فرد

به نام آنکه از بین زن و مرد
تن مردانه ای تقدیر من کرد

به نام آنکه خلقت کرده زن را
همانا خیر و نعمت داده من را

به نام آنکه روی زن گشوده
به آن رخ حسن و زیبایی فزوده

به نام آنکه چشمی داده تا من
ببینم عشوه و طنّازی زن

به نام آنکه من را داده بینی
ببویم عطر و بوی نازنینی

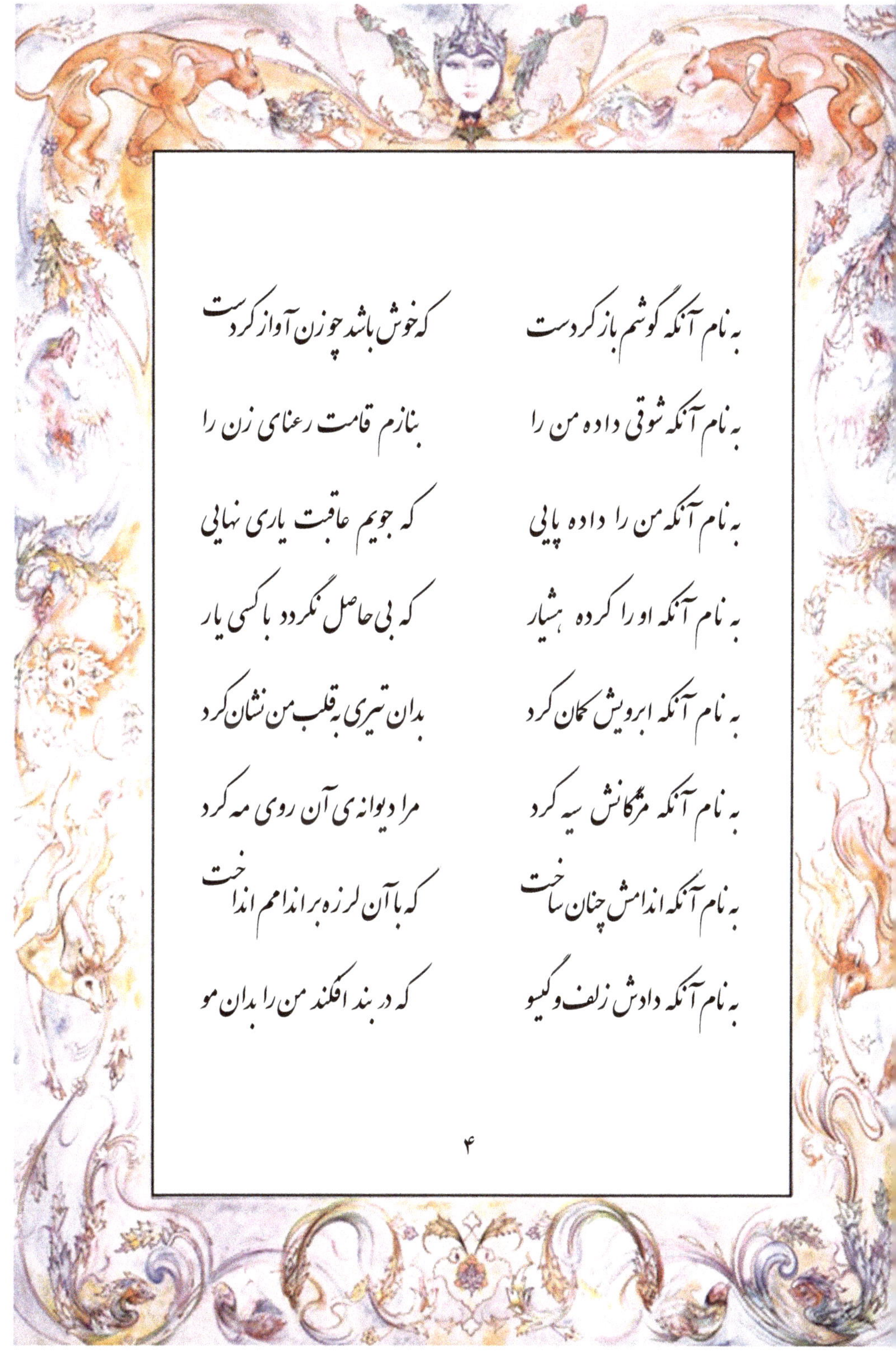

به نام آنکه گوشم باز کردست	که خوش باشد چو زن آواز کردست

به نام آنکه شوقی داده من را	بنازم قامت رعنای زن را

به نام آنکه من را داده پایی	که جویم عاقبت یاری نهایی

به نام آنکه او را کرده هشیار	که بی حاصل نگردد با کسی یار

به نام آنکه ابرویش کمان کرد	بدان تیری به قلب من نشان کرد

به نام آنکه مژگانش سیه کرد	مرا دیوانه‌ی آن روی مه کرد

به نام آنکه اندامش چنان ساخت	که با آن لرزه بر اندامم انداخت

به نام آنکه دادش زلف و گیسو	که در بند افکند من را بدان مو

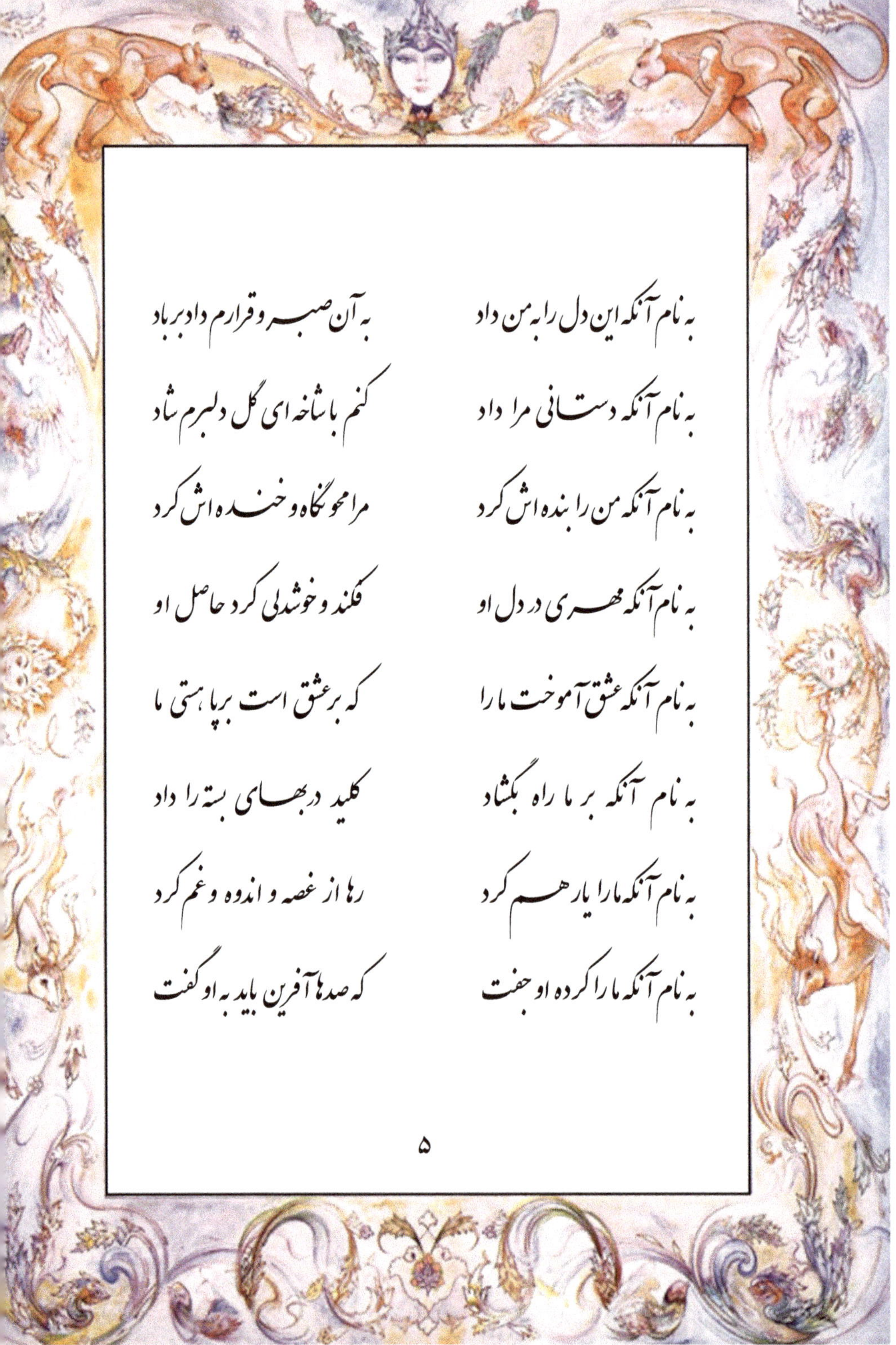

به نام آنکه این دل را به من داد
به آن صبر و قرارم داد برباد

به نام آنکه دستانی مرا داد
کنم با شاخه ای گل دلبرم شاد

به نام آنکه من را بنده اش کرد
مرا محو نگاه و خنده اش کرد

به نام آنکه مهری در دل او
فکند و خوشدلی کرد حاصل او

به نام آنکه عشق آموخت ما را
که بر عشق است برپا هستی ما

به نام آنکه بر ما راه بگشاد
کلید درب‌های بسته را داد

به نام آنکه ما را یار هم کرد
رها از غصه و اندوه و غم کرد

به نام آنکه ما را کرده او جفت
که صدها آفرین باید به او گفت

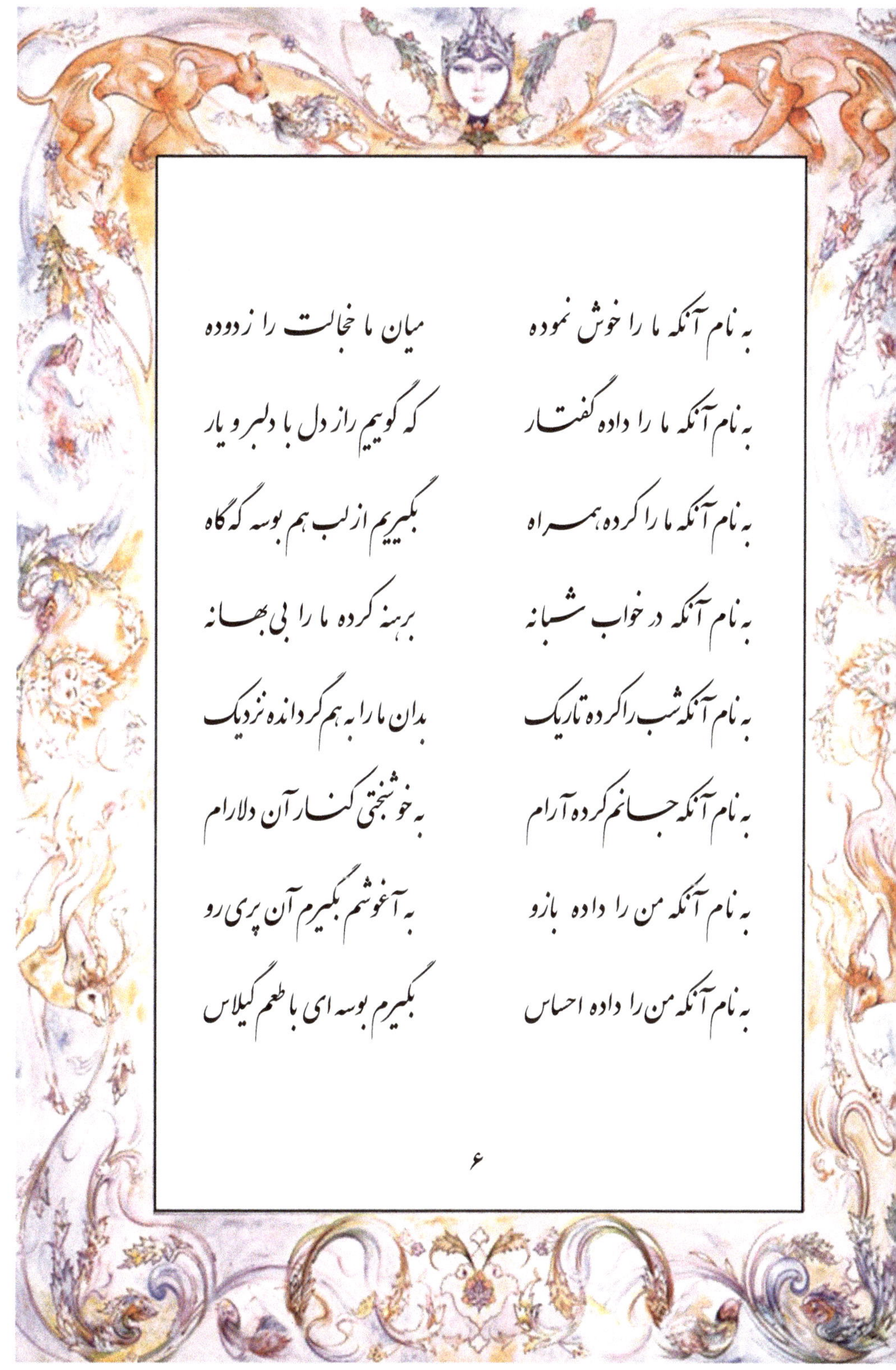

به نام آنکه ما را خوش نموده   میان ما خجالت را زدوده
به نام آنکه ما را داده گفتار   که گوییم راز دل با دلبر و یار
به نام آنکه ما را کرده همراه   بگیریم از لب هم بوسه گه گاه
به نام آنکه در خواب شبانه   برهنه کرده ما را بی بهانه
به نام آنکه شب را کرده تاریک   بدان ما را به هم گردانده نزدیک
به نام آنکه جانم کرده آرام   به خوشبختی کنار آن دلارام
به نام آنکه من را داده بازو   به آغوشم بگیرم آن پری رو
به نام آنکه من را داده احساس   بگیرم بوسه ای با طعم گیلاس

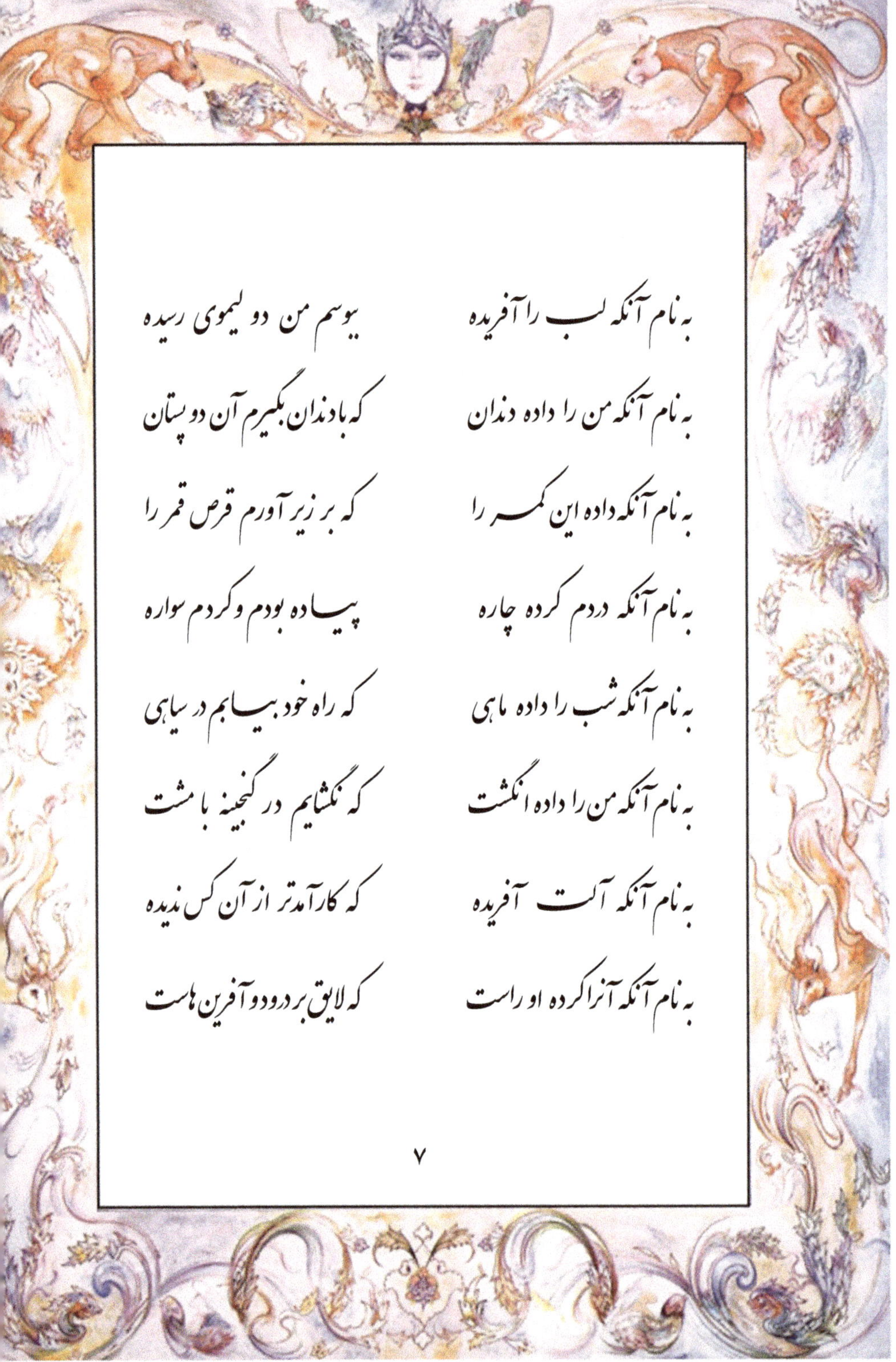

به نام آنکه لب را آفریده   بوسم من دو لیموی رسیده

به نام آنکه من را داده دندان   که با دندان بگیرم آن دو پستان

به نام آنکه داده این کمر را   که بر زیر آورم قرص قمر را

به نام آنکه دردم کرده چاره   پیاده بودم و کردم سواره

به نام آنکه شب را داده ماهی   که راه خود بیابم در سیاهی

به نام آنکه من را داده انگشت   که نگشایم در گنجینه با مشت

به نام آنکه آلت آفریده   که کارآمدتر از آن کس ندیده

به نام آنکه آنرا کرده او راست   که لایق بر درود و آفرین هاست

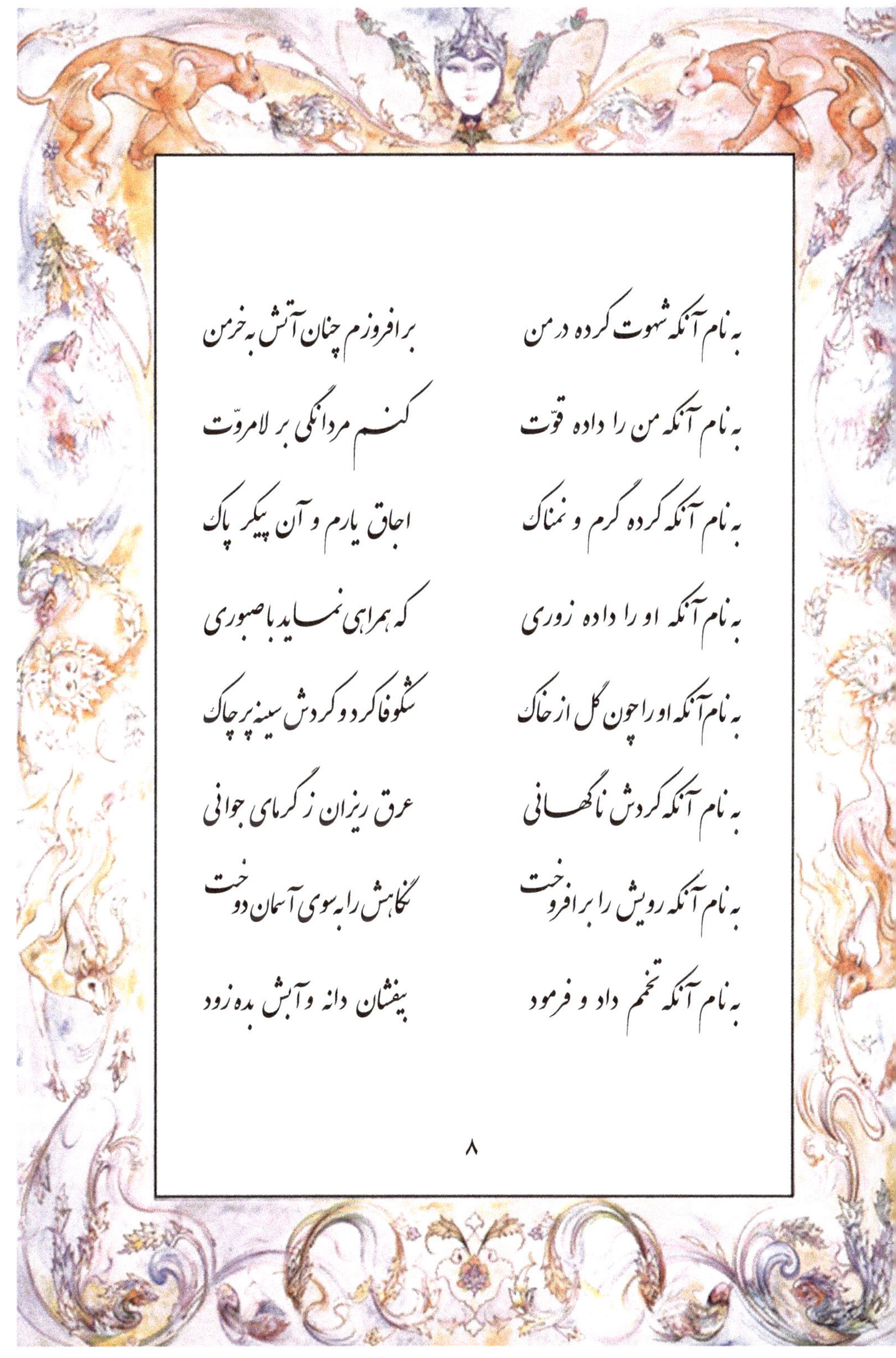

به نام آنکه شهوت کرده در من | برافروزم چنان آتش به خرمن
به نام آنکه من را داده قوّت | کنم مردانگی بر لامروّت
به نام آنکه کرده گرم و نمناک | اجاق یارم و آن پیکر پاک
به نام آنکه او را داده زوری | که همراهی نماید با صبوری
به نام آنکه او را چون گل از خاک | شکوفا کرد و کردش سینه پرچاک
به نام آنکه کردش ناگهانی | عرق ریزان ز گرمای جوانی
به نام آنکه رویش را برافروخت | نگاهش را به سوی آسمان دوخت
به نام آنکه تخمم داد و فرمود | بیفشان دانه و آبش بده زود

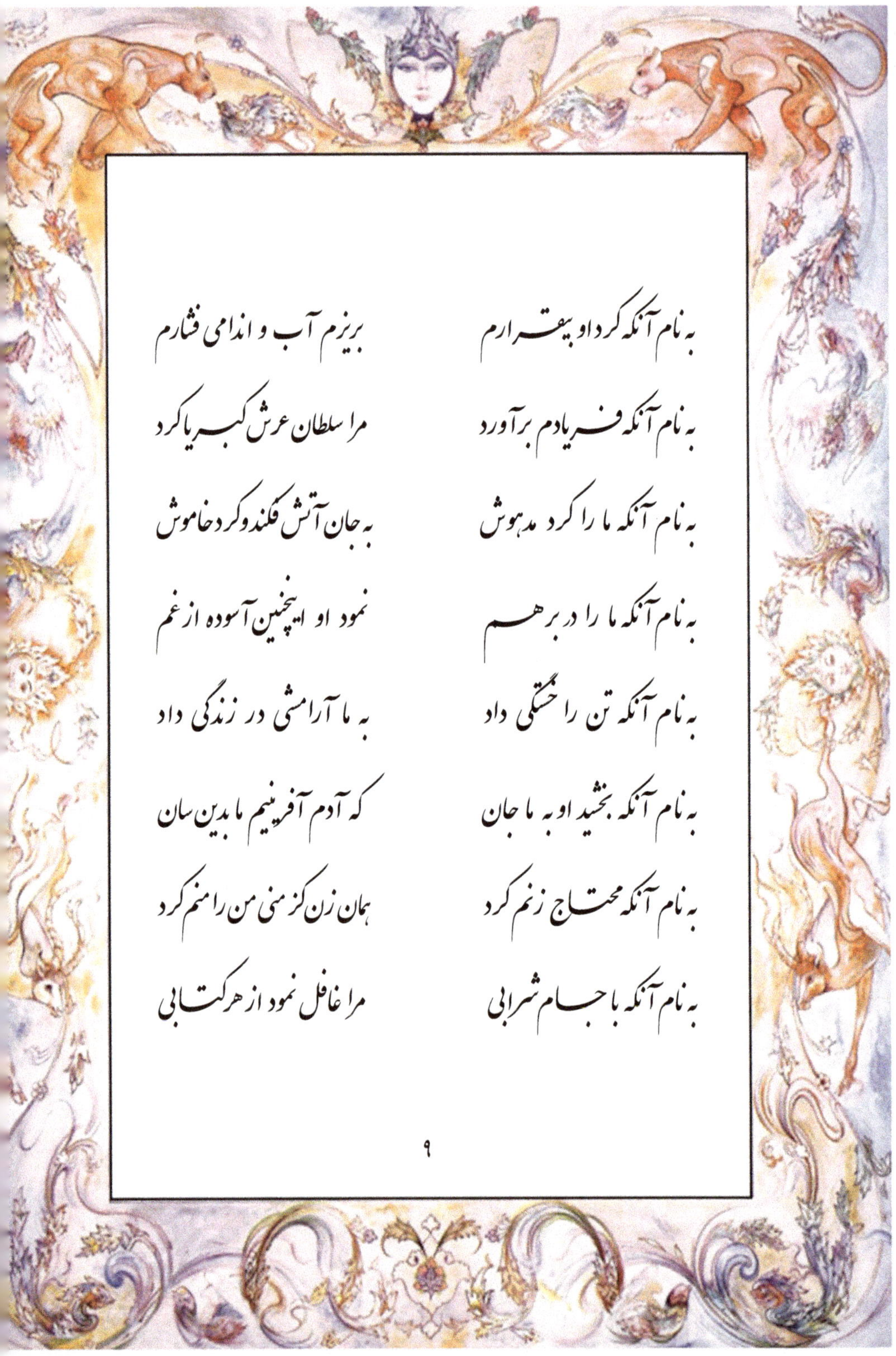

به نام آنکه کرد او بیقرارم / بریزم آب و اندامی فشارم

به نام آنکه فریادم برآورد / مرا سلطان عرش کبریا کرد

به نام آنکه ما را کرد مدهوش / به جان آتش فکند و کرد خاموش

به نام آنکه ما را در برهم / نمود او اینچنین آسوده از غم

به نام آنکه تن را خستگی داد / به ما آرامشی در زندگی داد

به نام آنکه بخشید او به ما جان / که آدم آفرینیم ما بدین سان

به نام آنکه محتاج زنم کرد / همان زن کز منی من رامنم کرد

به نام آنکه با جام شرابی / مرا غافل نمود از هر کتابی

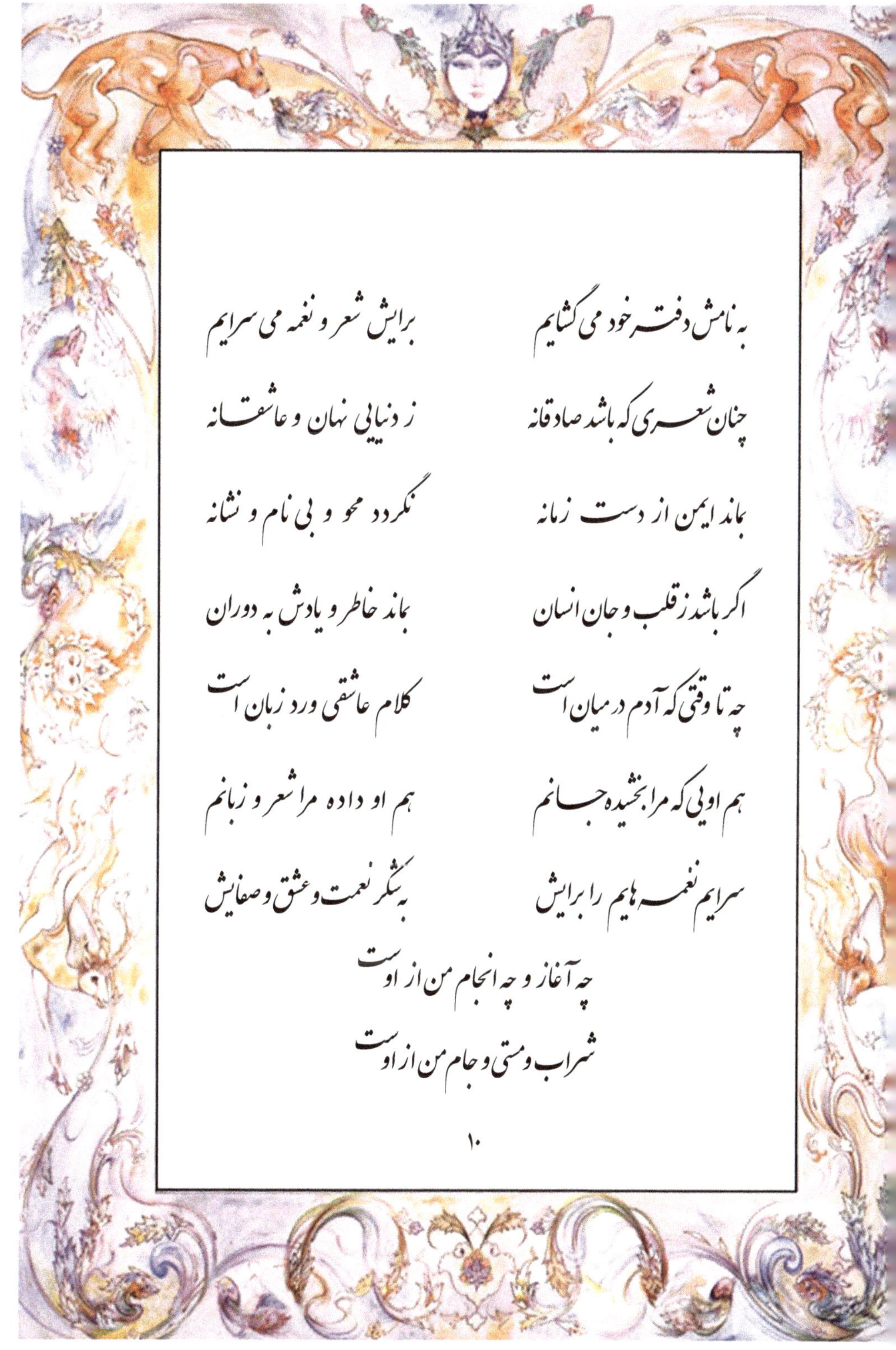

به نامش دفتر خود می گشایم — برایش شعر و نغمه می سرایم

چنان شعری که باشد صادقانه — ز دنیایی نهان و عاشقانه

بماند ایمن از دست زمانه — نگردد محو و بی نام و نشانه

اگر باشد ز قلب و جان انسان — بماند خاطر و یادش به دوران

چه تا وقتی که آدم در میان است — کلام عاشقی ورد زبان است

هم اویی که مرا بخشیده جانم — هم او داده مرا شعر و زبانم

سرایم نغمه هایم را برایش — به شکر نعمت و عشق و صفایش

چه آغاز و چه انجام من از اوست

شراب و مستی و جام من از اوست

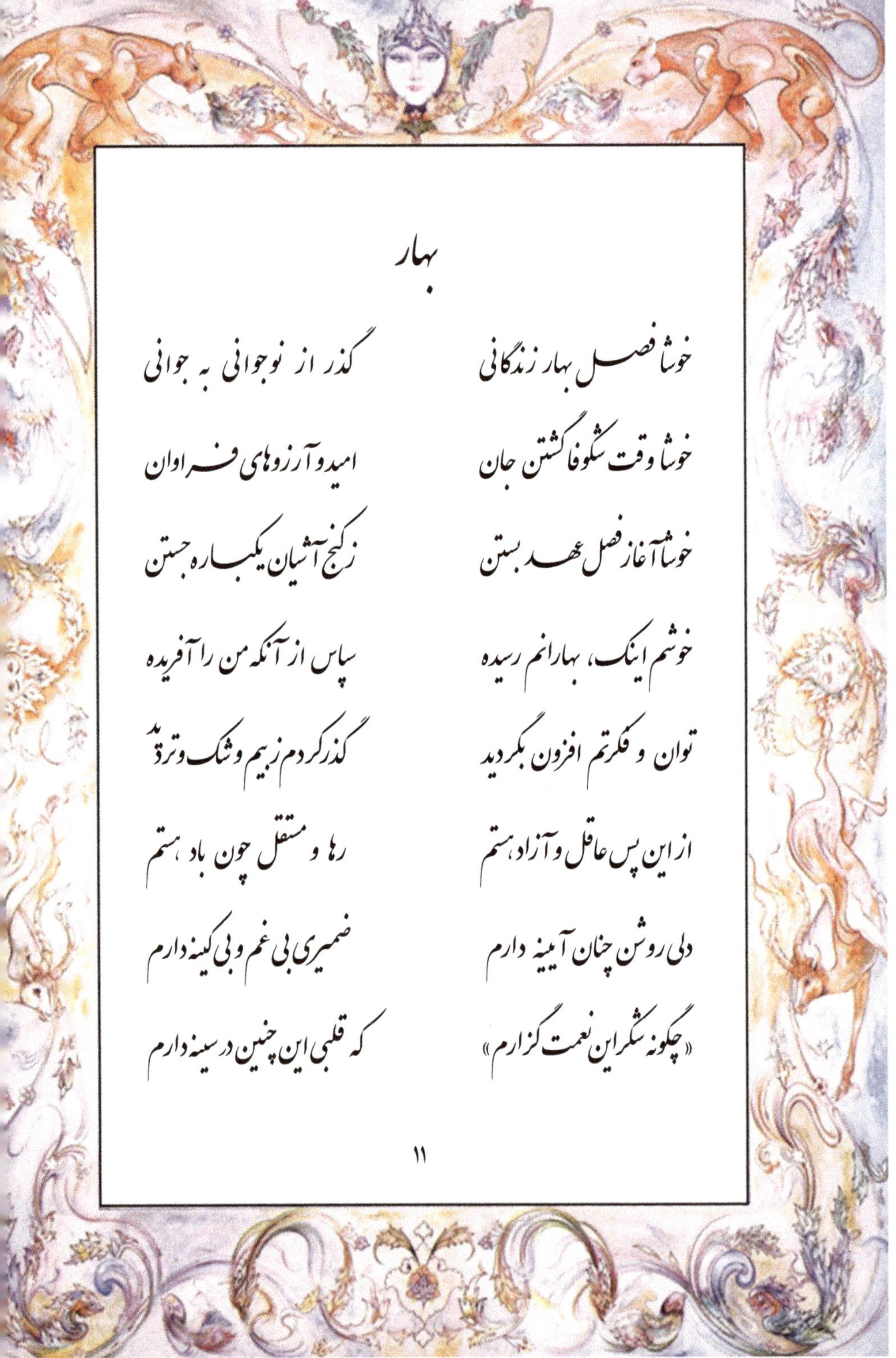

بهار

خوشا فصل بهار زندگانی
گذر از نوجوانی به جوانی

خوشا وقت شکوفا گشتن جان
امید و آرزوهای فراوان

خوشا آغاز فصل عهد بستن
ز کنج آشیان یکباره جستن

خوشم اینک، بهارانم رسیده
سپاس از آنکه من را آفریده

توان و فکرتم افزون بگردید
گذر کردم ز بیم و شک و تردید

از این پس عاقل و آزاد، هستم
رها و مستقل چون باد، هستم

دلی روشن چنان آیینه دارم
ضمیری بی غم و بی کینه دارم

«چگونه شکر این نعمت گزارم»
که قلبی این چنین در سینه دارم

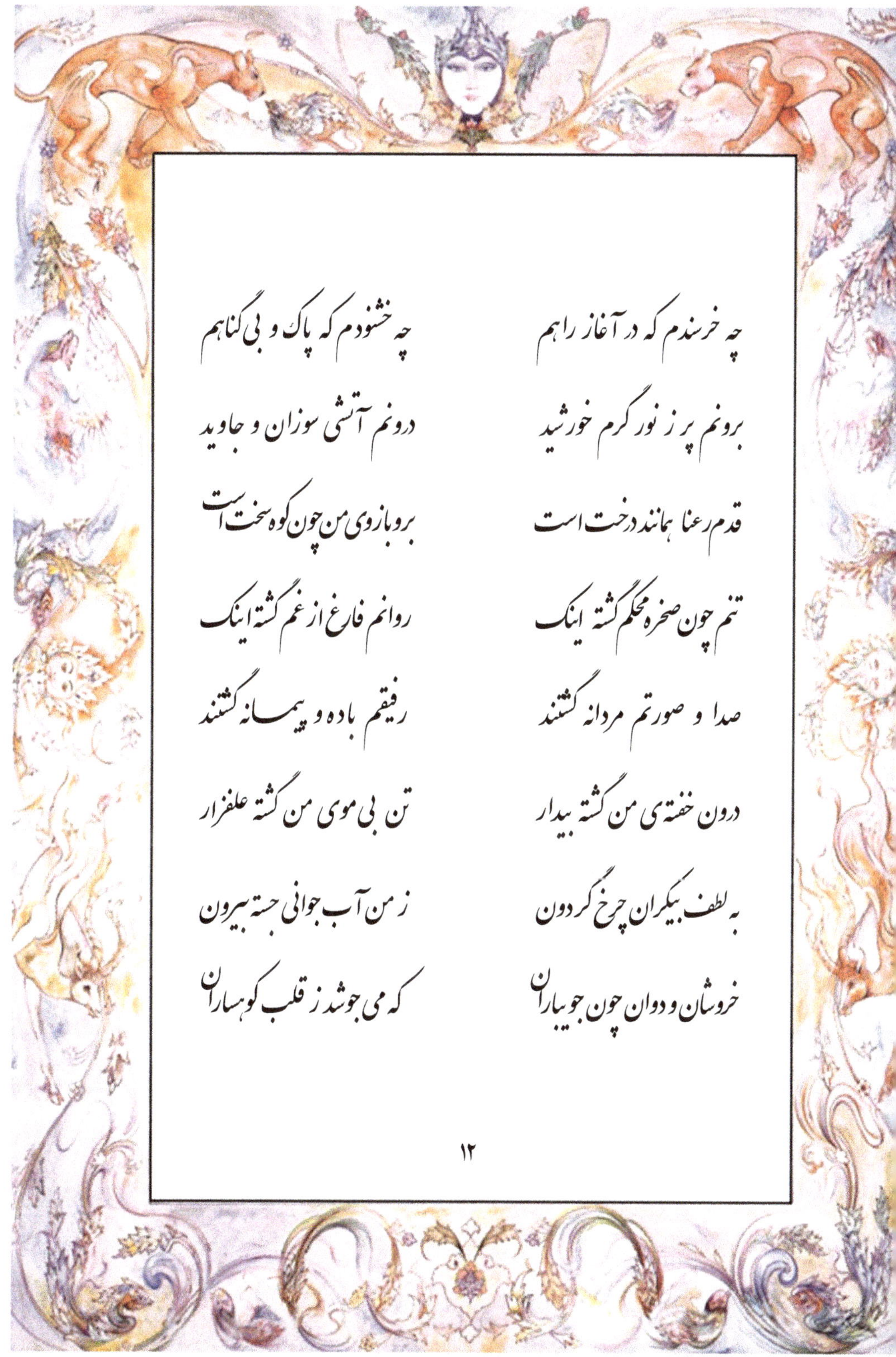

چه خرسندم که در آغاز راهم | چه خشنودم که پاک و بی گناهم
برونم پر ز نور گرم خورشید | درونم آتشی سوزان و جاوید
قدم رعنا همانند درخت است | بر و بازوی من چون کوه سخت است
تنم چون صخره محکم گشته اینک | روانم فارغ از غم گشته اینک
صدا و صورتم مردانه گشتند | رفیقم باده و پیمانه گشتند
درون خفته‌ی من گشته بیدار | تن بی موی من گشته علفزار
به لطف بیکران چرخ گردون | ز من آب جوانی جسته بیرون
خروشان و دوان چون جویباران | که می جوشد ز قلب کوهساران

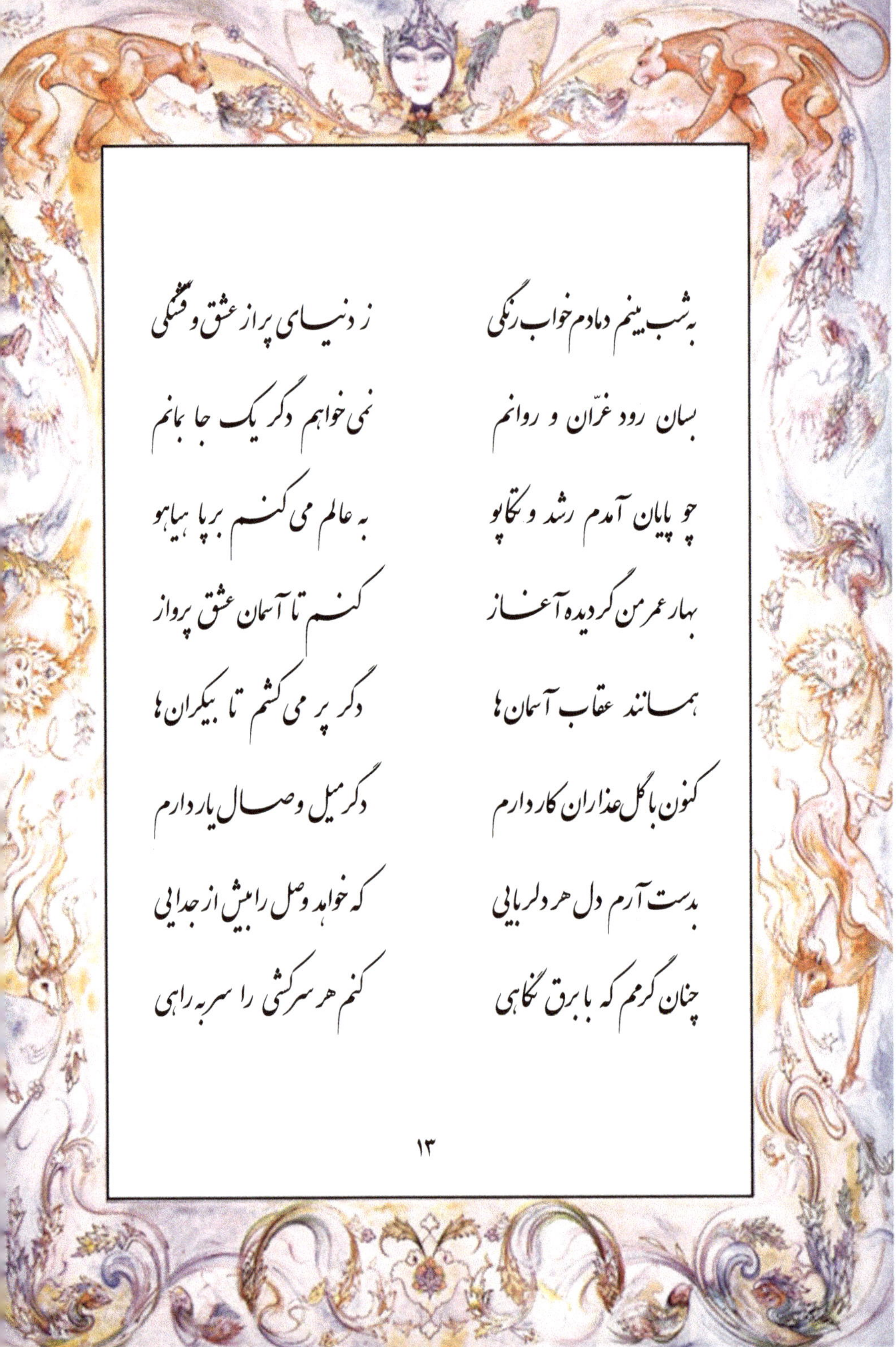

به شب بینم دمادم خواب رنگی
ز دنیای پر از عشق و قشنگی

بسان رود غرّان و روانم
نمی خواهم دگر یک جا بمانم

چو پایان آمدم رشد و تکاپو
به عالم می کنم برپا هیاهو

بهار عمر من گردیده آغاز
کنم تا آسمان عشق پرواز

همانند عقاب آسمان ها
دگر پر می کشم تا بیکران ها

کنون با گل عذاران کار دارم
دگر میل وصال یار دارم

بدست آرم دل هر دلربایی
که خواهد وصل رابیش از جدایی

چنان گرمم که با برق نگاهی
کنم هر سرکشی را سر به راهی

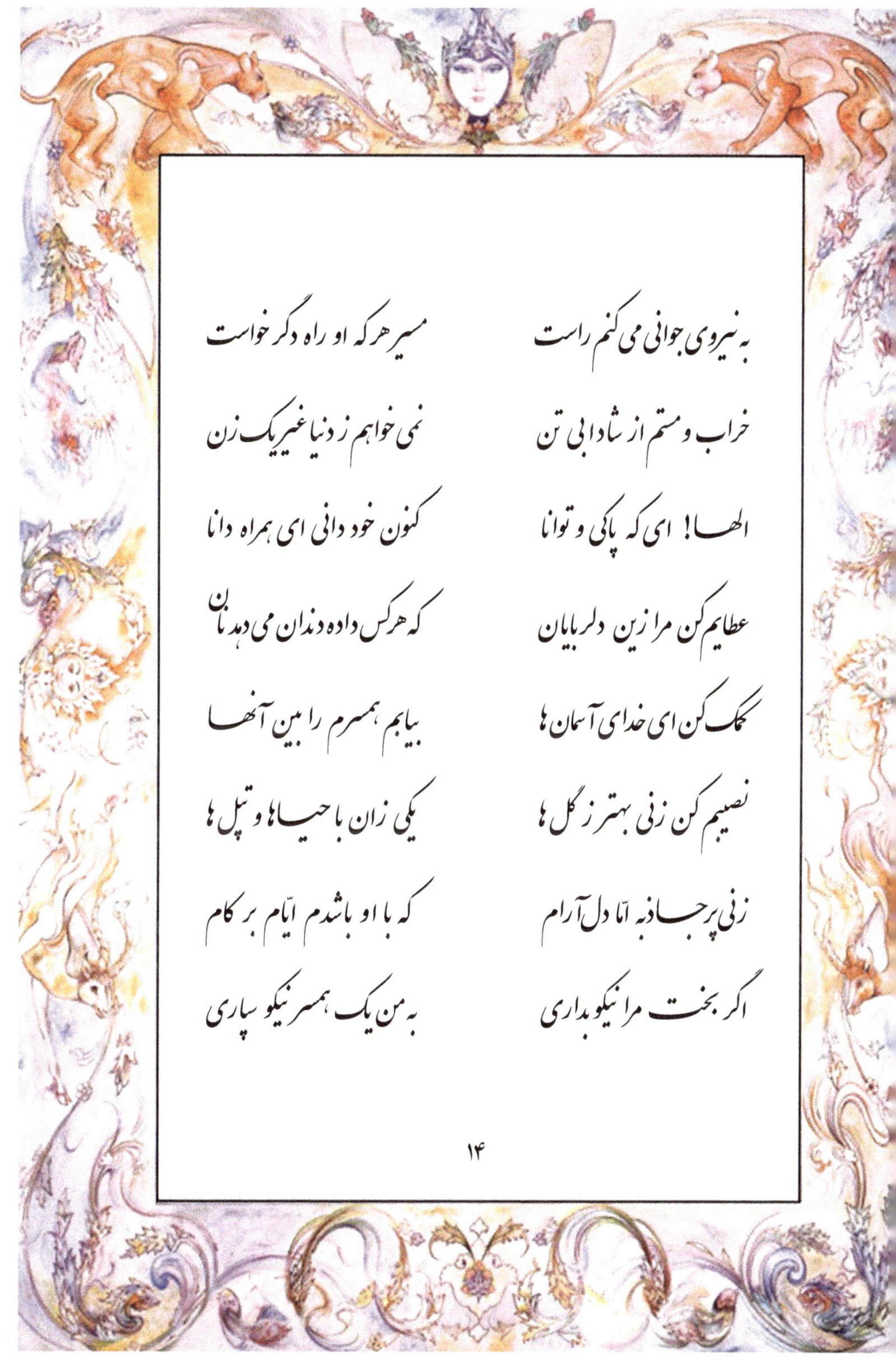

به نیروی جوانی می کنم راست — مسیر هر که او راه دگر خواست
خراب و مستم از شادابی تن — نمی خواهم ز دنیا غیر یک زن
الها! ای که پاکی و توانا — کنون خود دانی ای همراه دانا
عطایم کن مرا زین دلربایان — که هرکس داده دندان می دهد نان
کمک کن ای خدای آسمان ها — بیابم همسرم را بین آنها
نصیبم کن زنی بهتر ز گل ها — یکی زان با حیاها و تپل ها
زنی پرجاذبه امّا دل آرام — که با او باشدم ایّام بر کام
اگر بخت مرا نیکو بداری — به من یک همسر نیکو سپاری

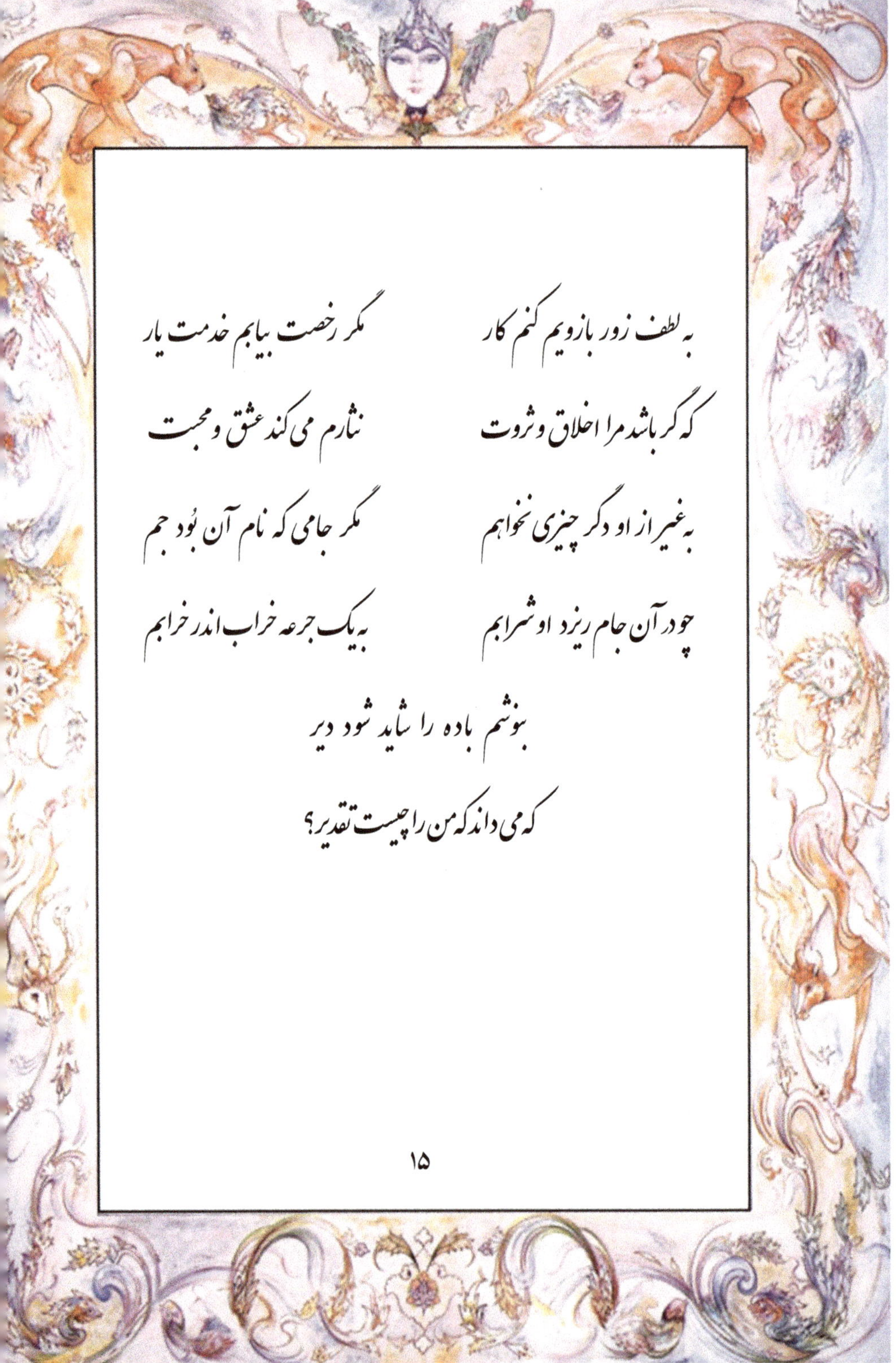

به لطف زور بازویم کنم کار
مگر رخصت بیابم خدمت یار

که گر باشد مرا اخلاق و ثروت
نثارم می کند عشق و محبت

به غیر از او دگر چیزی نخواهم
مگر جامی که نام آن بُود جم

چو در آن جام ریزد او شرابم
به یک جرعه خراب اندر خرابم

بنوشم باده را شاید شود دیر

که می داند که من را چیست تقدیر؟

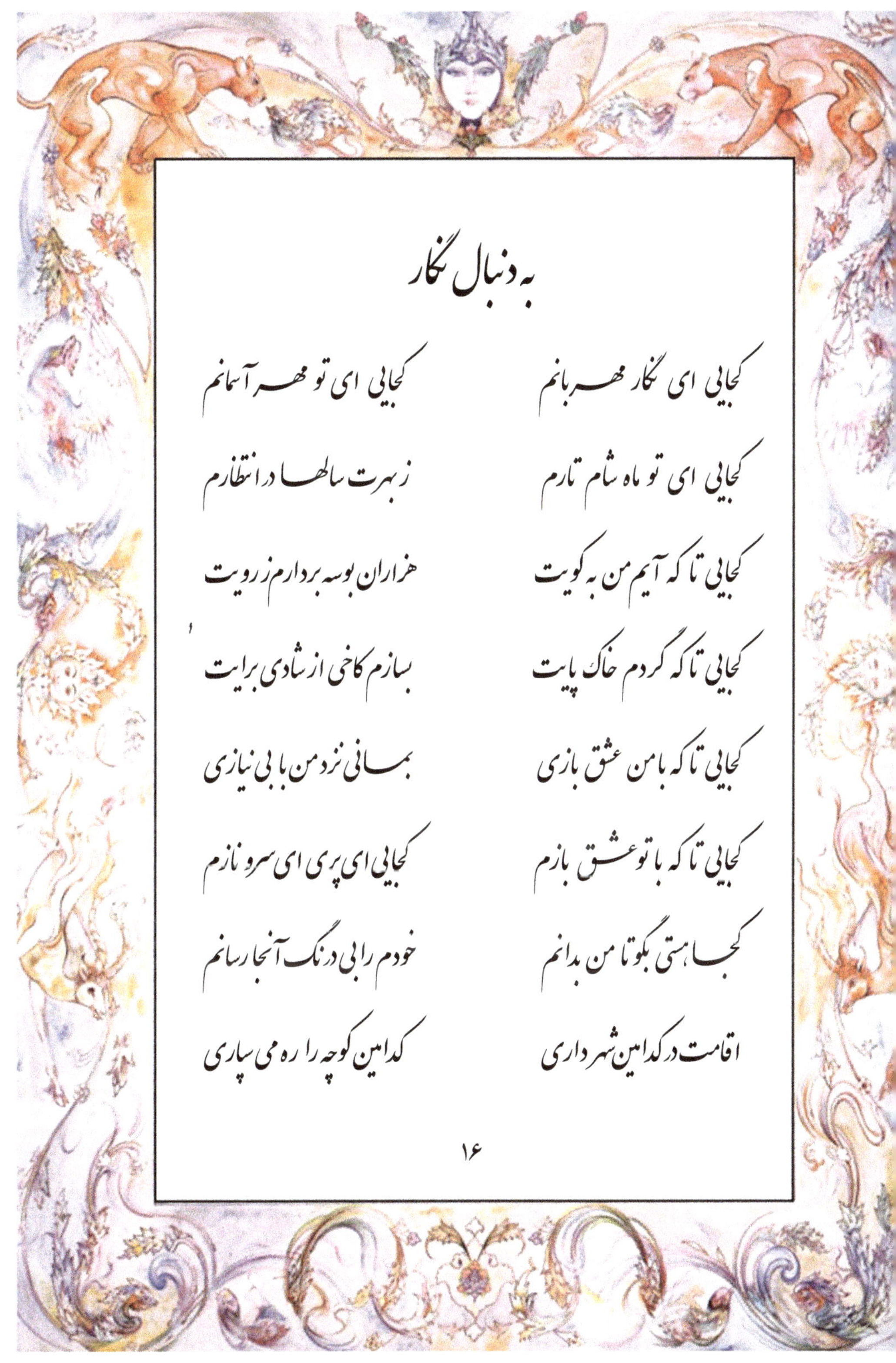

به دنبال نگار

کجایی ای نگار مهربانم کجایی ای تو مهر آسمانم

کجایی ای تو ماه شام تارم ز بهرت سالها در انتظارم

کجایی تا که آیم من به کویت هزاران بوسه بردارم ز رویت

کجایی تا که گردم خاک پایت بسازم کاخی از شادی برایت

کجایی تا که با من عشق بازی بمانی نزد من با بی نیازی

کجایی تا که با تو عشق بازم کجایی ای پری ای سرو نازم

کجا هستی بگو تا من بدانم خودم را بی درنگ آنجا رسانم

اقامت در کدامین شهر داری کدامین کوچه را ره می سپاری

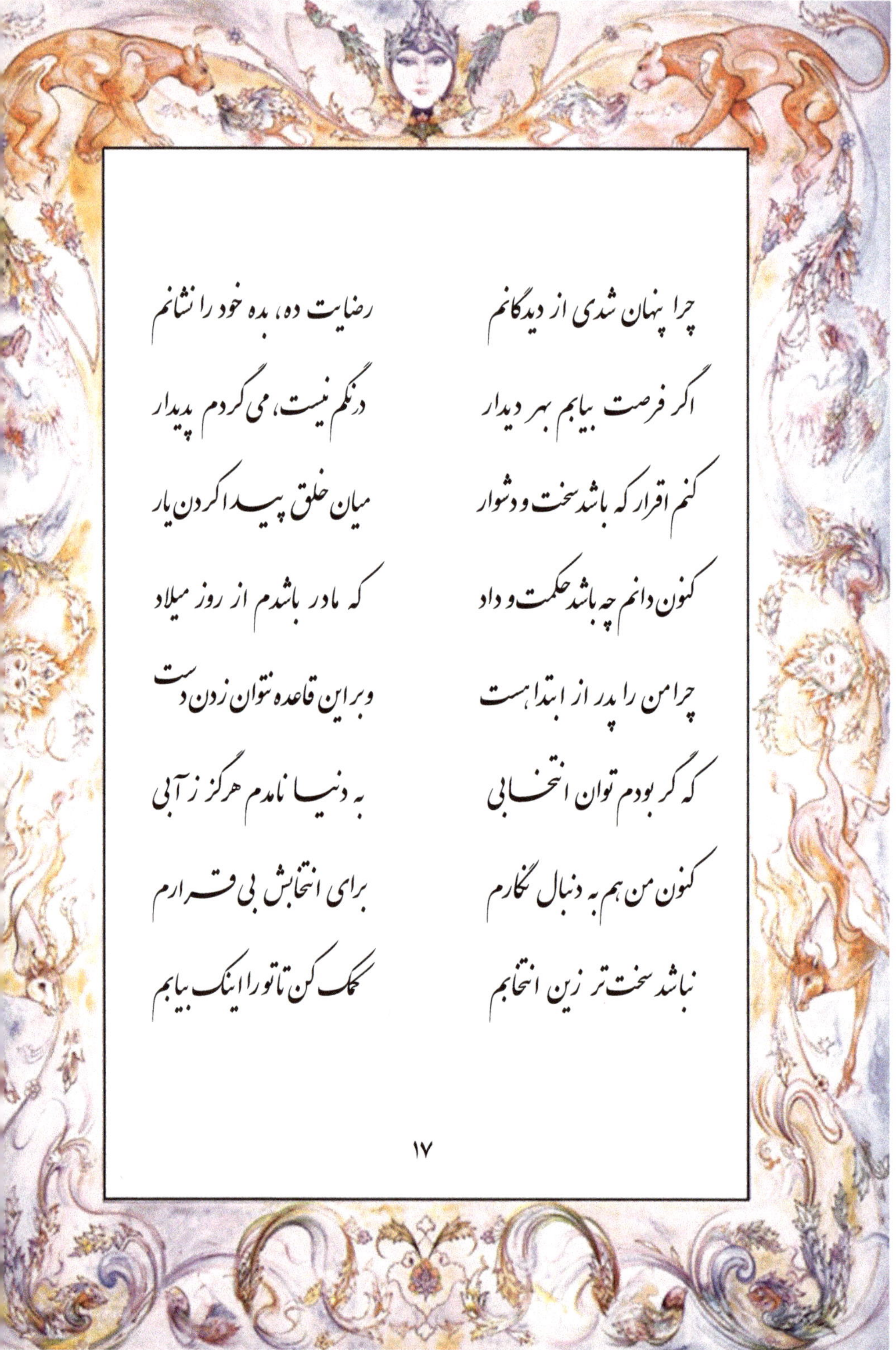

چرا پنهان شدی از دیدگانم رضایت ده، بده خود را نشانم

اگر فرصت بیابم بهر دیدار درنگم نیست، می گردم پدیدار

کنم اقرار که باشد سخت و دشوار میان خلق پیدا کردن یار

کنون دانم چه باشد حکمت و داد که مادر باشدم از روز میلاد

چرا من را پدر از ابتدا هست و بر این قاعده نتوان زدن دست

که گر بودم توان انتخابی به دنیا نامدم هرگز ز آبی

کنون من هم به دنبال نگارم برای انتخابش بی قرارم

نباشد سخت تر زین انتخابم کمک کن تا تو را اینک بیابم

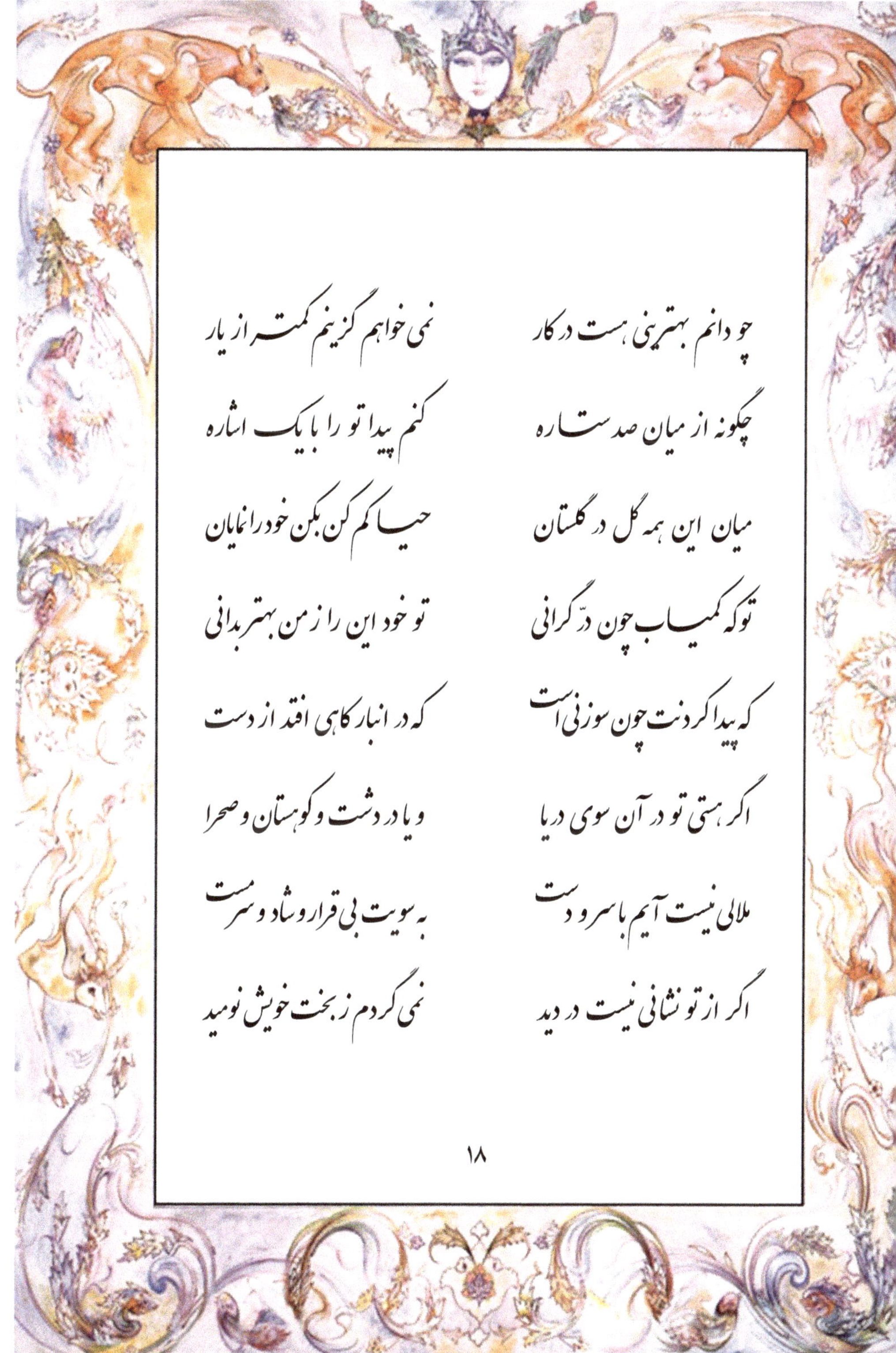

چو دانم بهترینی هست در کار | نمی خواهم گزینم کمتر از یار
چگونه از میان صد ستاره | کنم پیدا تو را با یک اشاره
میان این همه گل در گلستان | حیا کم کن، بکن خود را نمایان
تو که کمیاب چون دُرّ گرانی | تو خود این را ز من بهتر بدانی
که پیدا کردنت چون سوزنی است | که در انبار کاهی افتد از دست
اگر هستی تو در آن سوی دریا | و یا در دشت و کوهستان و صحرا
ملالی نیست آیم با سر و دست | به سویت بی قرار و شاد و سرمست
اگر از تو نشانی نیست در دید | نمی گردم ز بخت خویش نومید

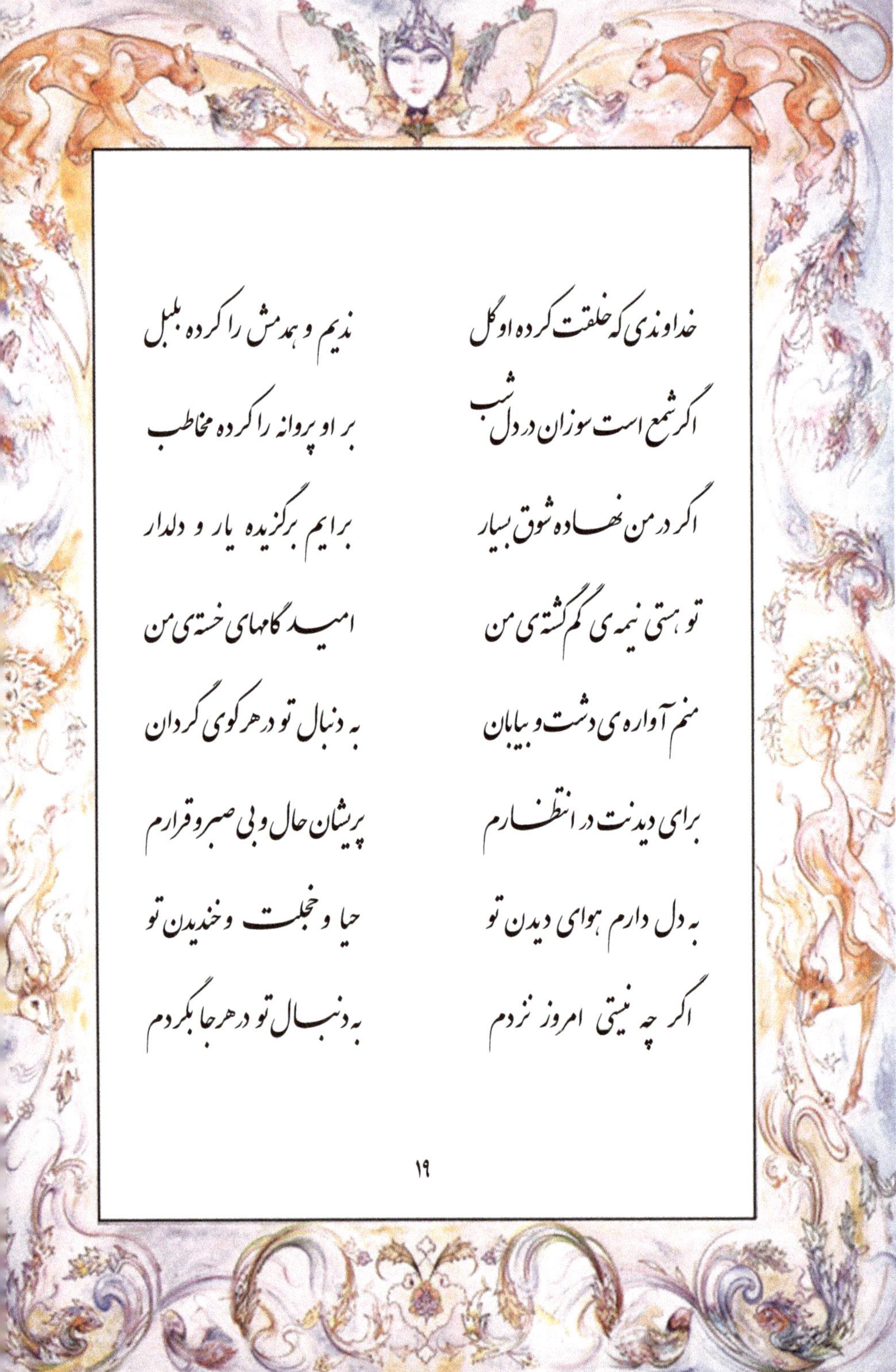

خداوندی که خلقت کرده او گل | ندیم و همدمش را کرده بلبل
اگر شمع است سوزان در دل شب | بر او پروانه را کرده مخاطب
اگر در من نهاده شوق بسیار | برایم برگزیده یار و دلدار
تو هستی نیمه ی گم گشته ی من | امید گامهای خسته ی من
منم آواره ی دشت و بیابان | به دنبال تو در هر کوی گردان
برای دیدنت در انتظارم | پریشان حال و بی صبر و قرارم
به دل دارم هوای دیدن تو | حیا و خجلت و خندیدن تو
اگر چه نیستی امروز نزدم | به دنبال تو در هر جا بگردم

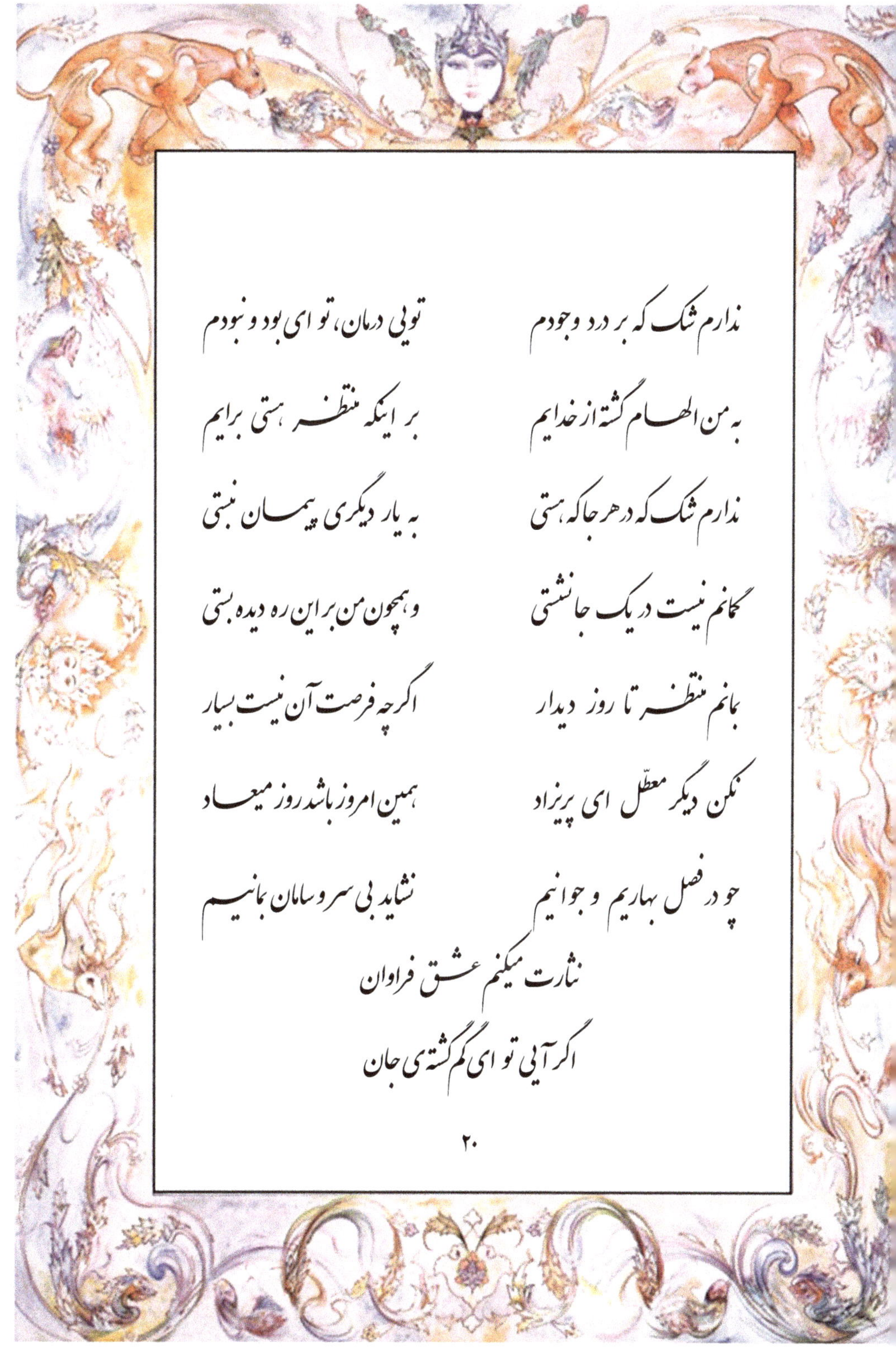

ندارم شک که بر درد وجودم
تویی درمان، تو ای بود و نبودم

به من الهام گشته از خدایم
بر اینکه منتظر هستی برایم

ندارم شک که در هر جا که هستی
به یار دیگری پیمان نبستی

گمانم نیست در یک جا نشستی
و همچون من بر این ره دیده بستی

بمانم منتظر تا روز دیدار
اگرچه فرصت آن نیست بسیار

نکن دیگر معطّل ای پریزاد
همین امروز باشد روز میعاد

چو در فصل بهاریم و جوانیم
نشاید بی سر و سامان بمانیم

نثارت میکنم عشق فراوان
اگر آیی تو ای گم گشته ی جان

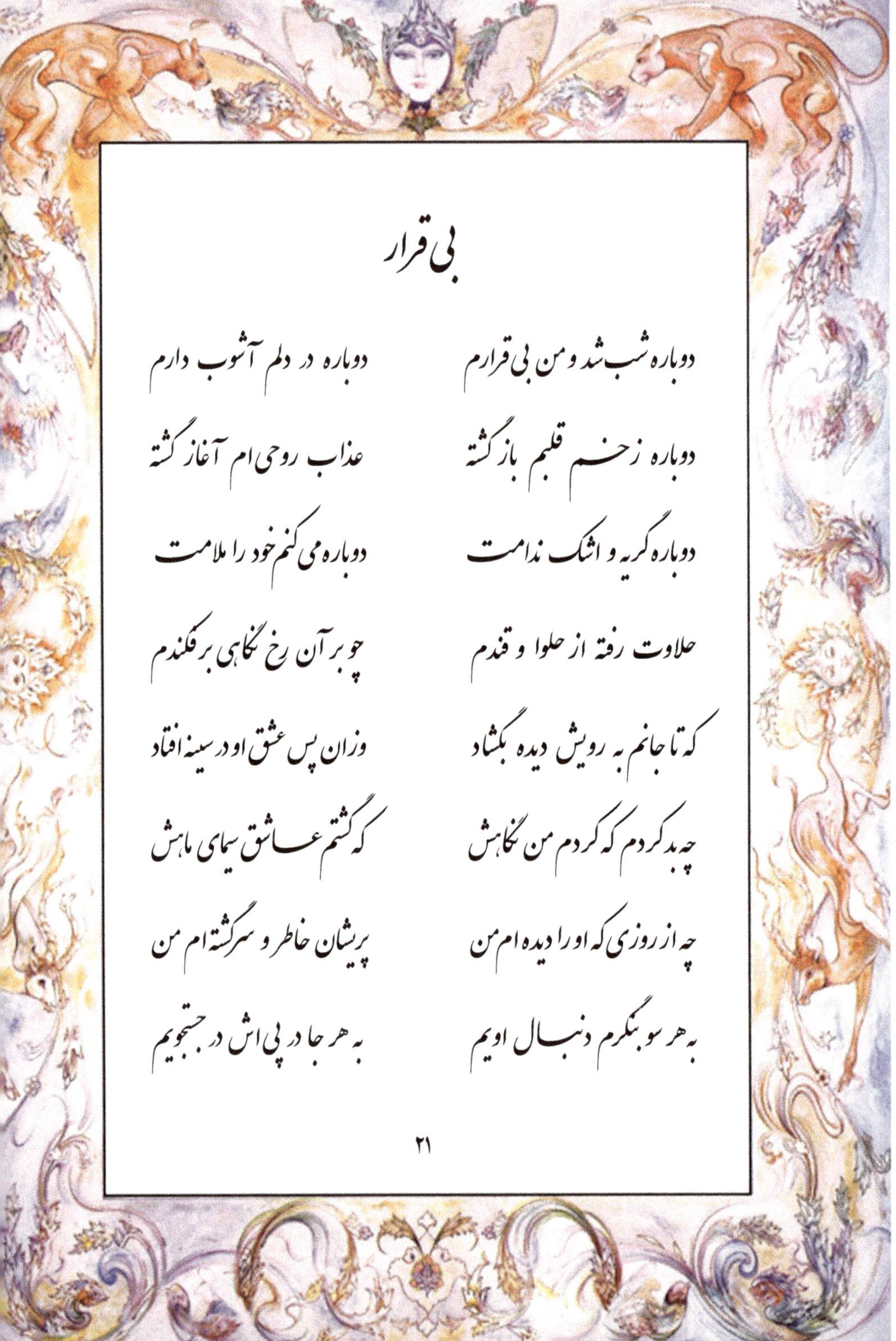

بی قرار

دوباره شب شد و من بی قرارم
دوباره در دلم آشوب دارم

دوباره زخم قلبم باز گشته
عذاب روحی ام آغاز گشته

دوباره گریه و اشک ندامت
دوباره می کنم خود را ملامت

حلاوت رفته از حلوا و قندم
چو بر آن رخ نگاهی بر فکندم

که تا جانم به رویش دیده بگشاد
وزان پس عشق او در سینه افتاد

چه بد کردم که کردم من نگاهش
که گشتم عاشق سیمای ماهش

چه از روزی که او را دیده ام من
پریشان خاطر و سرگشته ام من

به هر سو بنگرم دنبال اویم
به هر جا در پی اش در جستجویم

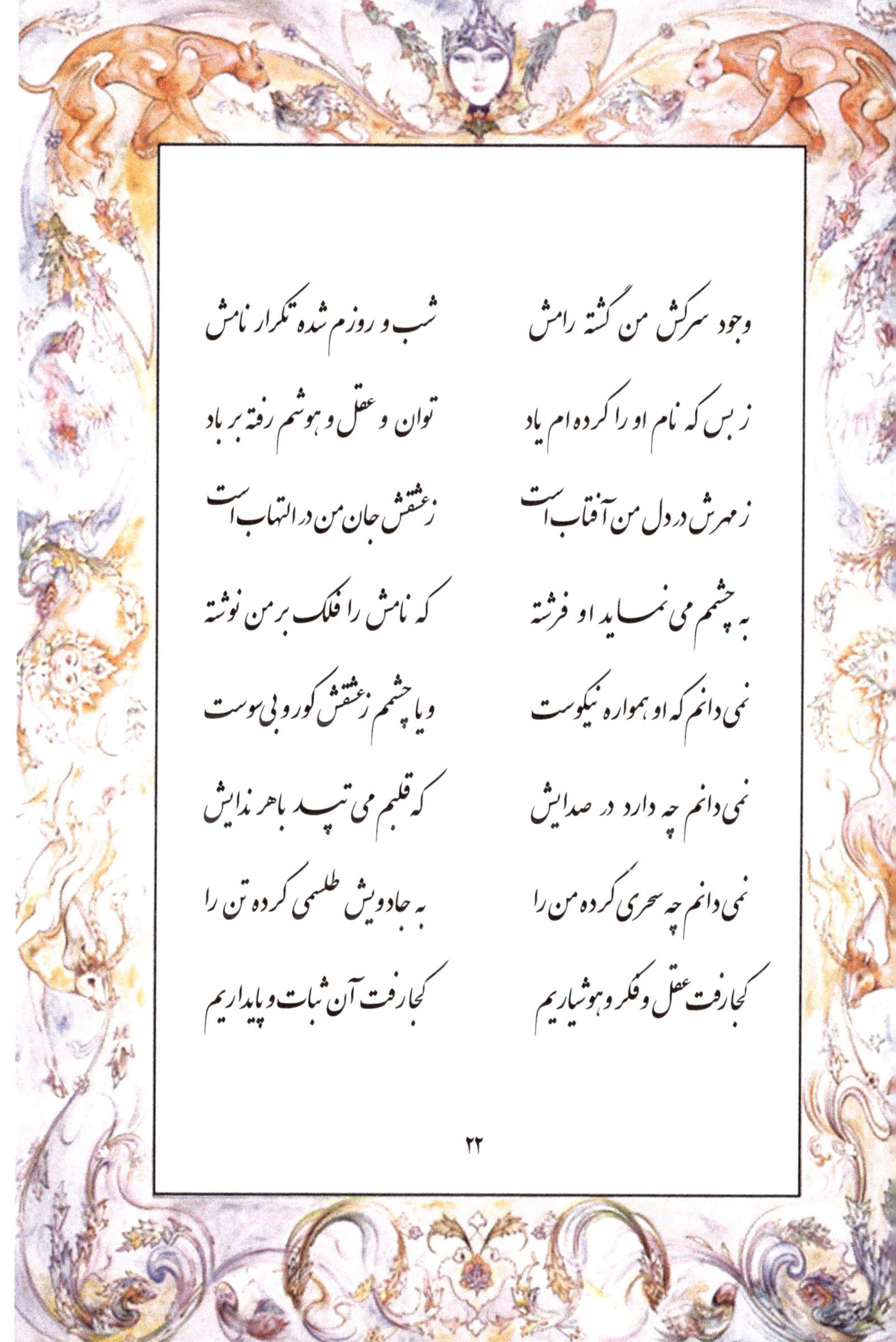

وجود سرکش من گشته رامش
شب و روزم شده تکرار نامش

ز بس که نام او را کرده ام یاد
توان و عقل و هوشم رفته بر باد

ز مهرش در دل من آفتاب است
ز عشقش جان من در التهاب است

به چشمم می نماید او فرشته
که نامش را فلک بر من نوشته

نمی دانم که او همواره نیکوست
و یا چشمم ز عشقش کور و بی سوست

نمی دانم چه دارد در صدایش
که قلبم می تپد با هر ندایش

نمی دانم چه سحری کرده من را
به جادویش طلسمی کرده تن را

کجا رفت عقل و فکر و هوشیاریم
کجا رفت آن ثبات و پایداریم

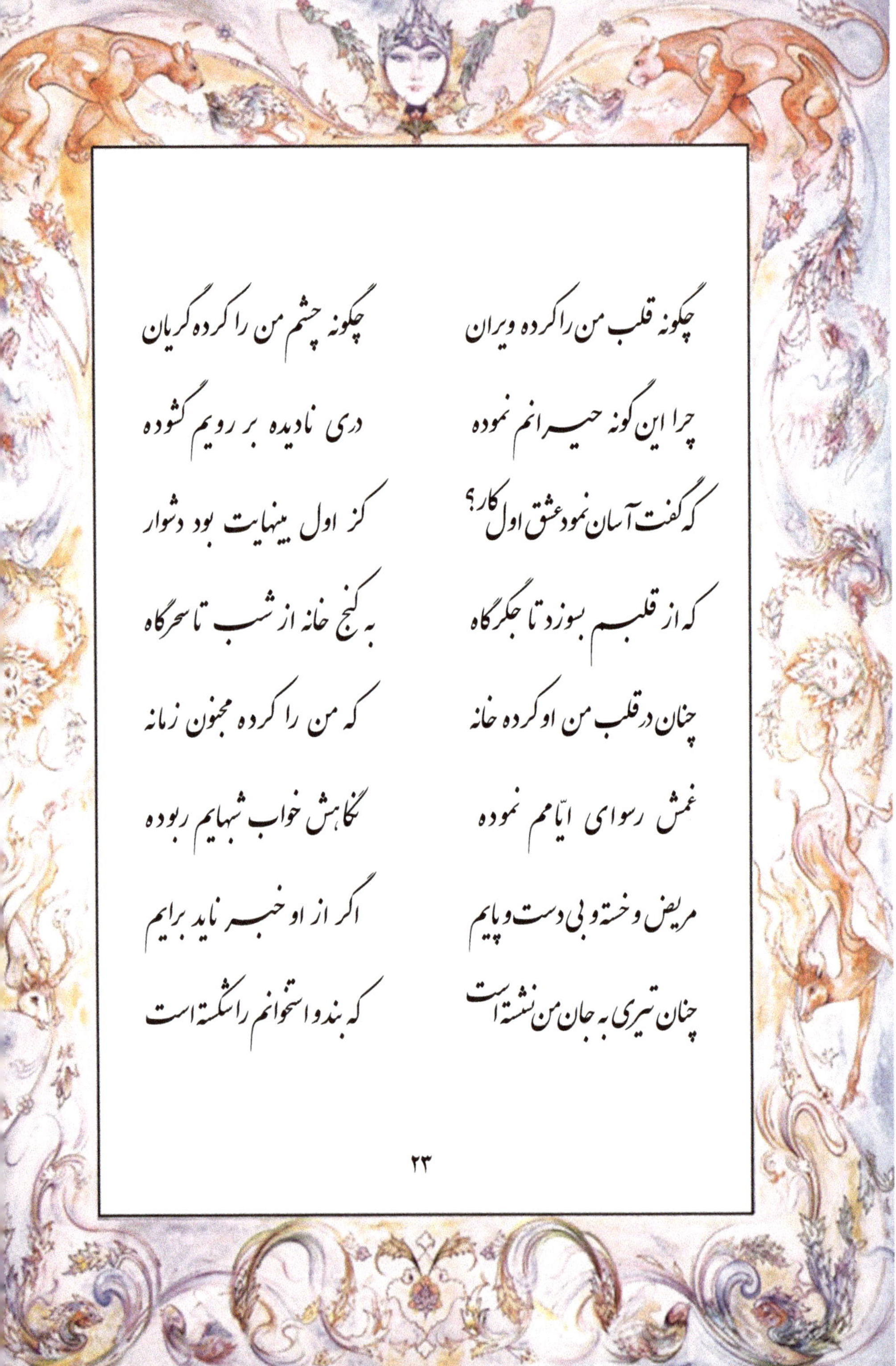

چگونه قلب من را کرده ویران
چگونه چشم من را کرده گریان

چرا این گونه حیرانم نموده
دری نادیده بر رویم گشوده

که گفت آسان نمود عشق اول کار؟
کز اول بینهایت بود دشوار

که از قلبم بسوزد تا جگرگاه
به کنج خانه از شب تا سحرگاه

چنان در قلب من او کرده خانه
که من را کرده مجنون زمانه

غمش رسوای ایّامم نموده
نگاهش خواب شبهایم ربوده

مریض و خسته و بی دست و پایم
اگر از او خبر ناید برایم

چنان تیری به جان من نشسته است
که بند و استخوانم را شکسته است

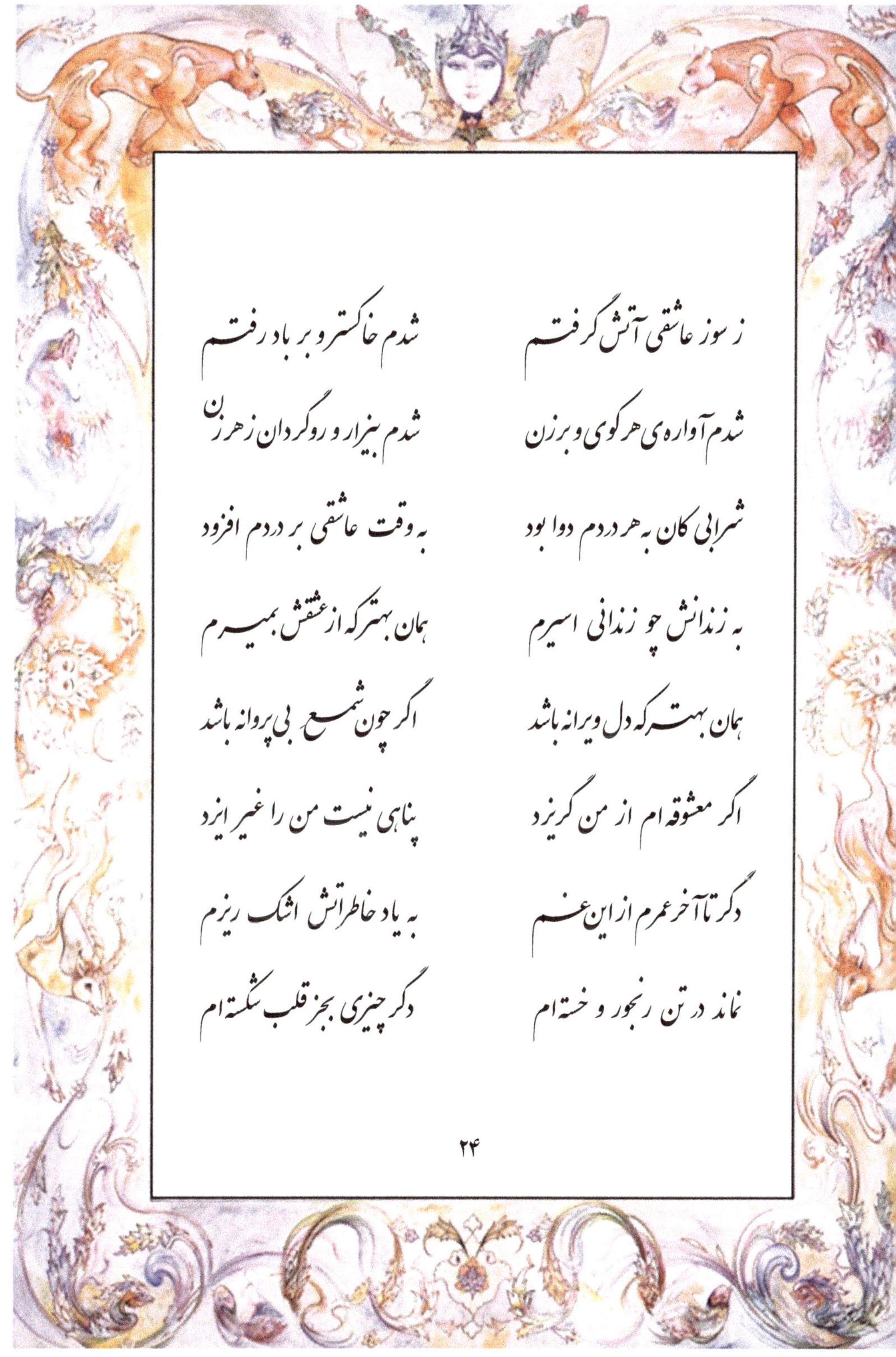

ز سوز عاشقی آتش گرفتم   شدم خاکستر و بر باد رفتم

شدم آواره‌ی هر کوی و برزن   شدم بیزار و روگردان ز هر زن

شرابی کان به هر دردم دوا بود   به وقت عاشقی بر دردم افزود

به زندانش چو زندانی اسیرم   همان بهتر که از عشقش بمیرم

همان بهتر که دل ویرانه باشد   اگر چون شمع بی پروانه باشد

اگر معشوقه‌ام از من گریزد   پناهی نیست من را غیر ایزد

دگر تا آخر عمرم از این غم   به یاد خاطراتش اشک ریزم

نماند در تن رنجور و خسته‌ام   دگر چیزی بجز قلب شکسته‌ام

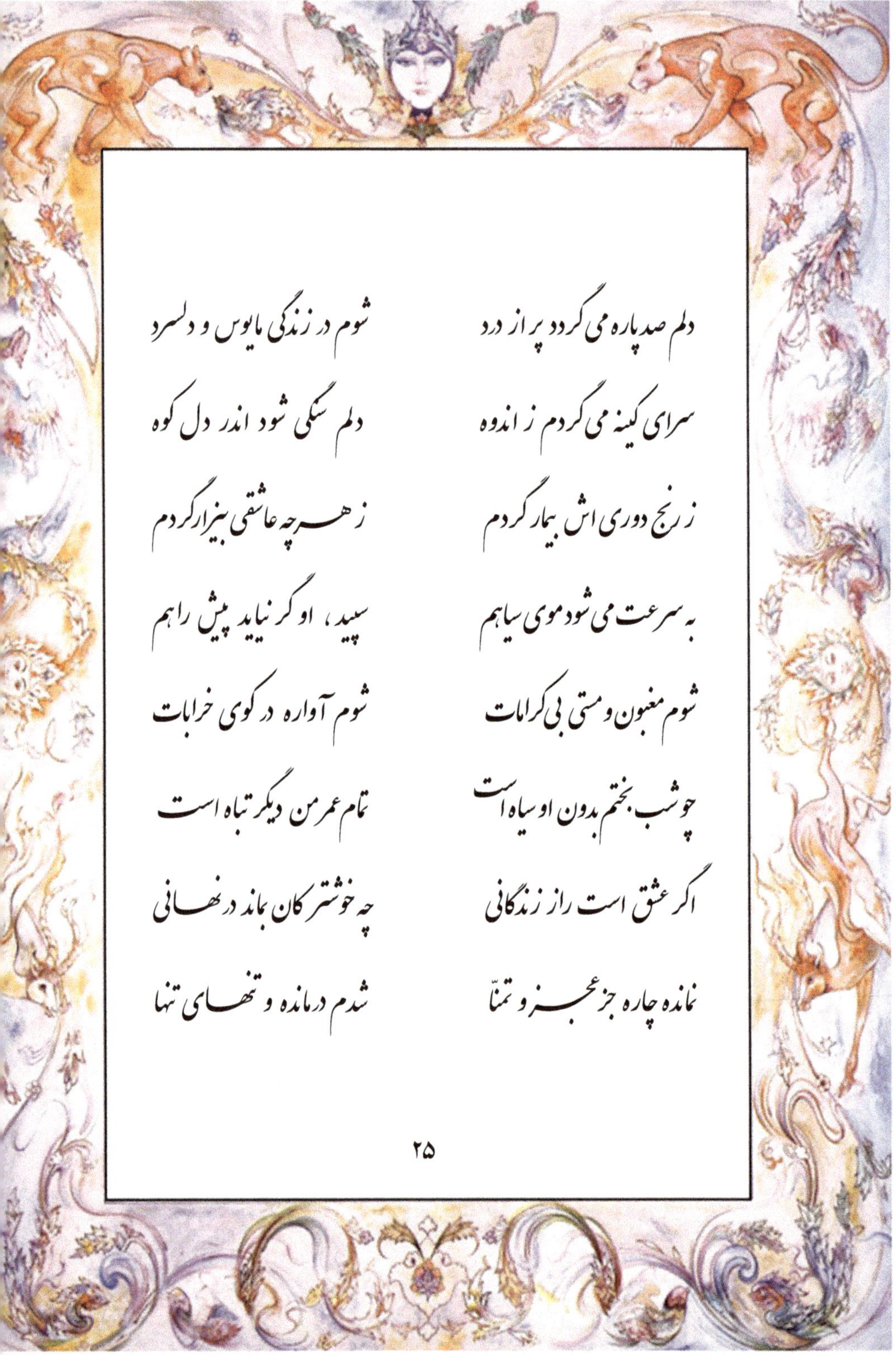

دلم صد پاره می گردد پر از درد
شوم در زندگی مایوس و دلسرد

سرای کینه می گردم ز اندوه
دلم سنگی شود اندر دل کوه

ز رنج دوری اش بیمار گردم
ز هر چه عاشقی بیزار گردم

به سرعت می شود موی سیاهم
سپید، او گر نیاید پیش راهم

شوم مغبون و مستی بی کرامات
شوم آواره در کوی خرابات

چو شب بختم بدون او سیاه است
تمام عمر من دیگر تباه است

اگر عشق است راز زندگانی
چه خوشتر کان بماند در نهانی

نمانده چاره جز عجز و تمنّا
شدم درمانده و تنهای تنها

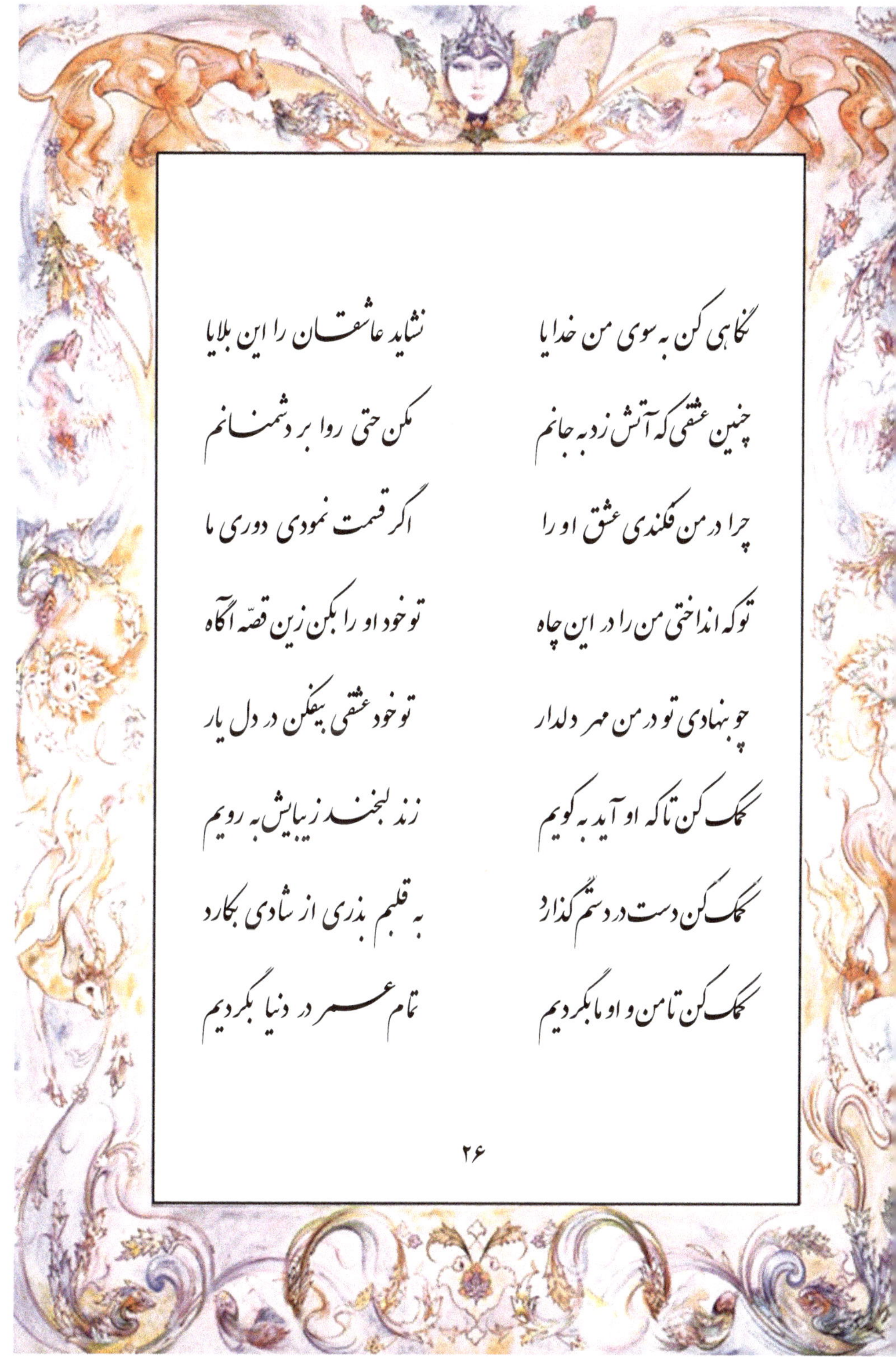

نگاهی کن به سوی من خدایا
نشاید عاشقان را این بلایا

چنین عشقی که آتش زد به جانم
مکن حتی روا بر دشمنانم

چرا در من فکندی عشق او را
اگر قسمت نمودی دوری ما

تو که انداختی من را در این چاه
تو خود او را بکن زین قصّه آگاه

چو بنهادی تو در من مهر دلدار
تو خود عشقی بیفکن در دل یار

کمک کن تا که او آید به کویم
زند لبخند زیبایش به رویم

کمک کن دست در دستم گذارد
به قلبم بذری از شادی بکارد

کمک کن تا من و او ما بگردیم
تمام عمر در دنیا بگردیم

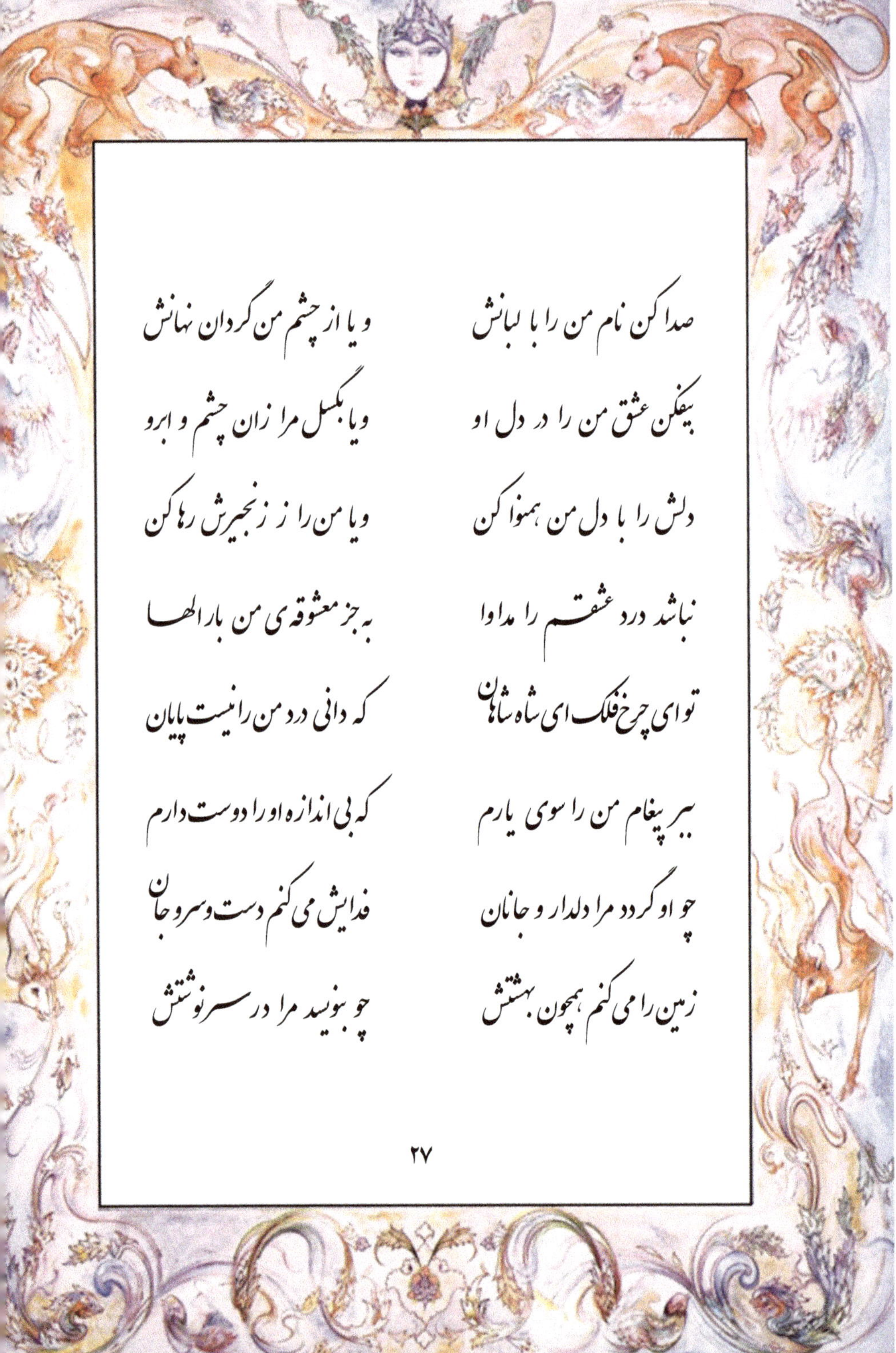

صدا کن نام من را با لبانش
و یا از چشم من گردان نهانش

بیفکن عشق من را در دل او
و یا بگسل مرا زان چشم و ابرو

دلش را با دل من همنوا کن
و یا من را ز زنجیرش رها کن

نباشد درد عشقم را مداوا
به جز معشوقه ی من بارالها

تو ای چرخ فلک ای شاه شاهان
که دانی درد من را نیست پایان

ببر پیغام من را سوی یارم
که بی اندازه او را دوست دارم

چو او گردد مرا دلدار و جانان
فدایش می کنم دست و سر و جان

زمین را می کنم همچون بهشتش
چو بنویسد مرا در سرنوشتش

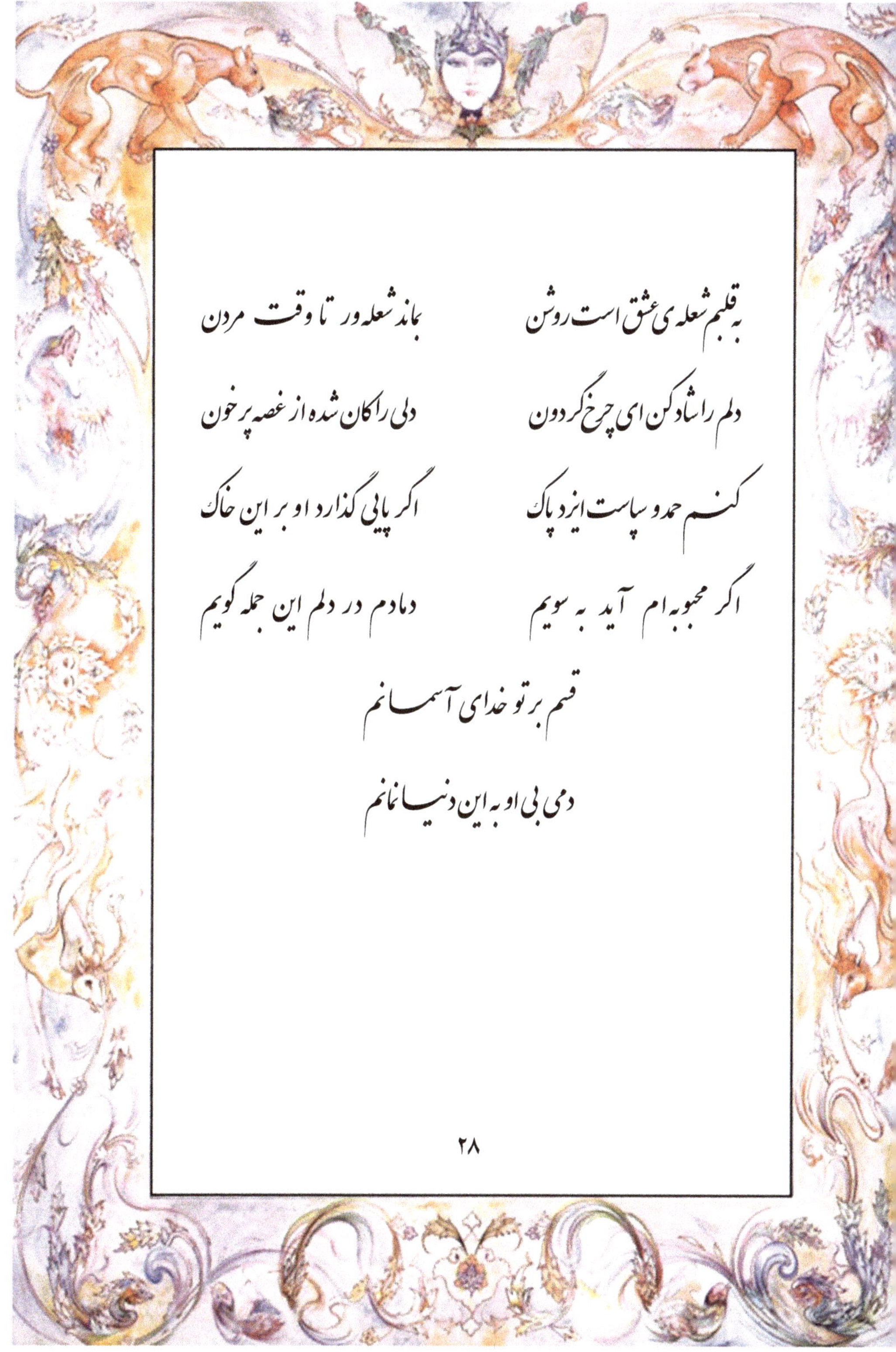

به قلبم شعله ی عشق است روشن — بماند شعله ور تا وقت مردن

دلم را شاد کن ای چرخ گردون — دلی را کان شده از غصه پر خون

کنم حمد و سپاست ایزد پاک — اگر پایی گذارد او بر این خاک

اگر محبوبه ام آید به سویم — دمادم در دلم این جمله گویم

قسم بر تو خدای آسمانم

دمی بی او به این دنیا نمانم

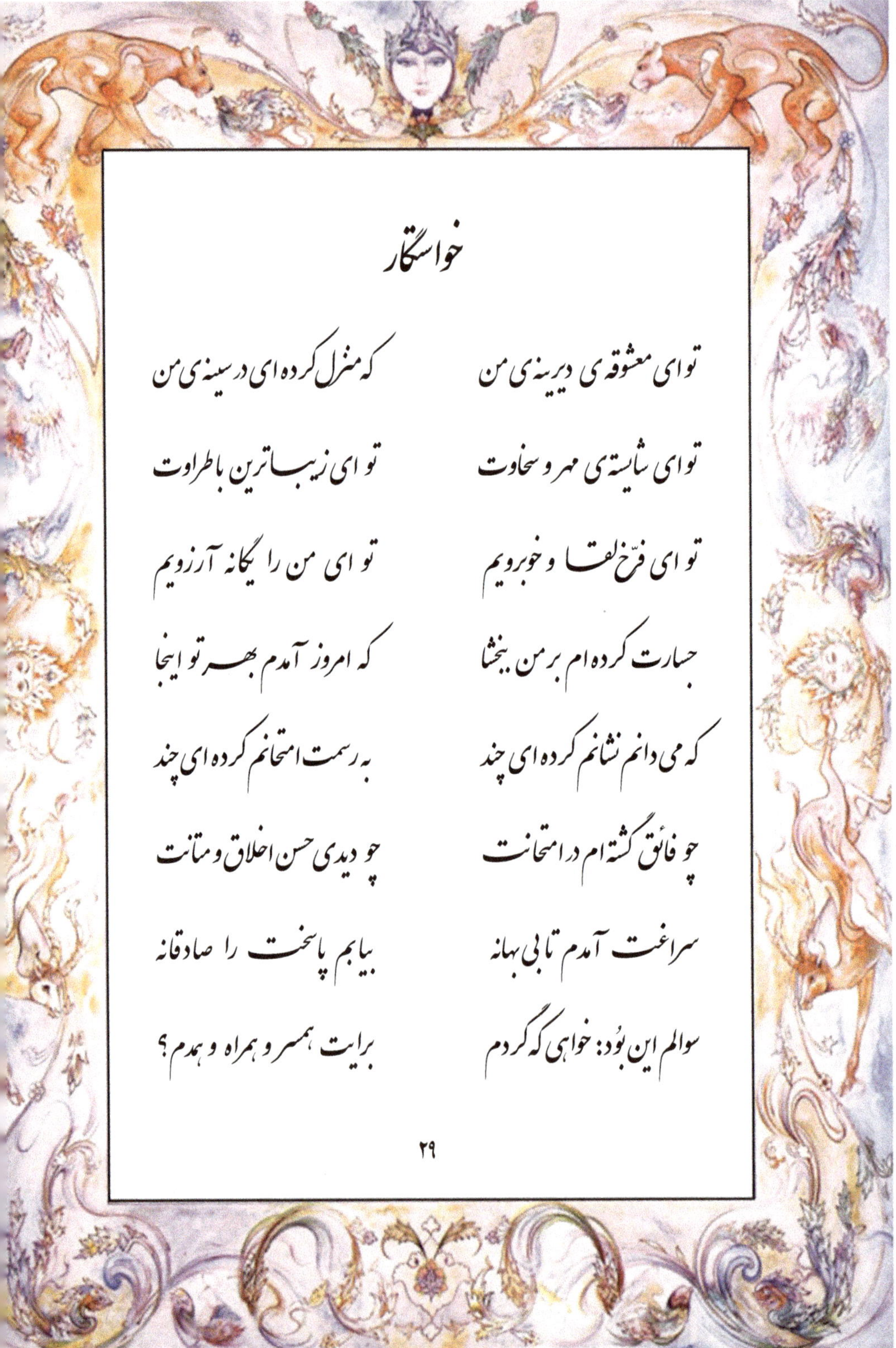

خواستگار

تو ای معشوقه ی دیرینه ی من
که منزل کرده ای در سینه ی من

تو ای شایسته ی مهر و سخاوت
تو ای زیباترین باطراوت

تو ای فرّخ لقا و خوبرویم
تو ای من را یگانه آرزویم

جسارت کرده ام بر من ببخشا
که امروز آمدم بهر تو اینجا

که می دانم نشانم کرده ای چند
به رسمت امتحانم کرده ای چند

چو فائق گشته ام در امتحانت
چو دیدی حسن اخلاق و متانت

سراغت آمدم تا بی بهانه
بیابم پاسخت را صادقانه

سوالم این بُود: خواهی که گردم
برایت همسر و همراه و همدم؟

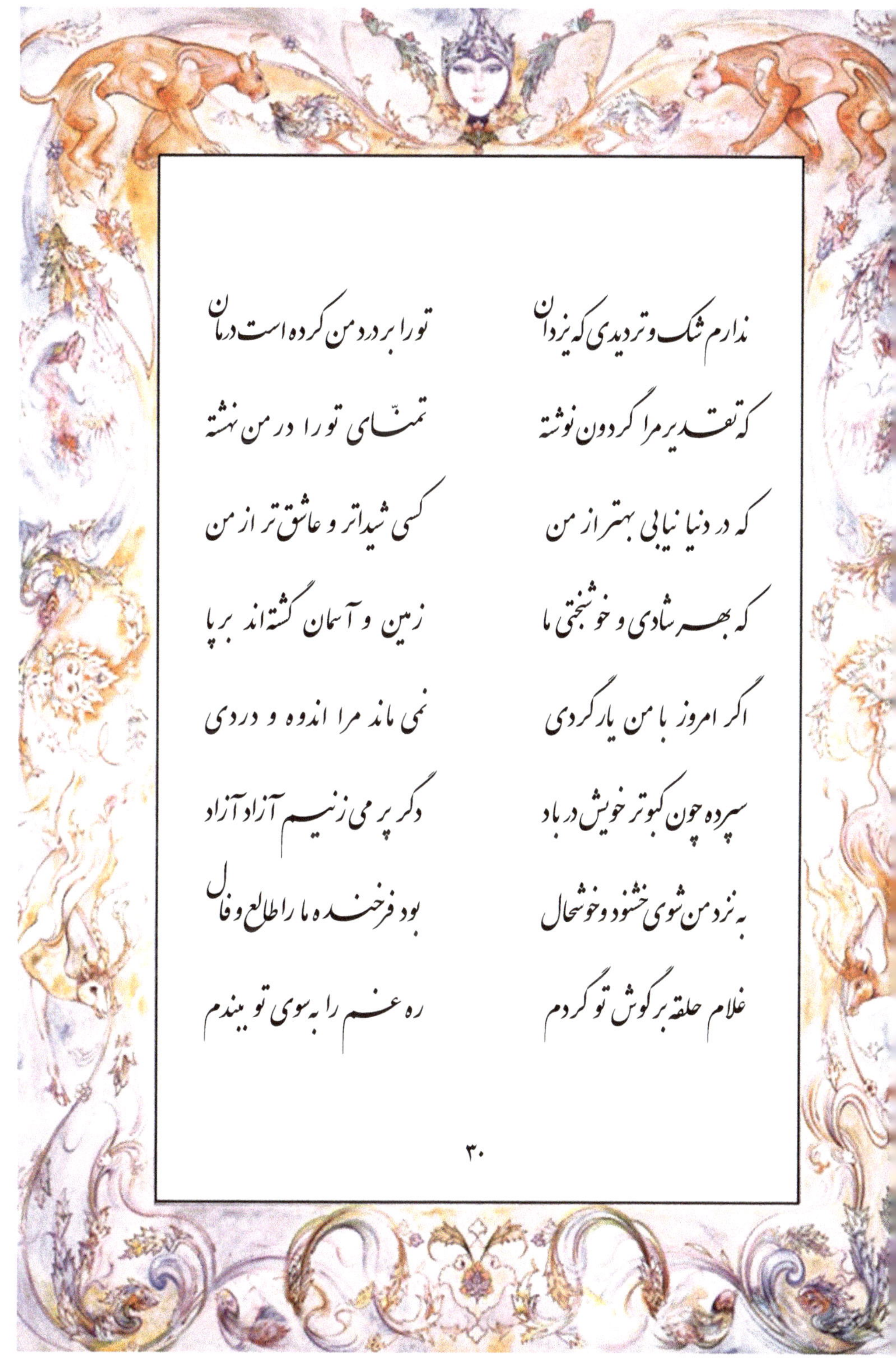

ندارم شک و تردیدی که یزدان　　تو را بر درد من کرده است درمان

که تقدیر مرا گردون نوشته　　تمنّای تو را در من نهشته

که در دنیا نیابی بهتر از من　　کسی شیداتر و عاشق‌تر از من

که بهر شادی و خوشبختی ما　　زمین و آسمان گشته‌اند برپا

اگر امروز با من یار گردی　　نمی‌ماند مرا اندوه و دردی

سپرده چون کبوتر خویش در باد　　دگر پر می‌زنیم آزاد آزاد

به نزد من شوی خشنود و خوشحال　　بود فرخنده ما را طالع و فال

غلام حلقه بر گوش تو گردم　　ره غم را به سوی تو ببندم

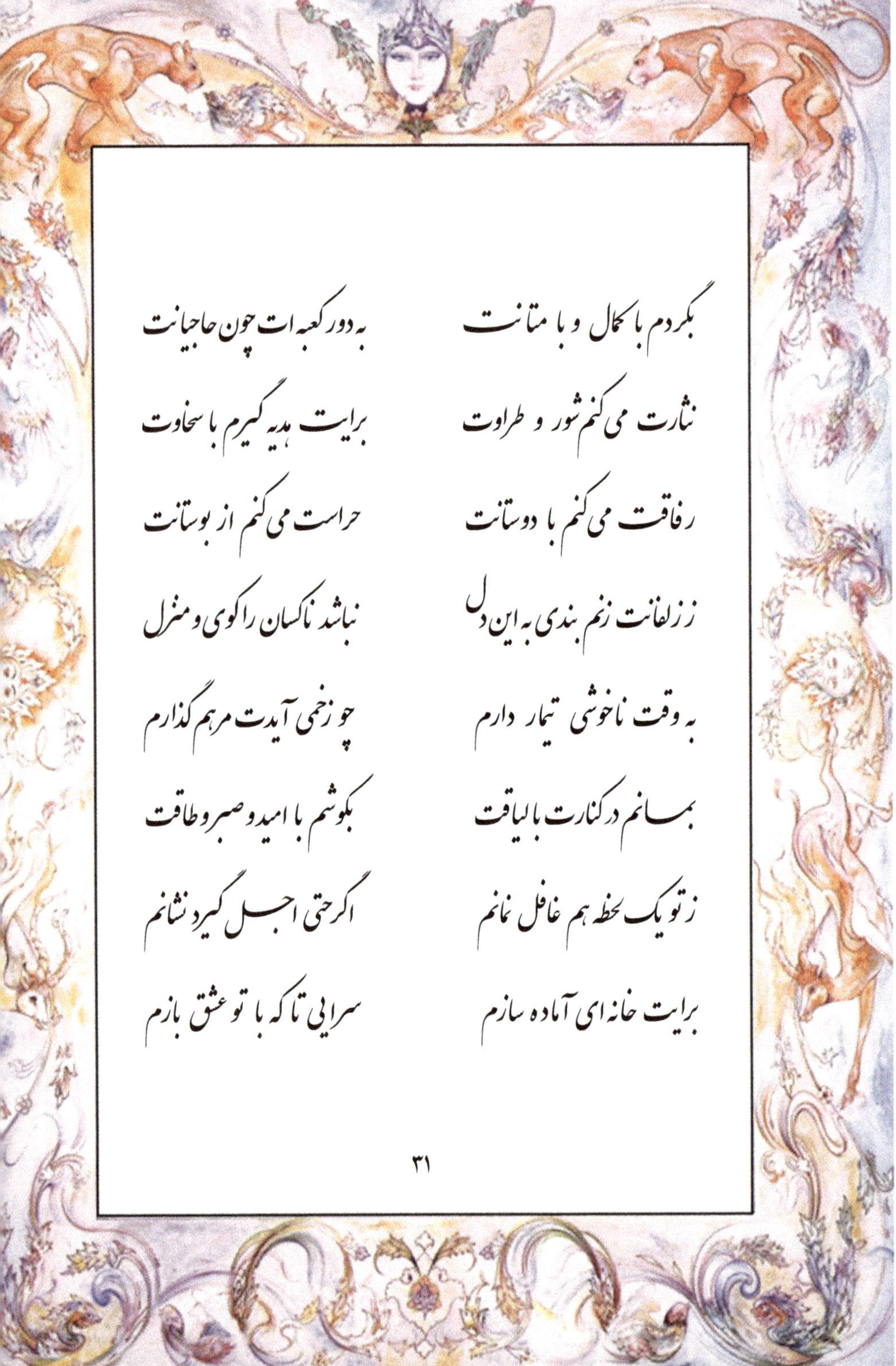

بگردم با کمال و با متانت   به دور کعبه ات چون حاجیانت

نثارت می کنم شور و طراوت   برایت هدیه گیرم با سخاوت

رفاقت می کنم با دوستانت   حراست می کنم از بوستانت

ز زلفانت زنم بندی به این دل   نباشد ناکسان راکوی و منزل

به وقت ناخوشی تیمار دارم   چو زخمی آیدت مرهم کذارم

بمانم در کنارت با لیاقت   بکوشم با امید و صبر و طاقت

ز تو یک لحظه هم غافل نمانم   اکر حتی اجل گیرد نشانم

برایت خانه ای آماده سازم   سرایی تا که با تو عشق بازم

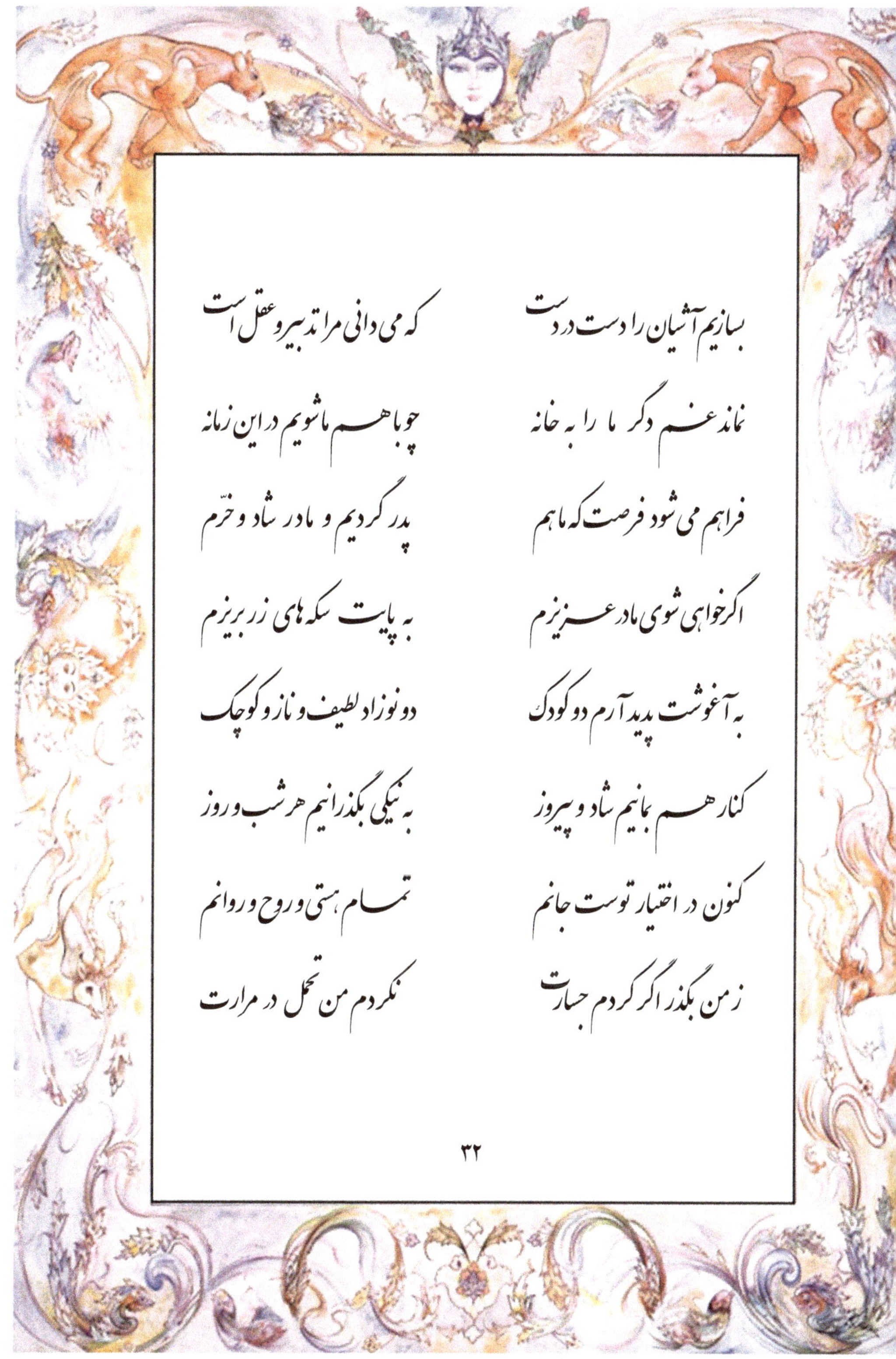

بسازیم آشیان را دست در دست
که می دانی مرا تدبیر و عقل است

نماند غم دگر ما را به خانه
چو با هم ما شویم در این زمانه

فراهم می شود فرصت که ما هم
پدر گردیم و مادر شاد و خرّم

اگر خواهی شوی مادر عزیزم
به پایت سکه های زر بریزم

به آغوشت پدید آرم دو کودک
دو نوزاد لطیف و ناز و کوچک

کنار هم بمانیم شاد و پیروز
به نیکی بگذرانیم هر شب و روز

کنون در اختیار توست جانم
تمام هستی و روح و روانم

ز من بگذر اگر کردم جسارت
نکردم من تحمل در مرارت

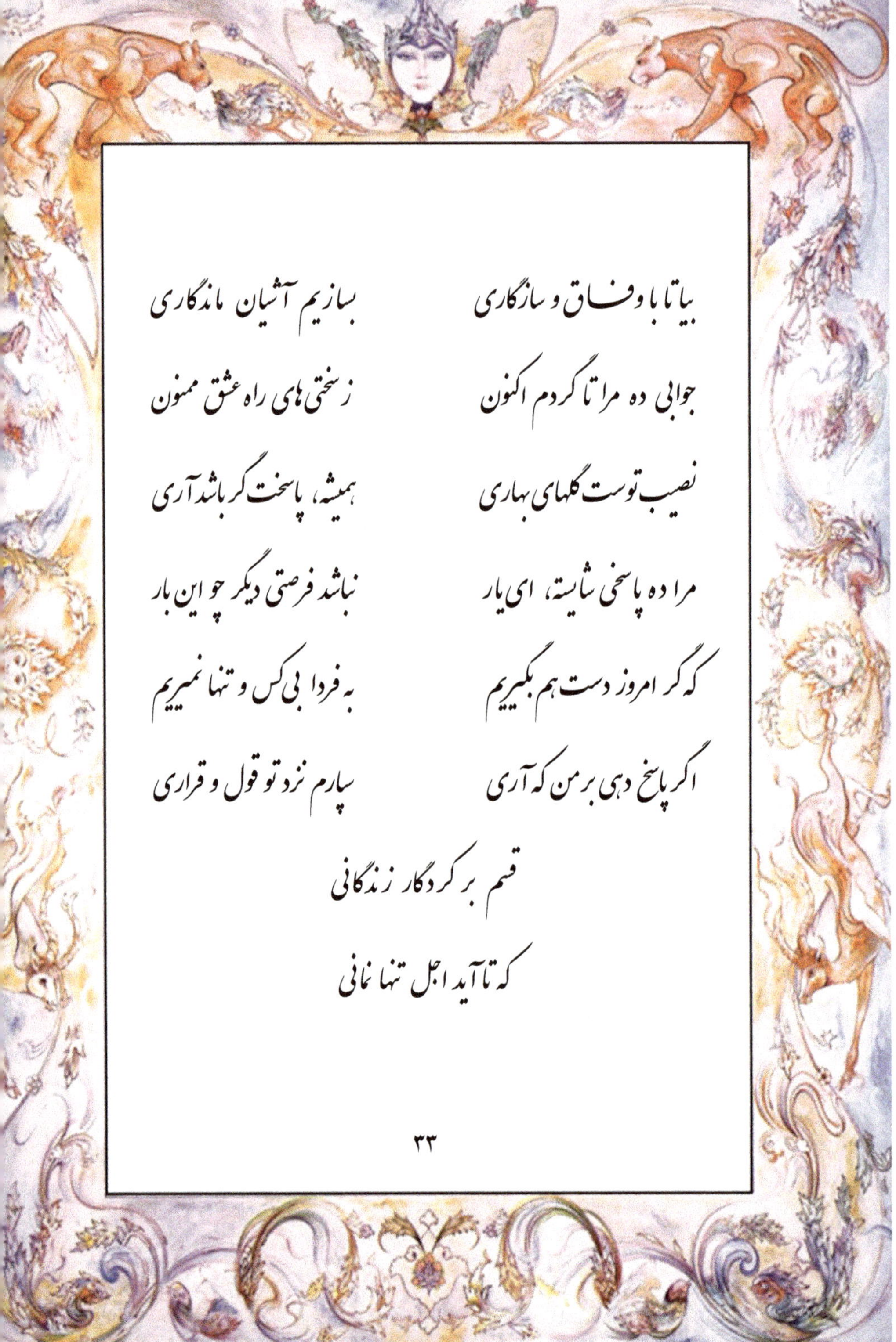

بیا تا با وفاق و سازگاری | بسازیم آشیان ماندگاری
جوابی ده مرا تا گردم اکنون | ز سختی‌های راه عشق ممنون
نصیب توست گلهای بهاری | همیشه، پاسخت گر باشد آری
مرا ده پاسخی شایسته، ای یار | نباشد فرصتی دیگر چو این بار
که گر امروز دست هم بگیریم | به فردا بی کس و تنها نمیریم
اگر پاسخ دهی بر من که آری | سپارم نزد تو قول و قراری

قسم بر کردگار زندگانی
که تا آید اجل تنها نمانی

فصل دوّم

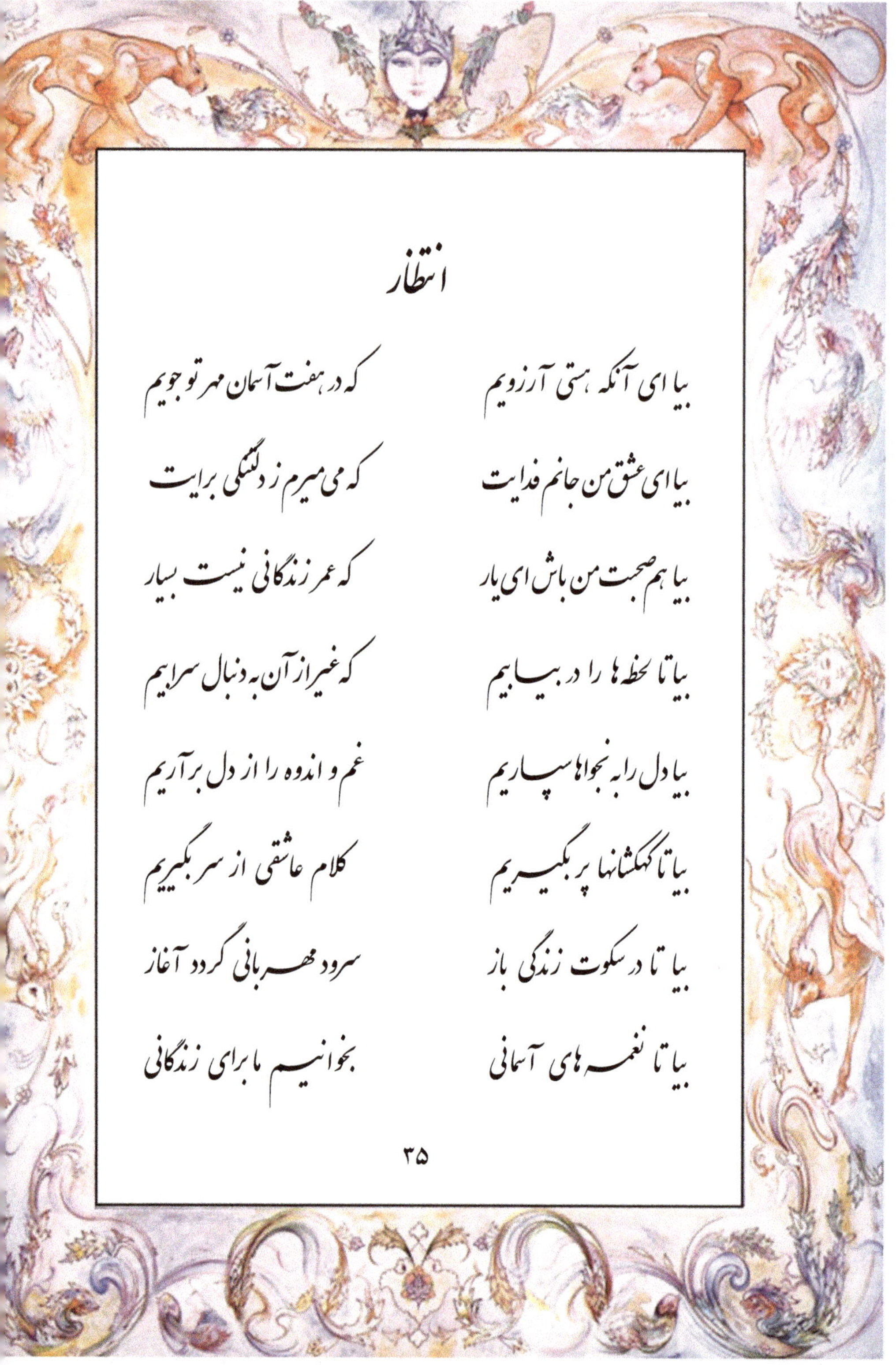

انتظار

بیا ای آنکه هستی آرزویم
که در هفت آسمان مهر تو جویم

بیا ای عشق من جانم فدایت
که می میرم ز دلتنگی برایت

بیا هم صحبت من باش ای یار
که عمر زندگانی نیست بسیار

بیا تا لحظه ها را دریابیم
که غیر از آن به دنبال سرابیم

بیا دل را به نجواها سپاریم
غم و اندوه را از دل برآریم

بیا تا کهکشانها پر بگیریم
کلام عاشقی از سر بگیریم

بیا تا در سکوت زندگی باز
سرود مهربانی گردد آغاز

بیا تا نغمه های آسمانی
بخوانیم ما برای زندگانی

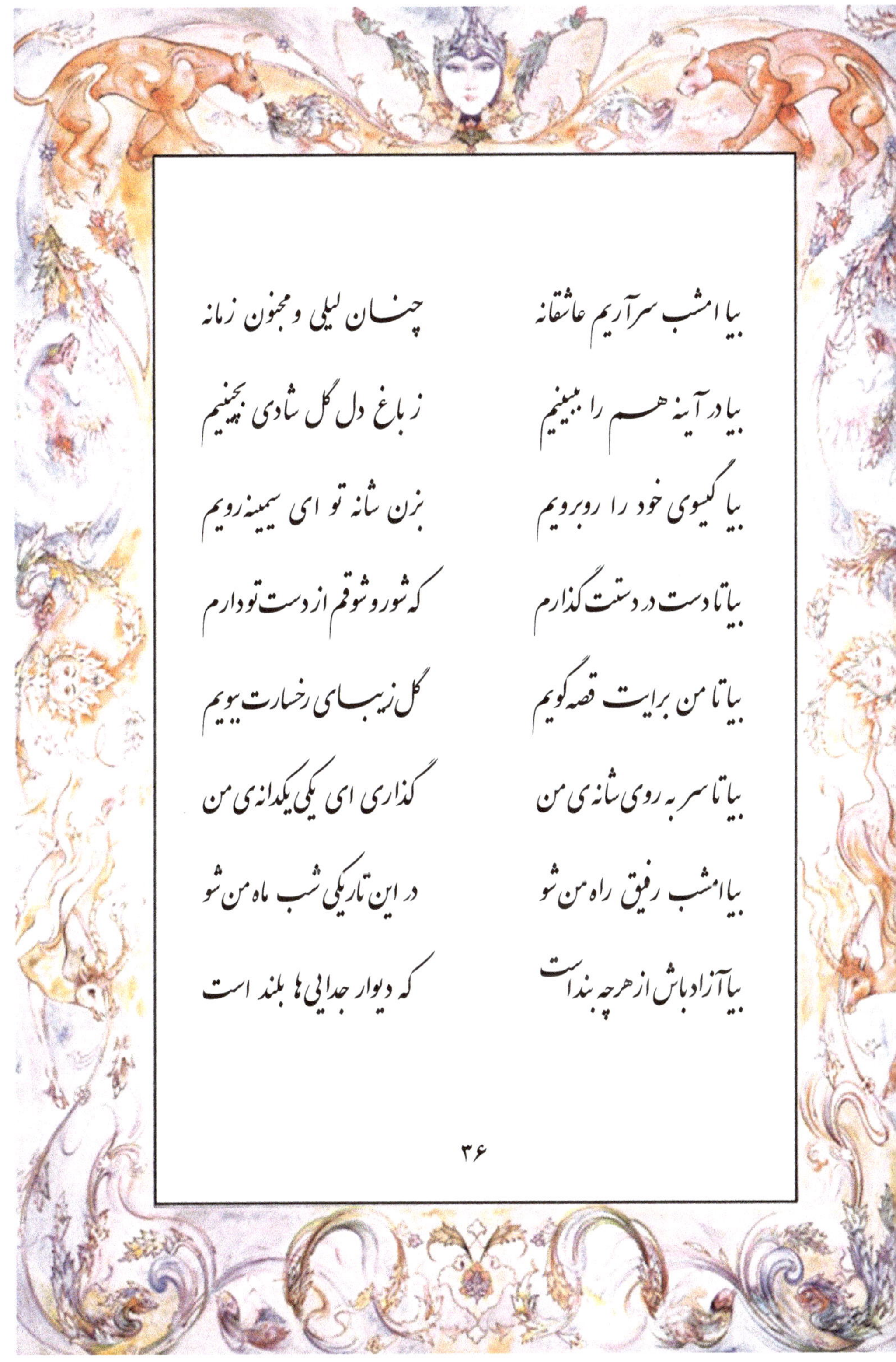

بیا امشب سرآریم عاشقانه چنان لیلی و مجنون زمانه
بیا در آینه هم را ببینیم ز باغ دل گل شادی بچینیم
بیا گیسوی خود را روبرویم بزن شانه تو ای سیمینه رویم
بیا تا دست در دستت گذارم که شور و شوقم از دست تو دارم
بیا تا من برایت قصه گویم گل زیبای رخسارت ببویم
بیا تا سر به روی شانه ی من گذاری ای یکی یکدانه ی من
بیا امشب رفیق راه من شو در این تاریکی شب ماه من شو
بیا آزاد باش از هرچه بند است که دیوار جدایی ها بلند است

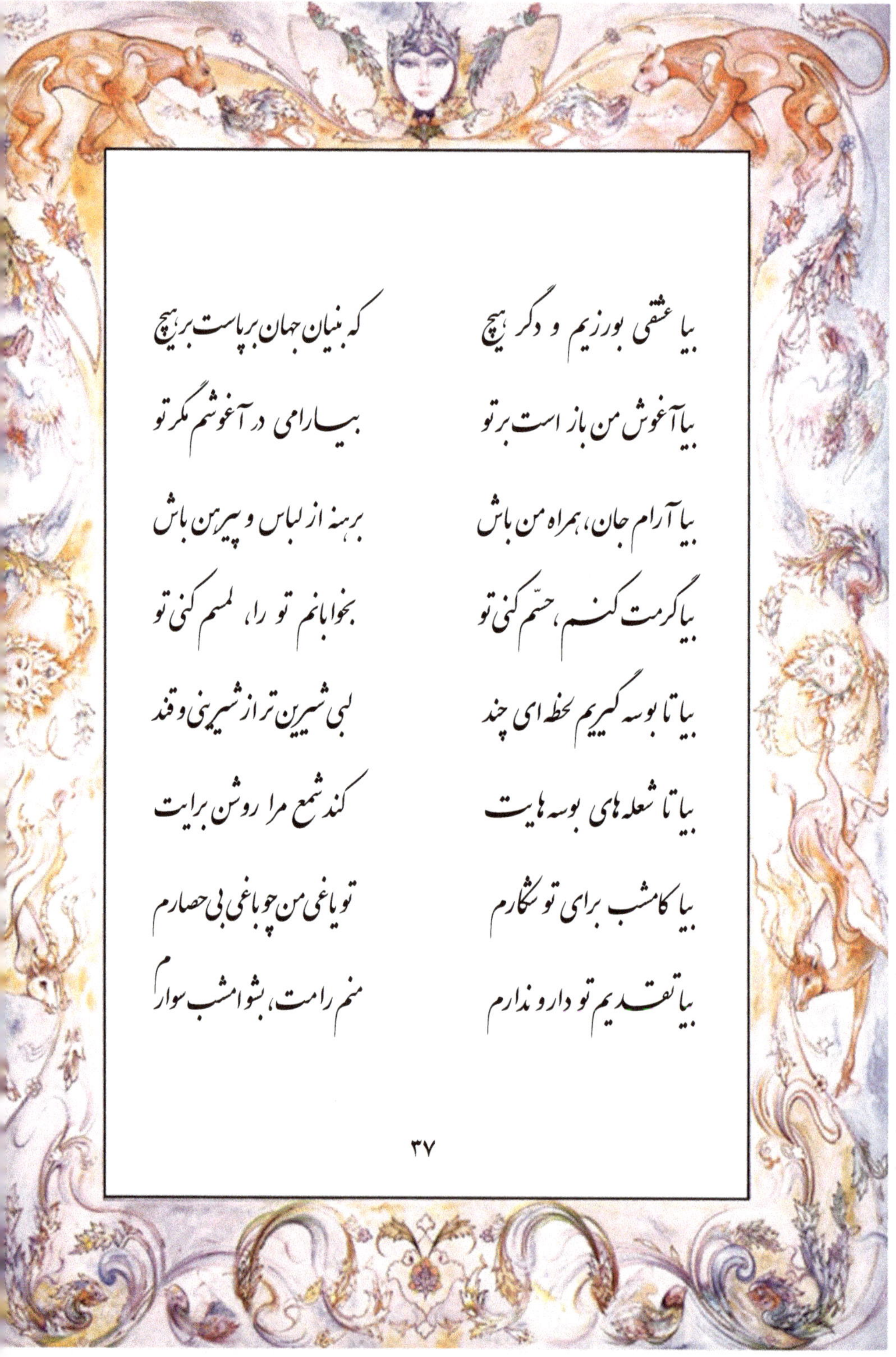

بیا عشقی بورزیم و دگر هیچ
که بنیان جهان برپاست بر هیچ

بیا آغوش من باز است بر تو
بیارامی در آغوشم مگر تو

بیا آرام جان، همراه من باش
برهنه از لباس و پیرهن باش

بیا گرمت کنم، حسّم کنی تو
بخوابانم تو را، لمسم کنی تو

بیا تا بوسه گیریم لحظه ای چند
لبی شیرین تر از شیرینی و قند

بیا تا شعله های بوسه هایت
کند شمع مرا روشن برایت

بیا کامشب برای تو نگارم
تو باغی من چو باغی بی حصارم

بیا تقدیم تو دار و ندارم
منم رامت، بشو امشب سوارم

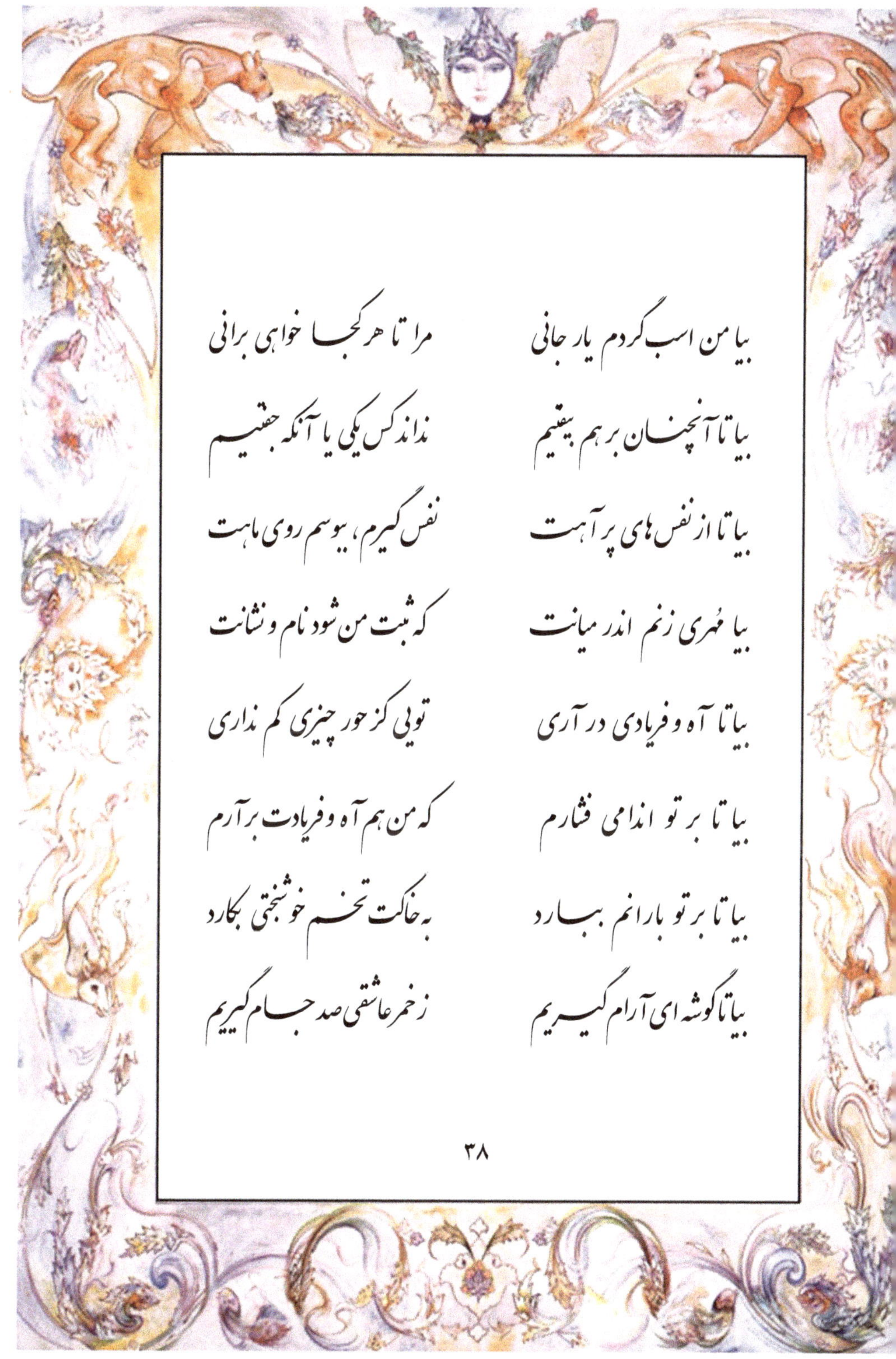

بیا من اسب گردم یار جانی مرا تا هر کجا خواهی برانی

بیا تا آنچنان بر هم بیفتیم نداند کس یکی یا آنکه جفتیم

بیا تا از نفس های پر آهت نفس گیرم، ببوسم روی ماهت

بیا مُهری زنم اندر میانت که ثبت من شود نام و نشانت

بیا تا آه و فریادی در آری تویی کز حور چیزی کم نداری

بیا تا بر تو اندامی فشارم که من هم آه و فریادت برآرم

بیا تا بر تو بارانم ببارد به خاکت تخم خوشبختی بکارد

بیا تا گوشه ای آرام گیریم ز خمر عاشقی صد جام گیریم

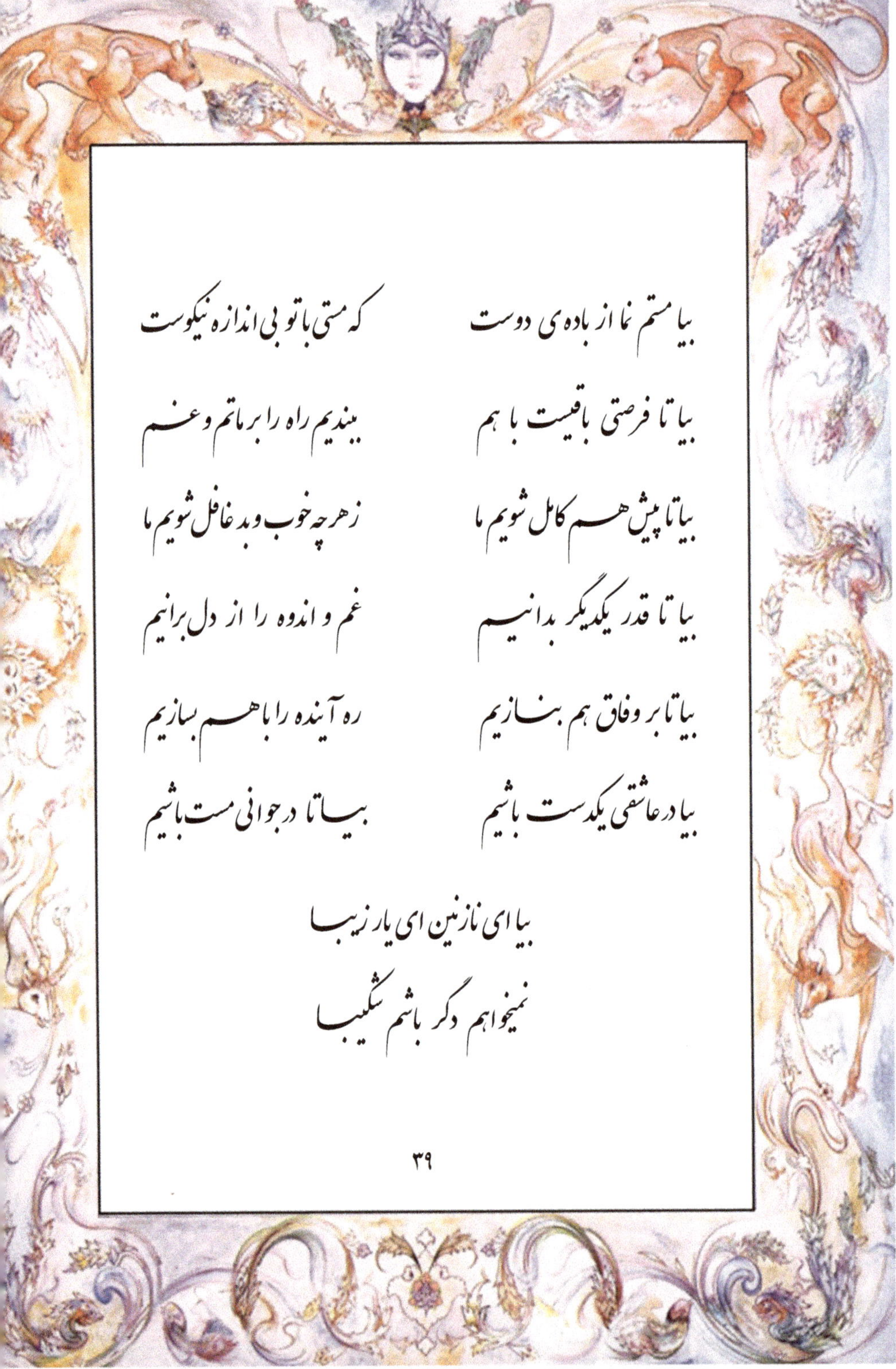

بیا مستم نما از باده ی دوست
که مستی با تو بی اندازه نیکوست

بیا تا فرصتی باقیست با هم
ببندیم راه را بر ماتم و غم

بیا تا پیش هم کامل شویم ما
ز هر چه خوب و بد غافل شویم ما

بیا تا قدر یکدیگر بدانیم
غم و اندوه را از دل برانیم

بیا تا بر وفاق هم بنازیم
ره آینده را با هم بسازیم

بیا در عاشقی یکدست باشیم
بیا تا در جوانی مست باشیم

بیا ای نازنین ای یار زیبا
نمیخواهم دگر باشم شکیبا

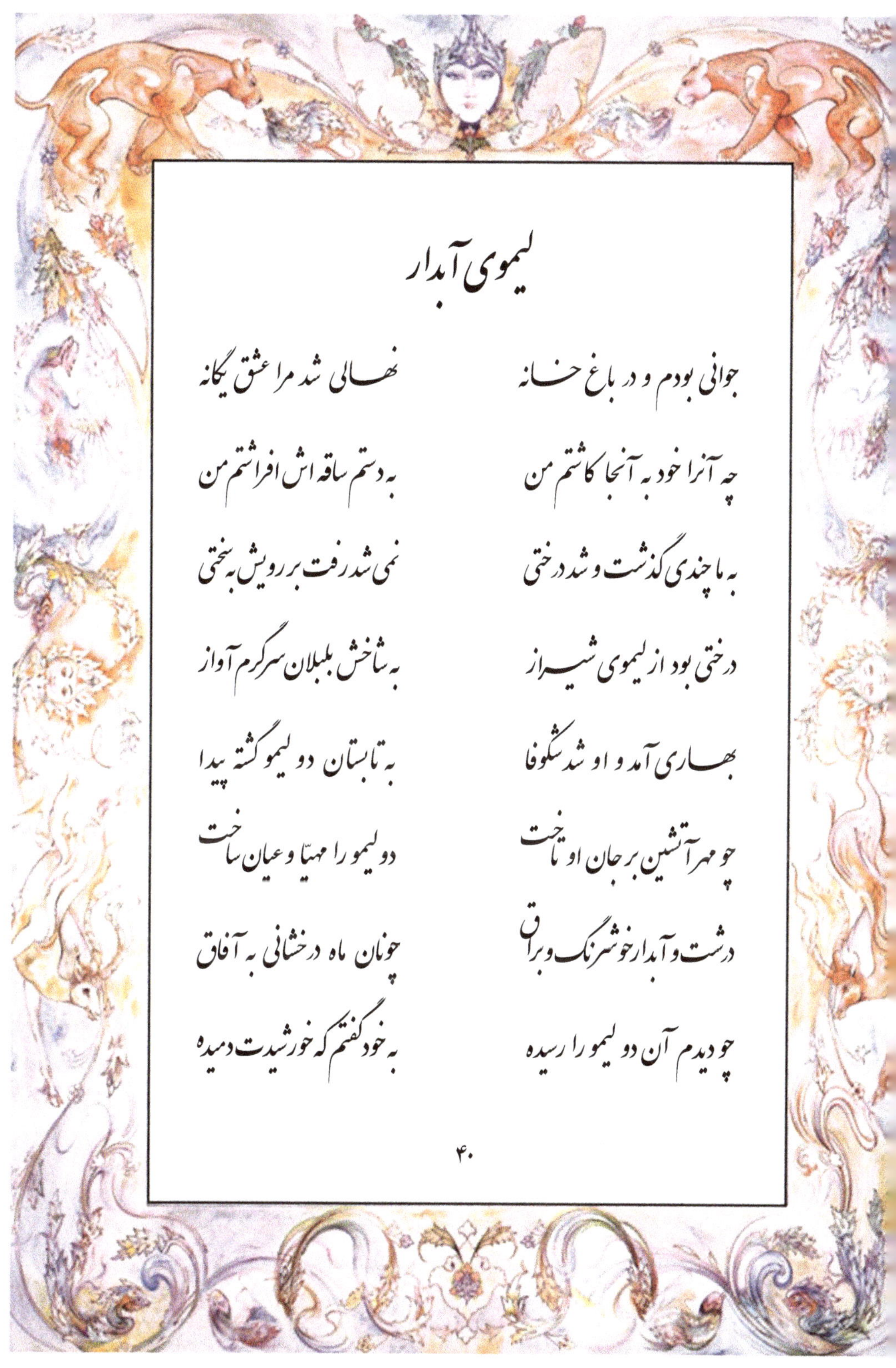

لیموی آبدار

جوانی بودم و در باغ خانه   نهالی شد مرا عشق یگانه
چه آنرا خود به آنجا کاشتم من   به دستم ساقه اش افراشتم من
به ما چندی گذشت و شد درختی   نمی شد رفت بر رویش به سختی
درختی بود از لیموی شیراز   به شاخش بلبلان سرگرم آواز
بهاری آمد و او شد شکوفا   به تابستان دو لیمو گشته پیدا
چو مهر آتشین بر جان او تاخت   دو لیمو را مهیّا و عیان ساخت
درشت و آبدار خوشرنگ و براق   چونان ماه درخشانی به آفاق
چو دیدم آن دو لیمو را رسیده   به خود گفتم که خورشیدت دمیده

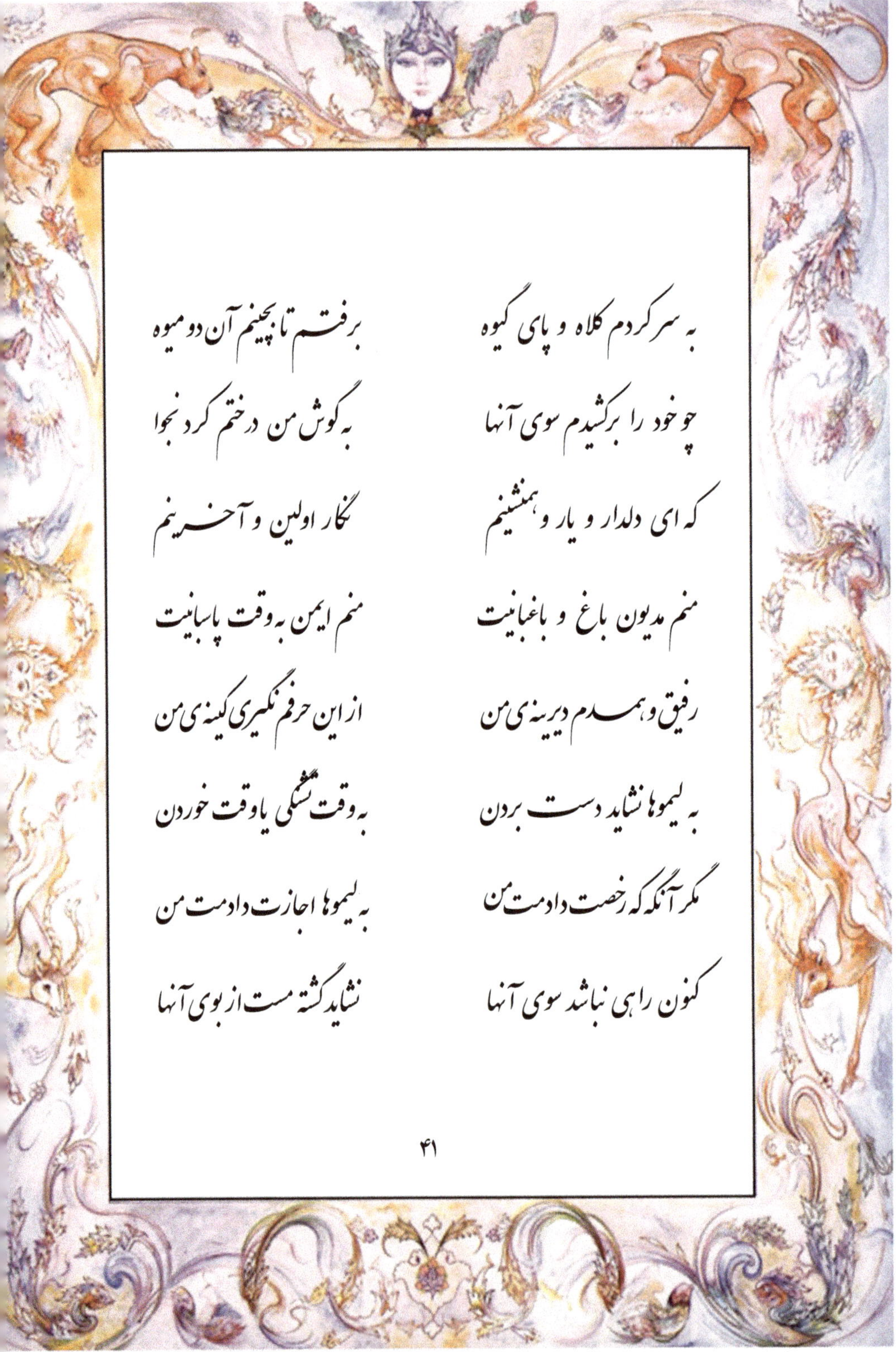

به سر کردم کلاه و پای گیوه		برفتم تا بچینم آن دو میوه
چو خود را برکشیدم سوی آنها		به گوش من درختم کرد نجوا
که ای دلدار و یار و همنشینم		نگار اولین و آخرینم
منم مدیون باغ و باغبانیت		منم ایمن به وقت پاسبانیت
رفیق و همدم دیرینه ی من		از این حرفم نگیری کینه ی من
به لیموها نشاید دست بردن		به وقت تشنگی یا وقت خوردن
مگر آنگه که رخصت دادمت من		به لیموها اجازت دادمت من
کنون راهی نباشد سوی آنها		نشاید گشته مست از بوی آنها

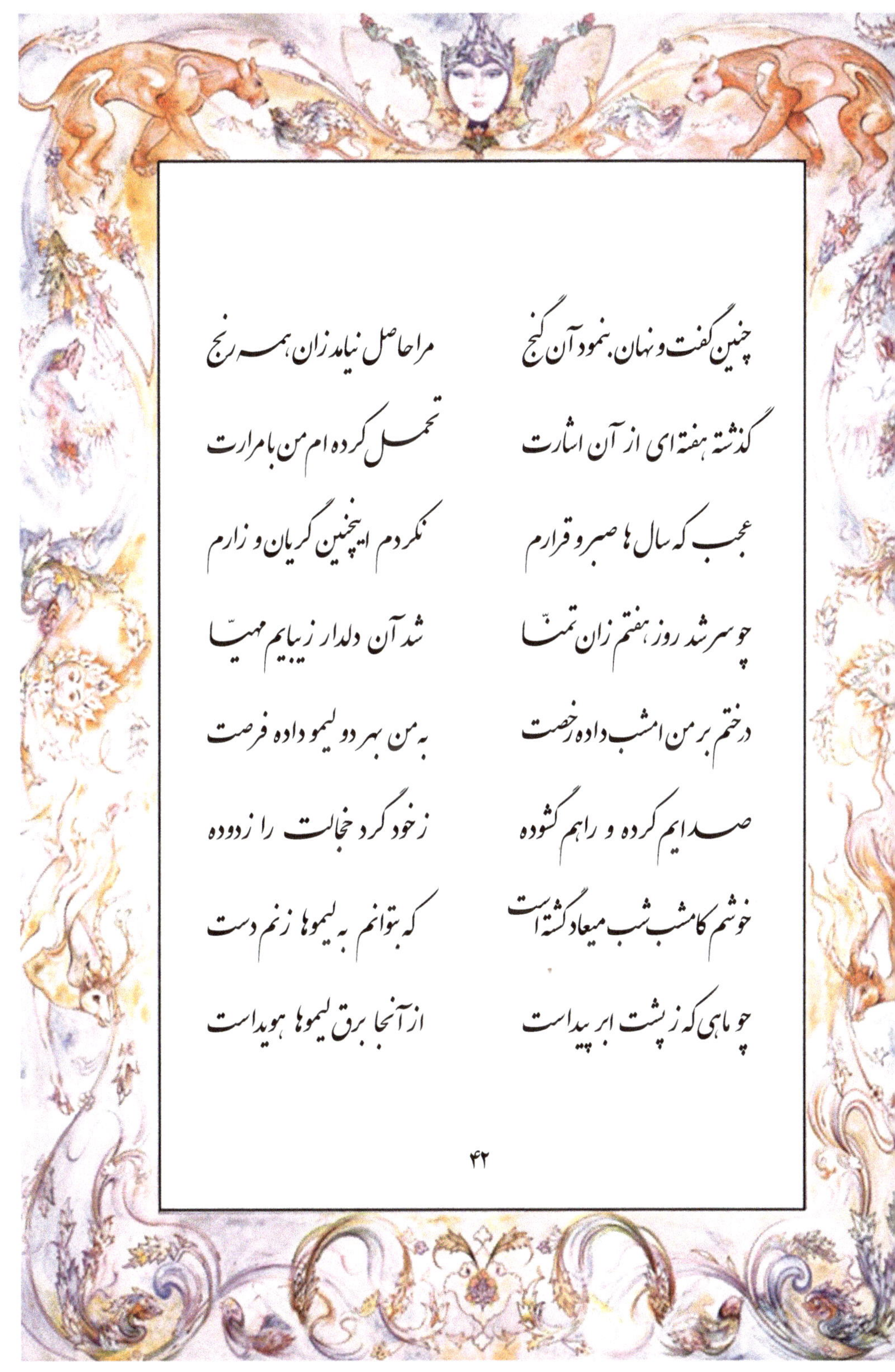

چنین گفت و نهان، بنمود آن گنج | مرا حاصل نیامد زان، همه رنج
گذشته هفته ای از آن اشارت | تحمل کرده ام من با مرارت
عجب که سال ها صبر و قرارم | نکردم اینچنین گریان و زارم
چو سر شد روز، هفتم زان تمنّا | شد آن دلدار زیبایم مهیّا
درختم بر من امشب داده رخصت | به من بهر دو لیمو داده فرصت
صدایم کرده و راهم گشوده | ز خود گرد خجالت را زدوده
خوشم کامشب شب میعاد گشته است | که بتوانم به لیموها زنم دست
چو ماهی که ز پشت ابر پیداست | از آنجا برق لیموها هویداست

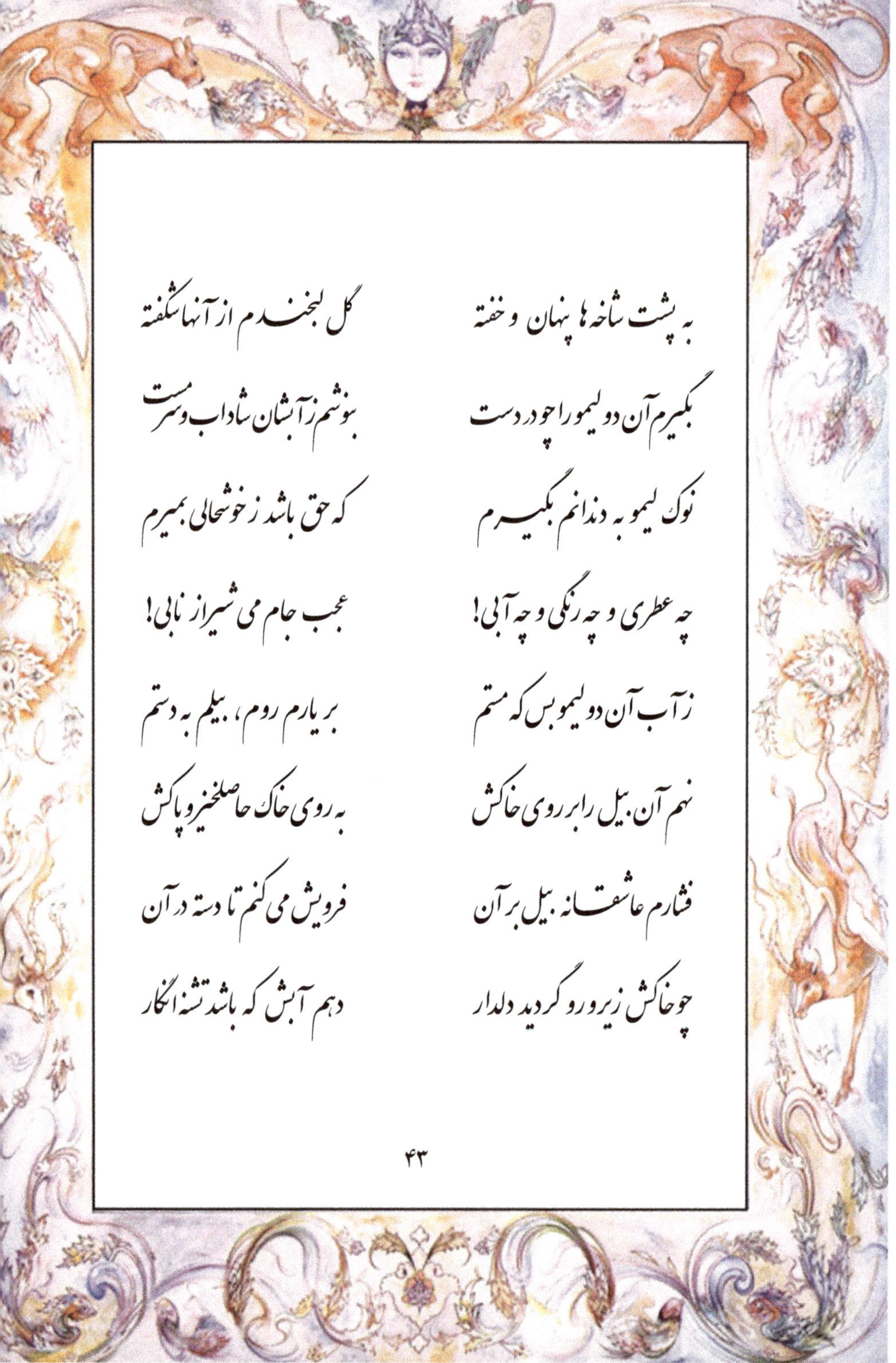

به پشت شاخه‌ها پنهان و خفته		گل لبخندم از آنها شکفته
بگیرم آن دو لیمو را چو در دست		ببوشم ز آبشان شاداب و سرمست
نوک لیمو به دندانم بگیرم		که حق باشد ز خوشحالی بمیرم
چه عطری و چه رنگی و چه آبی!		عجب جام می شیراز نابی!
ز آب آن دو لیمو بس که مستم		بر یارم روم، بیلم به دستم
نهم آن بیل را بر روی خاکش		به روی خاک حاصلخیز و پاکش
فشارم عاشقانه بیل بر آن		فرویش می کنم تا دسته در آن
چو خاکش زیر و رو گردید دلدار		دهم آبش که باشد تشنه انگار

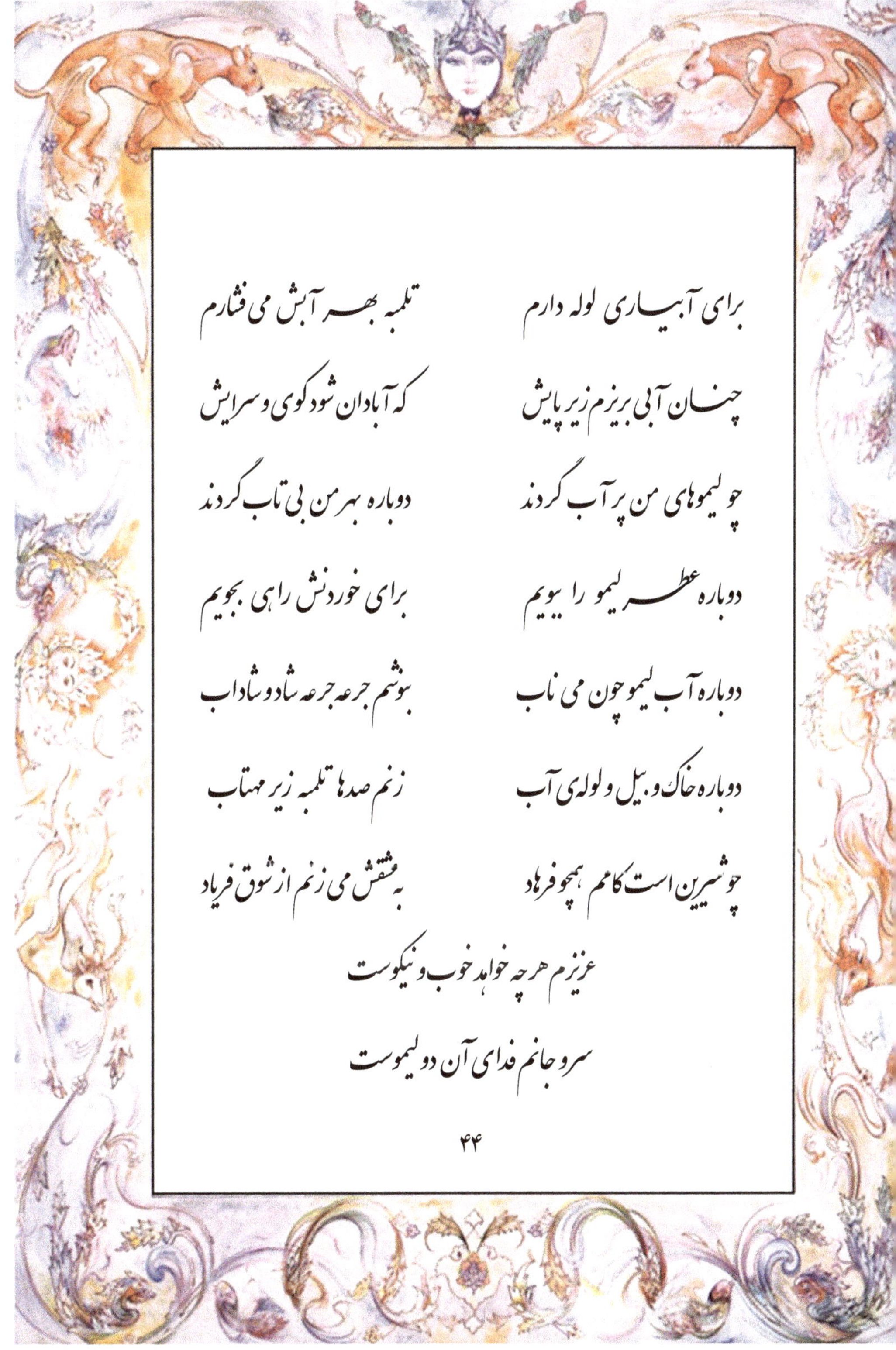

برای آبیاری لوله دارم
تلمبه بهر آبش می فشارم

چنان آبی بریزم زیر پایش
که آبادان شود کوی و سرایش

چو لیموهای من پر آب گردند
دوباره بهر من بی تاب گردند

دوباره عطر لیمو را ببویم
برای خوردنش راهی بجویم

دوباره آب لیمو چون می ناب
بنوشم جرعه جرعه شاد و شاداب

دوباره خاک و بیل و لوله ی آب
زنم صدها تلمبه زیر مهتاب

چو شیرین است کامم همچو فرهاد
به عشقش می زنم از شوق فریاد

عزیزم هر چه خواهد خوب و نیکوست
سر و جانم فدای آن دو لیموست

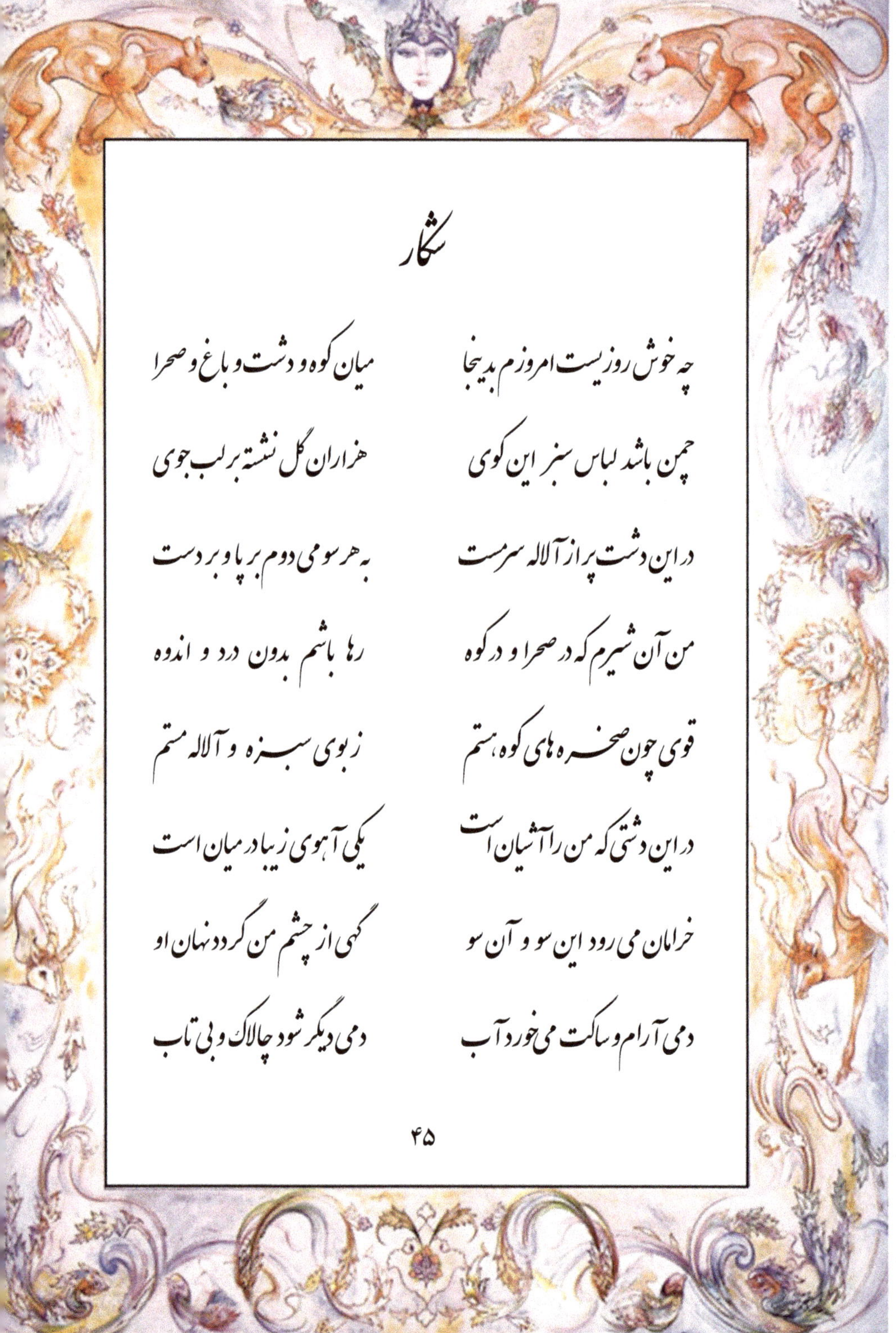

شکار

چه خوش روزیست امروزم بدینجا
میان کوه و دشت و باغ و صحرا

چمن باشد لباس سبز این کوی
هزاران گل نشسته بر لب جوی

در این دشت پر از آلاله سرمست
به هر سو می دوم بر پا و بر دست

من آن شیرم که در صحرا و در کوه
رها باشم بدون درد و اندوه

قوی چون صخره های کوه، هستم
ز بوی سبزه و آلاله مستم

در این دشتی که من را آشیان است
یکی آهوی زیبا در میان است

خرامان می رود این سو و آن سو
گهی از چشم من گردد نهان او

دمی آرام و ساکت می خورد آب
دمی دیگر شود چالاک و بی تاب

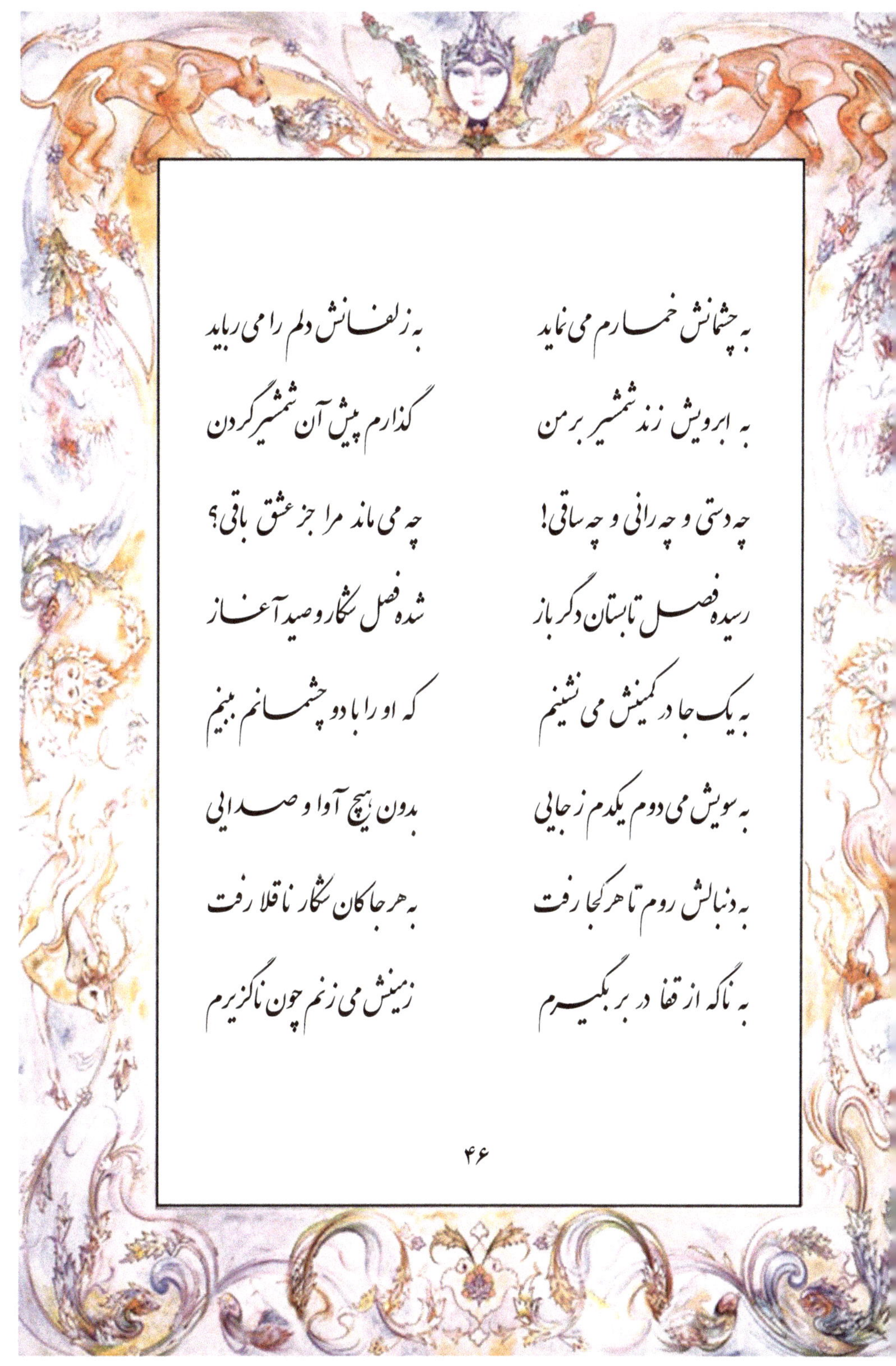

به چشمانش خمارم می نماید | به زلفانش دلم را می رباید
به ابرویش زند شمشیر بر من | گذارم پیش آن شمشیر گردن
چه دستی و چه رانی و چه ساقی! | چه می ماند مرا جز عشق باقی؟
رسیده فصل تابستان دگر باز | شده فصل شکار و صید آغاز
به یک جا در کمینش می نشینم | که او را با دو چشمانم ببینم
به سویش می دوم یکدم ز جایی | بدون هیچ آوا و صدایی
به دنبالش روم تا هر کجا رفت | به هر جا کان شکار ناقلا رفت
به ناگه از قفا در بر بگیرم | زمینش می زنم چون ناگزیرم

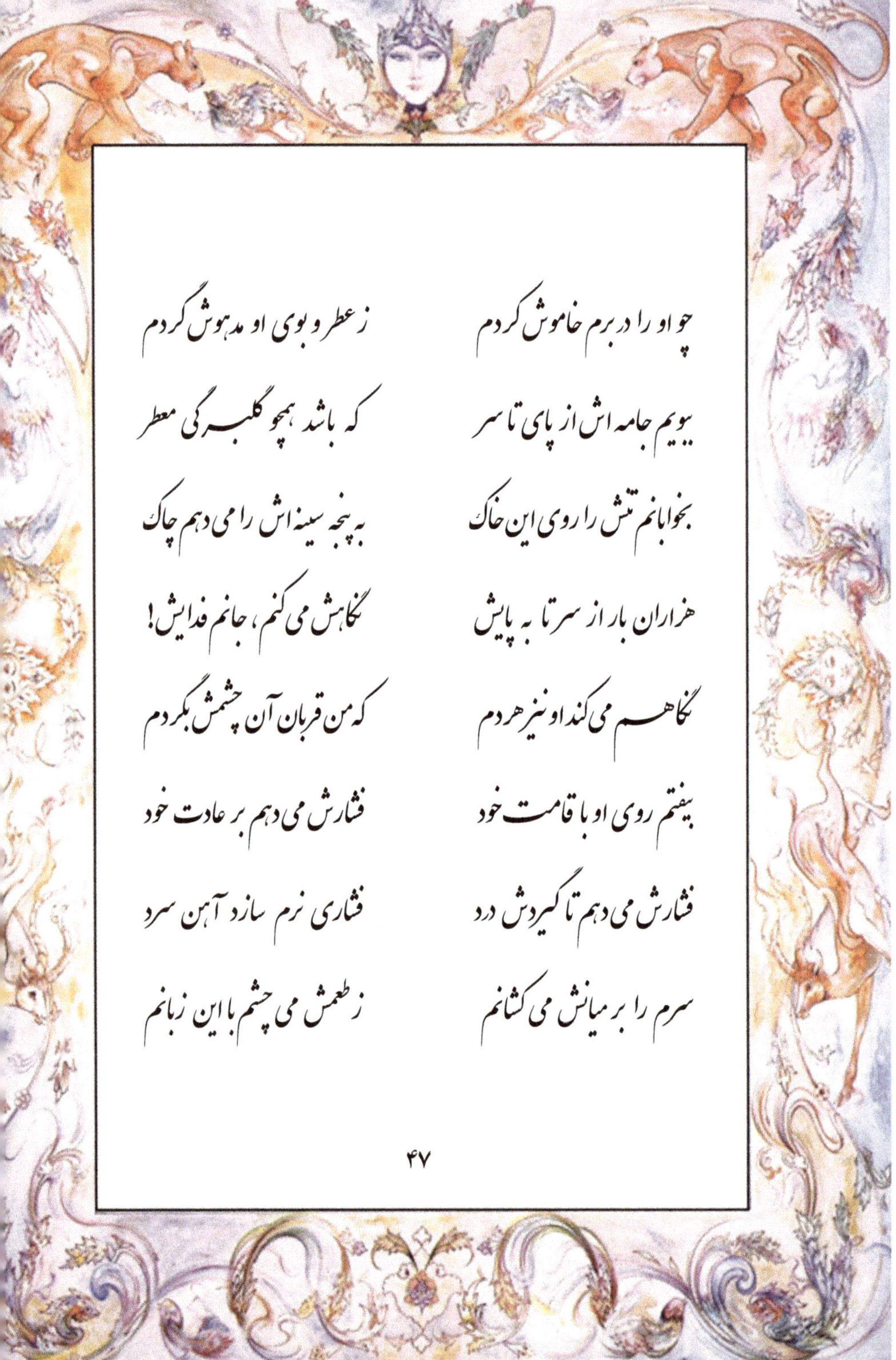

چو او را در برم خاموش کردم
ز عطر و بوی او مدهوش گردم

ببویم جامه اش از پای تا سر
که باشد همچو گلبرگی معطر

بخوابانم تنش را روی این خاک
به پنجه سینه اش را می دهم چاک

هزاران بار از سر تا به پایش
نگاهش می کنم، جانم فدایش!

نگاهم می کند او نیز هر دم
که من قربان آن چشمش بگردم

بیفتم روی او با قامت خود
فشارش می دهم بر عادت خود

فشارش می دهم تا گیردش درد
فشاری نرم سازد آهن سرد

سرم را بر میانش می کشانم
ز طعمش می چشم با این زبانم

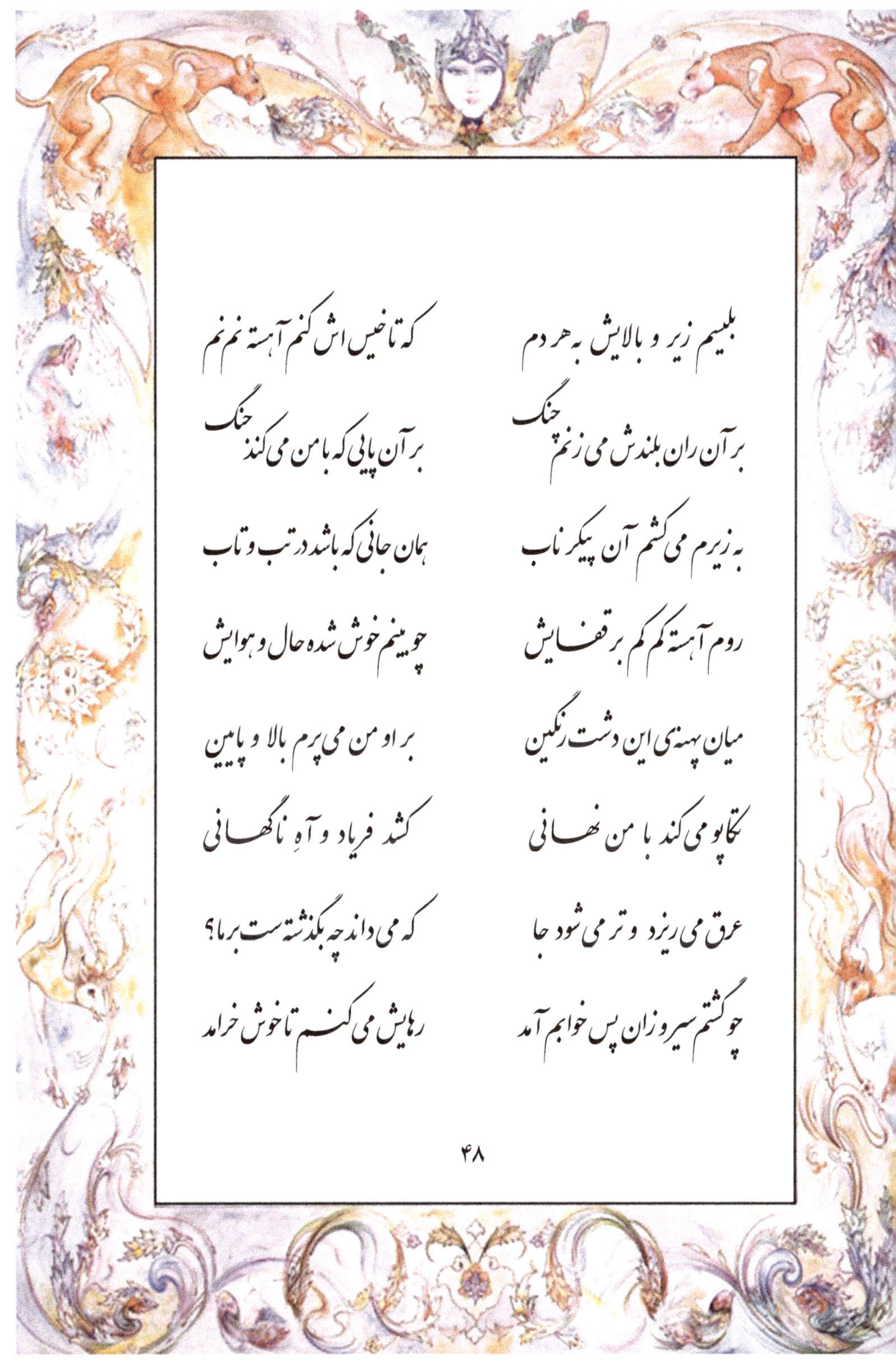

بلیسم زیر و بالایش به هر دم
که تا خیس اش کنم آهسته نم نم

بر آن ران بلندش می زنم چنگ
بر آن پایی که با من می کند جنگ

به زیرم می کشم آن پیکر ناب
همان جانی که باشد در تب و تاب

روم آهسته کم کم بر قفایش
چو بینم خوش شده حال و هوایش

میان پهنه ی این دشت رنگین
بر او من می پرم بالا و پایین

تکاپو می کند با من نهانی
کشد فریاد و آهِ ناگهانی

عرق می ریزد و تر می شود جا
که می داند چه بگذشته ست بر ما؟

چو گشتم سیر و زان پس خوابم آمد
رهایش می کنم تا خوش خرامد

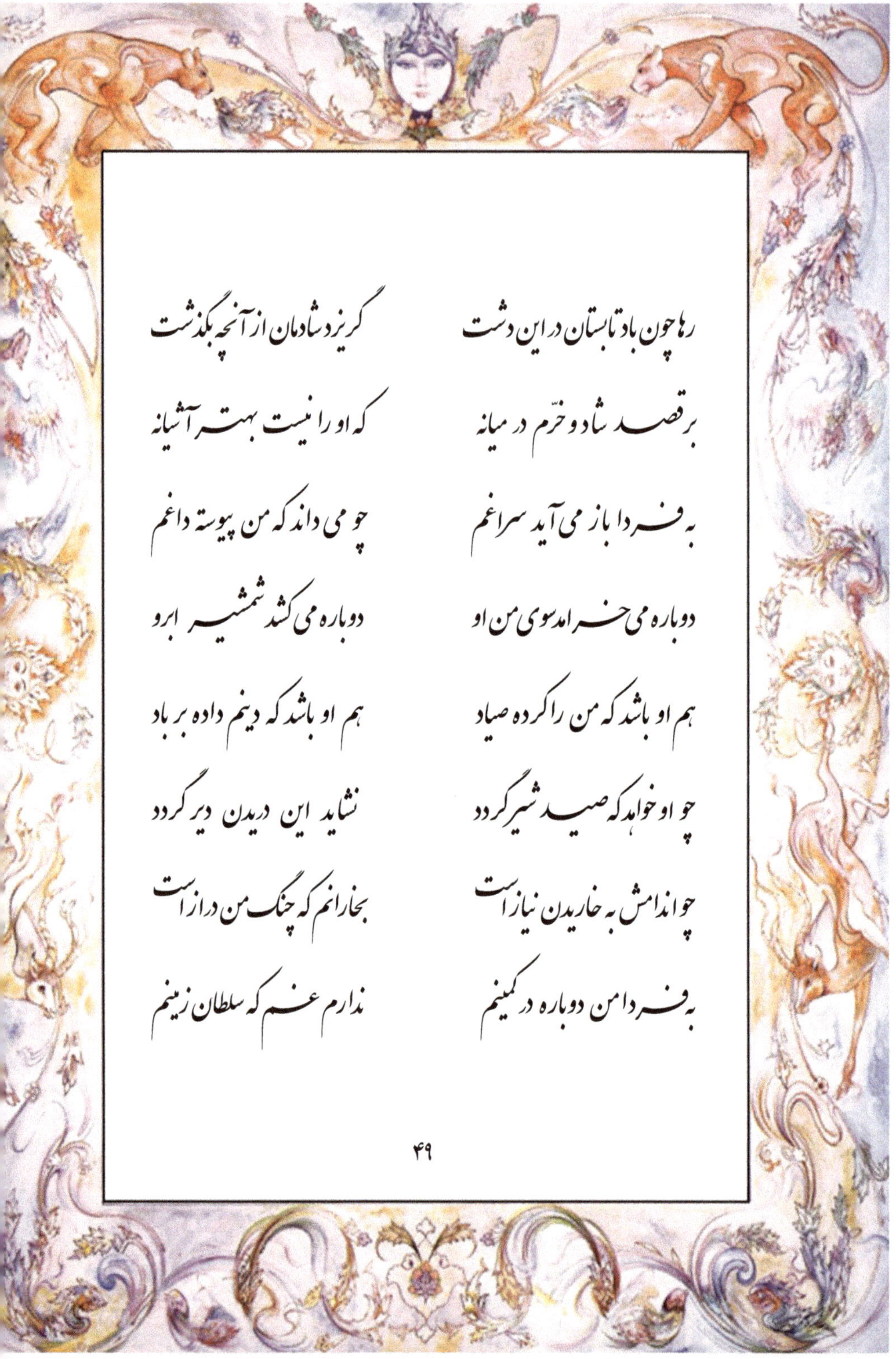

رها چون باد تابستان در این دشت　　گریزد شادمان از آنچه بگذشت

بر قصد شاد و خرّم در میانه　　که او را نیست بهتر آشیانه

به فردا باز می آید سراغم　　چو می داند که من پیوسته داغم

دوباره می خرامد سوی من او　　دوباره می کشد شمشیر ابرو

هم او باشد که من را کرده صیاد　　هم او باشد که دینم داده بر باد

چو او خواهد که صید شیر گردد　　نشاید این دریدن دیر گردد

چو اندامش به خاریدن نیاز است　　بخارانم که چنگ من دراز است

به فردا من دوباره در کمینم　　ندارم غم که سلطان زمینم

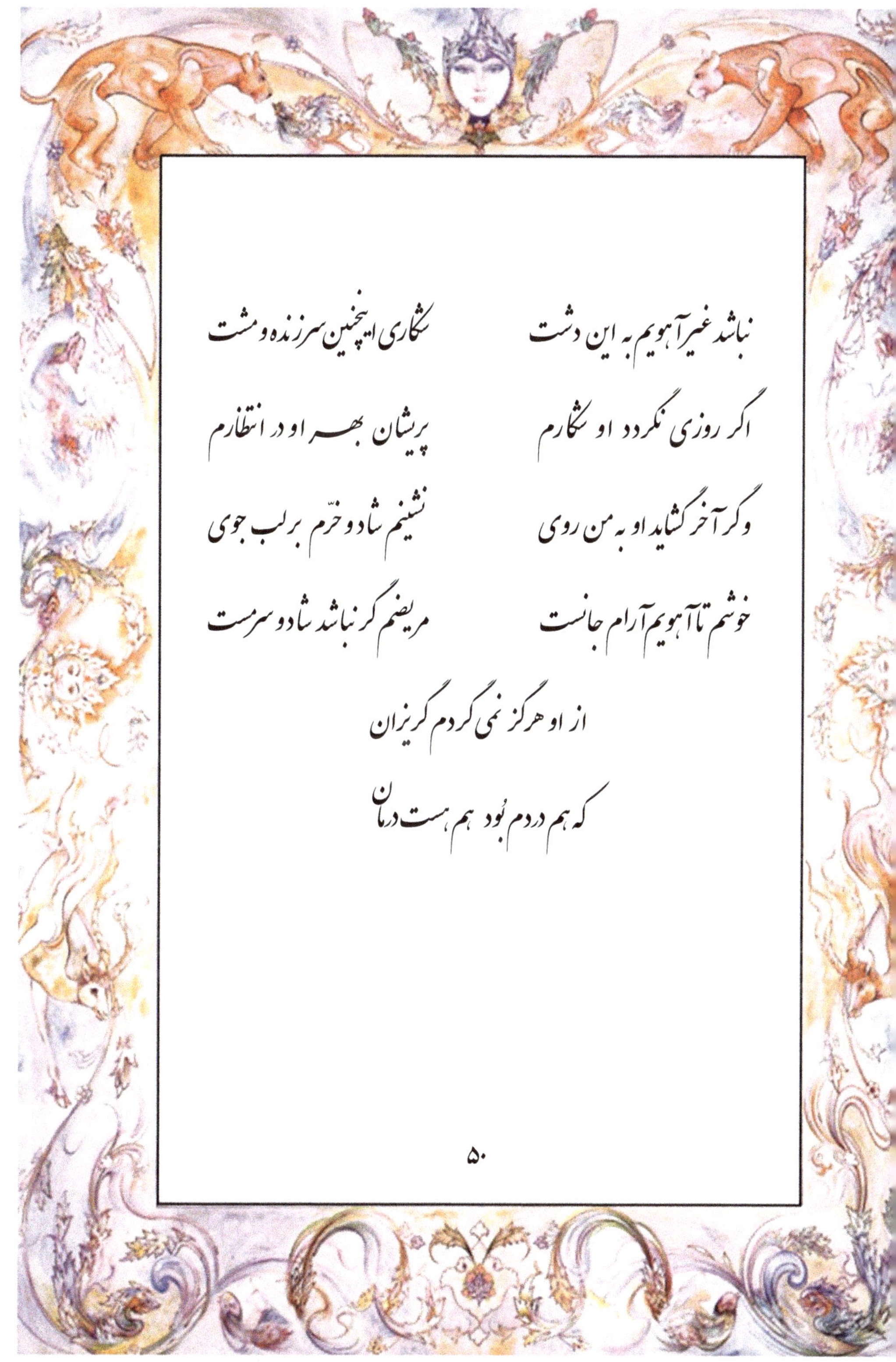

نباشد غیر آهویم به این دشت نگاری اینچنین سرزنده و مشت

اگر روزی نگردد او نگارم پریشان بهر او در انتظارم

وگر آخر گشاید او به من روی نشینم شاد و خرّم بر لب جوی

خوشم تا آهویم آرام جانست مریضم گر نباشد شاد و سرمست

از او هرگز نمی گردم گریزان

که هم دردم بُود هم هست درمان

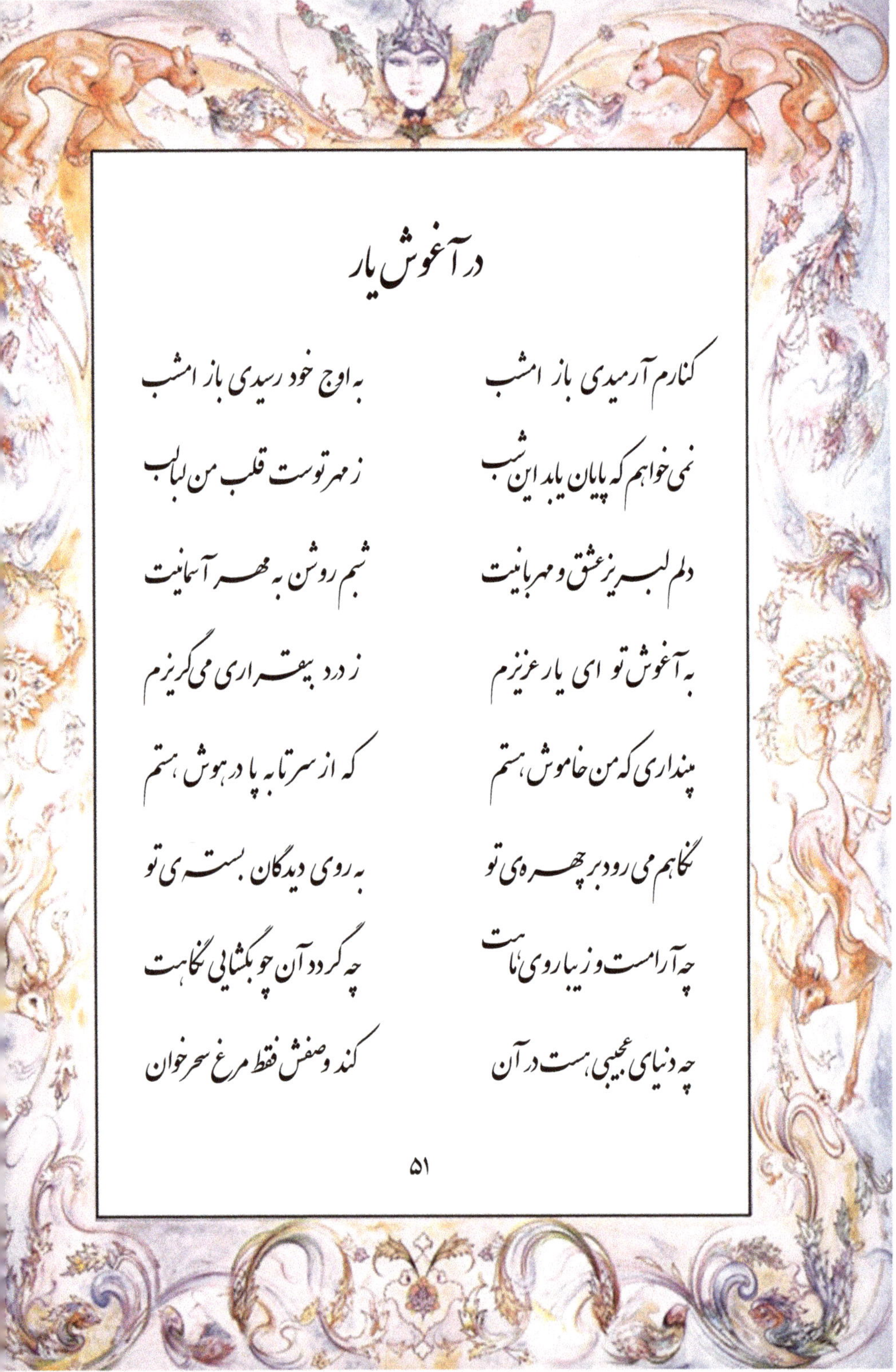

در آغوش یار

کنارم آرمیدی باز امشب — به اوج خود رسیدی باز امشب

نمی خواهم که پایان یابد این شب — ز مهر توست قلب من لبالب

دلم لبریز عشق و مهربانیت — شبم روشن به مهر آسمانیت

به آغوش تو ای یار عزیزم — ز درد بیقراری می گریزم

مپنداری که من خاموش، هستم — که از سر تا به پا در هوش، هستم

نگاهم می رود بر چهره ی تو — به روی دیدگان بسته ی تو

چه آرامست و زیبا روی ماهت — چه گردد آن چو بگشایی نگاهت

چه دنیای عجیبی هست در آن — کند وصفش فقط مرغ سحرخوان

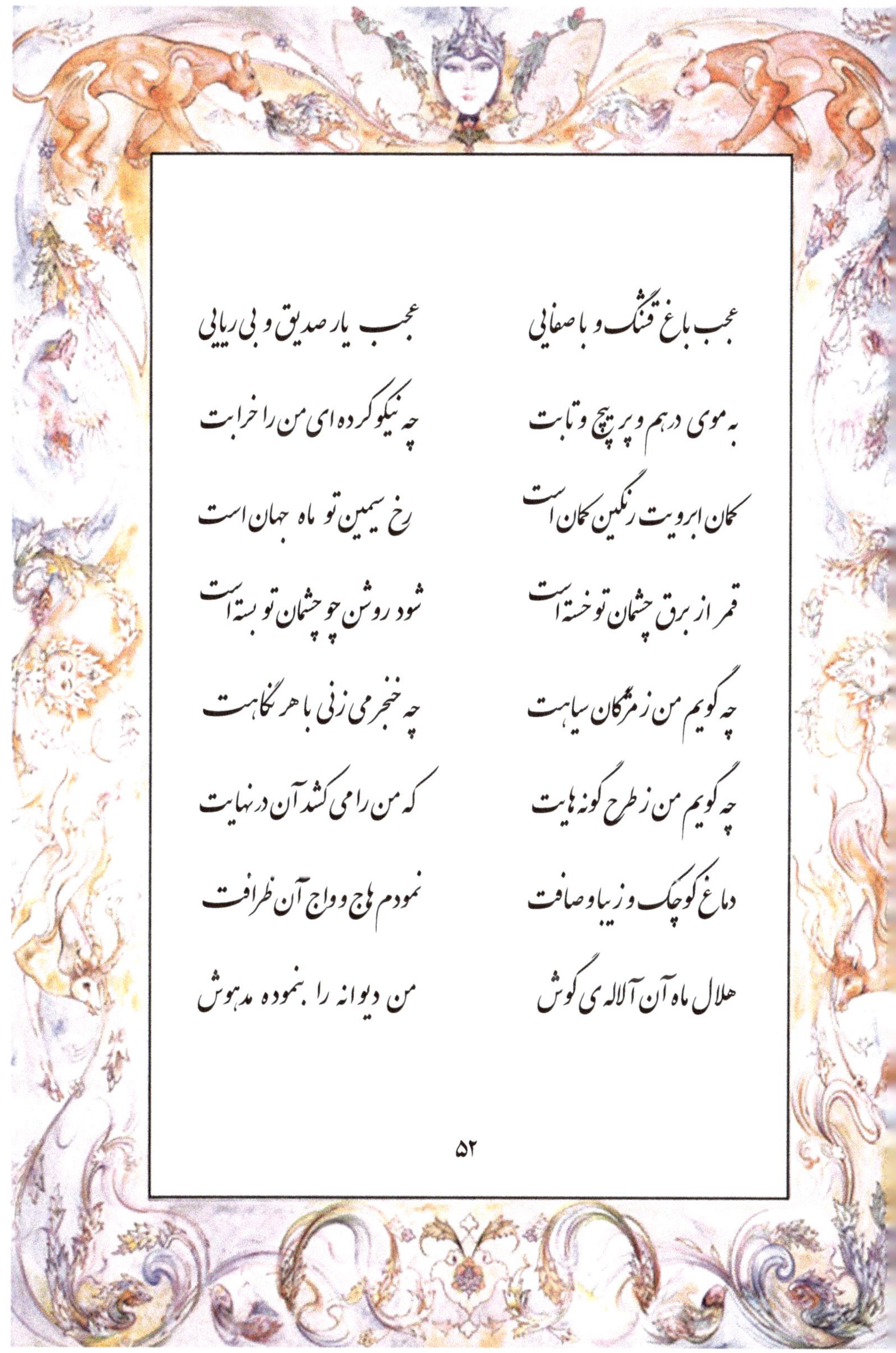

عجب باغ قشنگ و با صفایی
عجب یار صدیق و بی ریایی

به موی درهم و پر پیچ و تابت
چه نیکو کرده ای من را خرابت

کمان ابرویت رنگین کمان است
رخ سیمین تو ماه جهان است

قمر از برق چشمان تو خسته است
شود روشن چو چشمان تو بسته است

چه گویم من ز مژگان سیاهت
چه خنجر می زنی با هر نگاهت

چه گویم من ز طرح گونه هایت
که من را می کشد آن در نهایت

دماغ کوچک و زیبا و صافت
نمودم هاج و واج آن ظرافت

هلال ماه آن آلاله ی گوش
من دیوانه را بنموده مدهوش

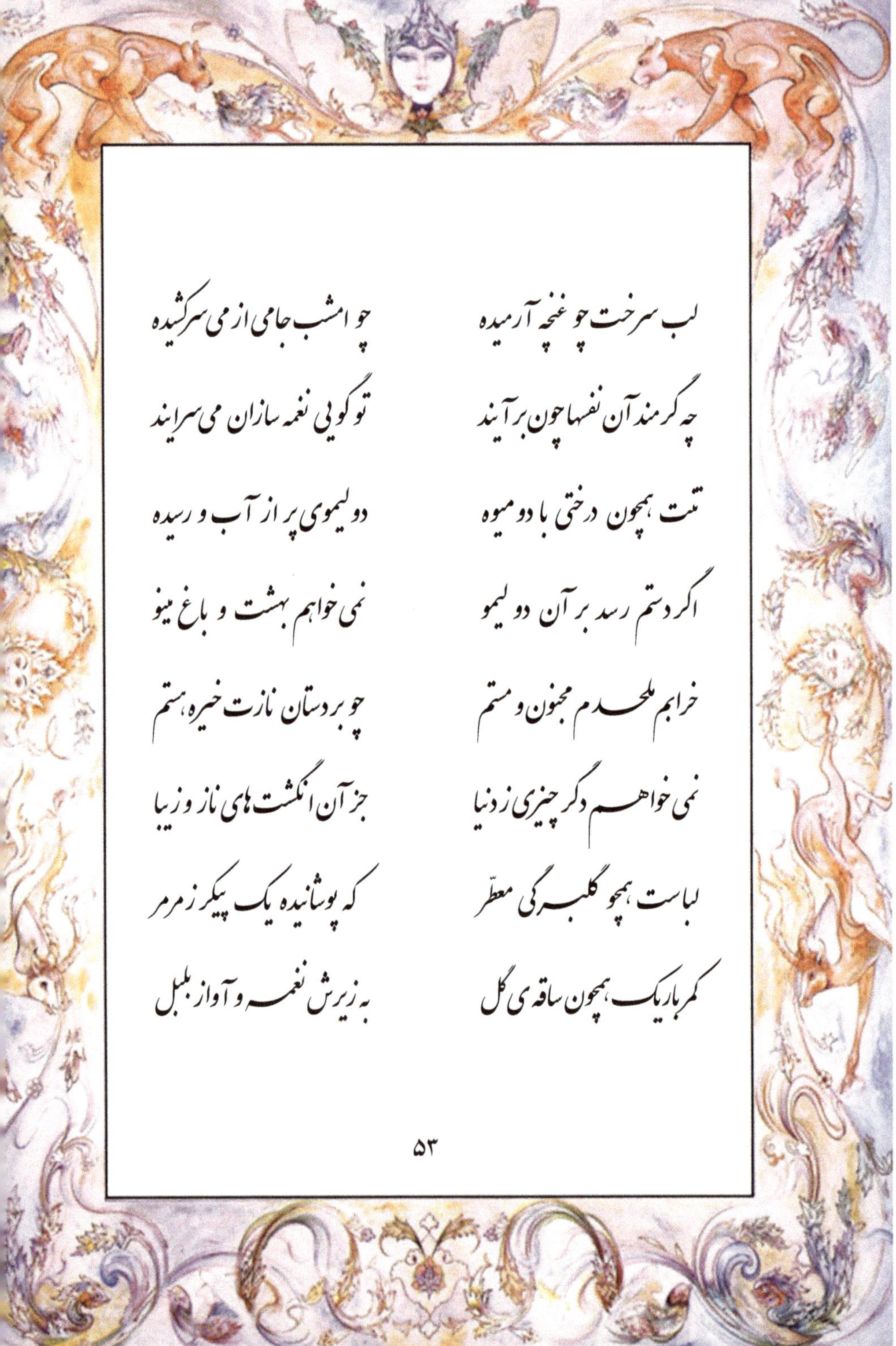

لب سرخت چو غنچه آرمیده | چو امشب جامی از می سرکشیده
چه گرمند آن نفسها چون برآیند | تو گویی نغمه سازان می سرایند
تنت همچون درختی با دو میوه | دو لیموی پر از آب و رسیده
اگر دستم رسد بر آن دو لیمو | نمی خواهم بهشت و باغ مینو
خرابم ملحدم مجنون و مستم | چو بر دستان نازت خیره، هستم
نمی خواهم دگر چیزی ز دنیا | جز آن انگشت های ناز و زیبا
لباست همچو گلبرگی معطّر | که پوشانیده یک پیکر ز مرمر
کمر باریک، همچون ساقه ی گل | به زیرش نغمه و آواز بلبل

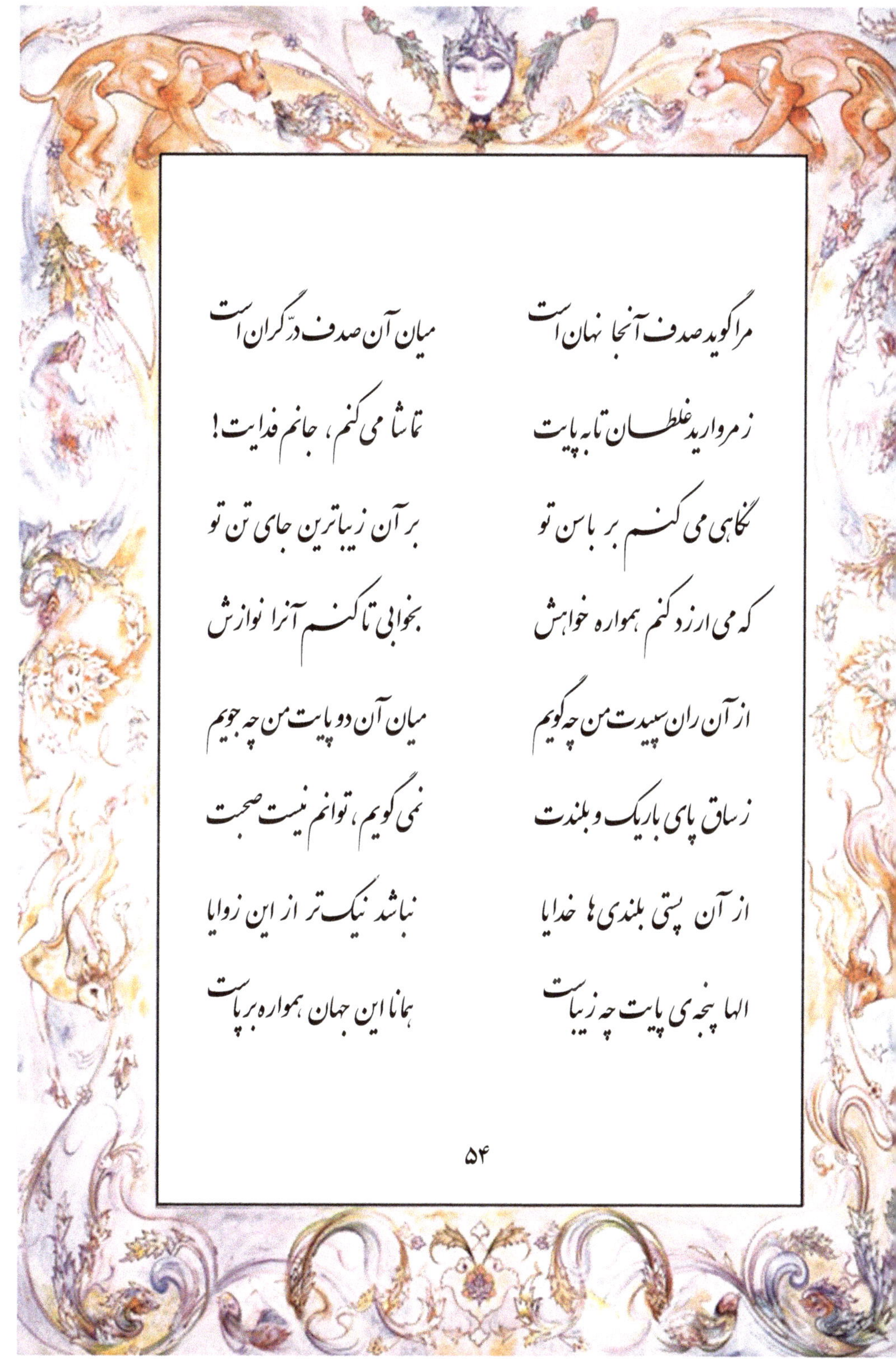

مرا گوید صدف آنجا نهان است		میان آن صدف درّ گران است

ز مروارید غلطان تا به پایت		تماشا می کنم، جانم فدایت!

نگاهی می کنم بر باسن تو		بر آن زیباترین جای تن تو

که می ارزد کنم همواره خواهش		بخوابی تا کنم آنرا نوازش

از آن ران سپیدت من چه گویم		میان آن دو پایت من چه جویم

ز ساق پای باریک و بلندت		نمی گویم، توانم نیست صحبت

از آن پستی بلندی ها خدایا		نباشد نیک تر از این زوایا

الها پنجه ی پایت چه زیباست		همانا این جهان همواره برپاست

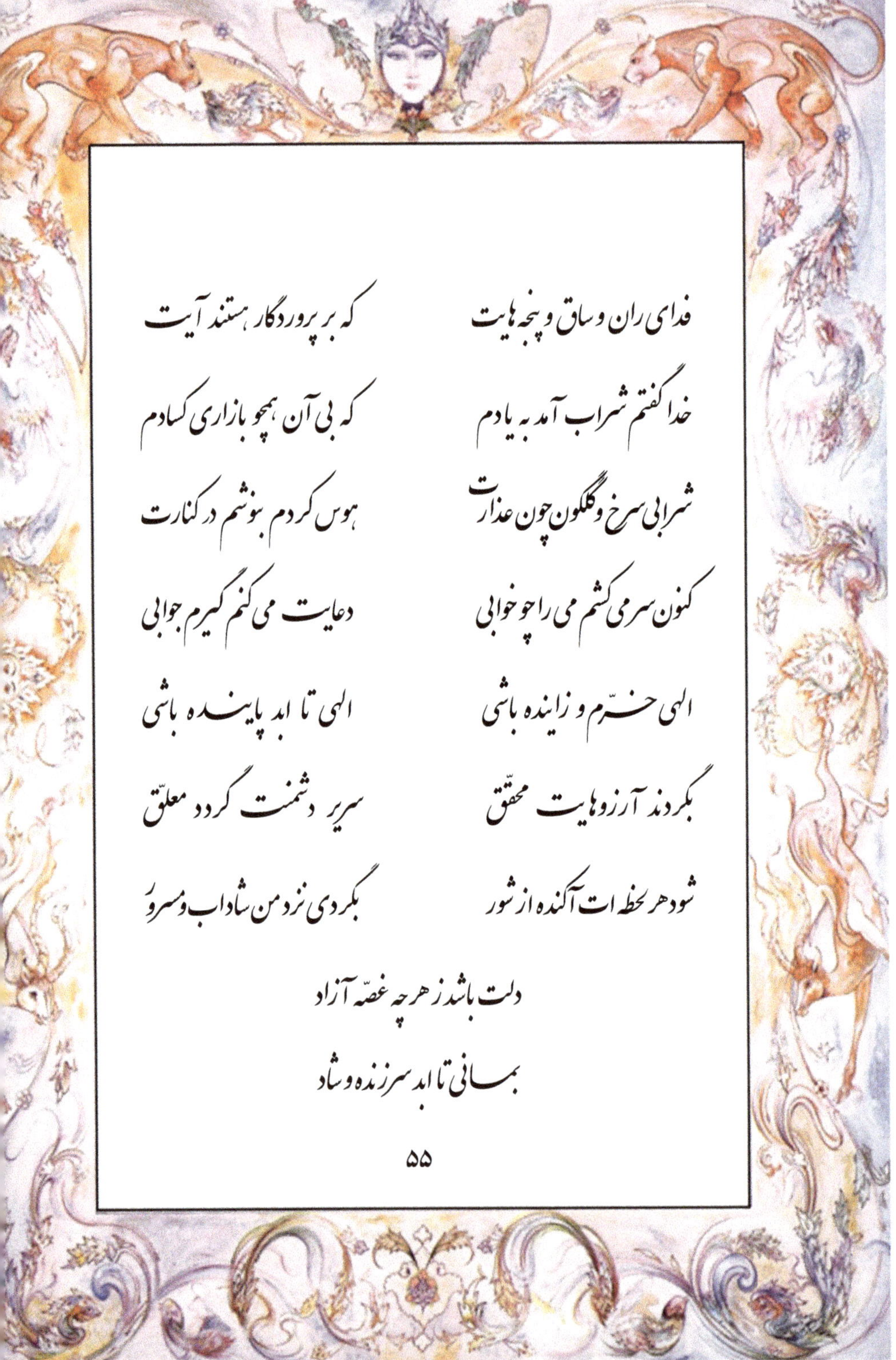

فدای ران و ساق و پنجه هایت
که بر پروردگار هستند آیت

خدا گفتم شراب آمد به یادم
که بی آن همچو بازاری کسادم

شرابی سرخ و گلگون چون عذارت
هوس کردم بنوشم در کنارت

کنون سر می کشم می را چو خوابی
دعایت می کنم گیرم جوابی

الهی خرّم و زاینده باشی
الهی تا ابد پاینده باشی

بگردند آرزوهایت محقّق
سریر دشمنت گردد معلّق

شود هر لحظه ات آکنده از شور
بگردی نزد من شاداب و مسرور

دلت باشد ز هرچه غصّه آزاد
بمانی تا ابد سرزنده و شاد

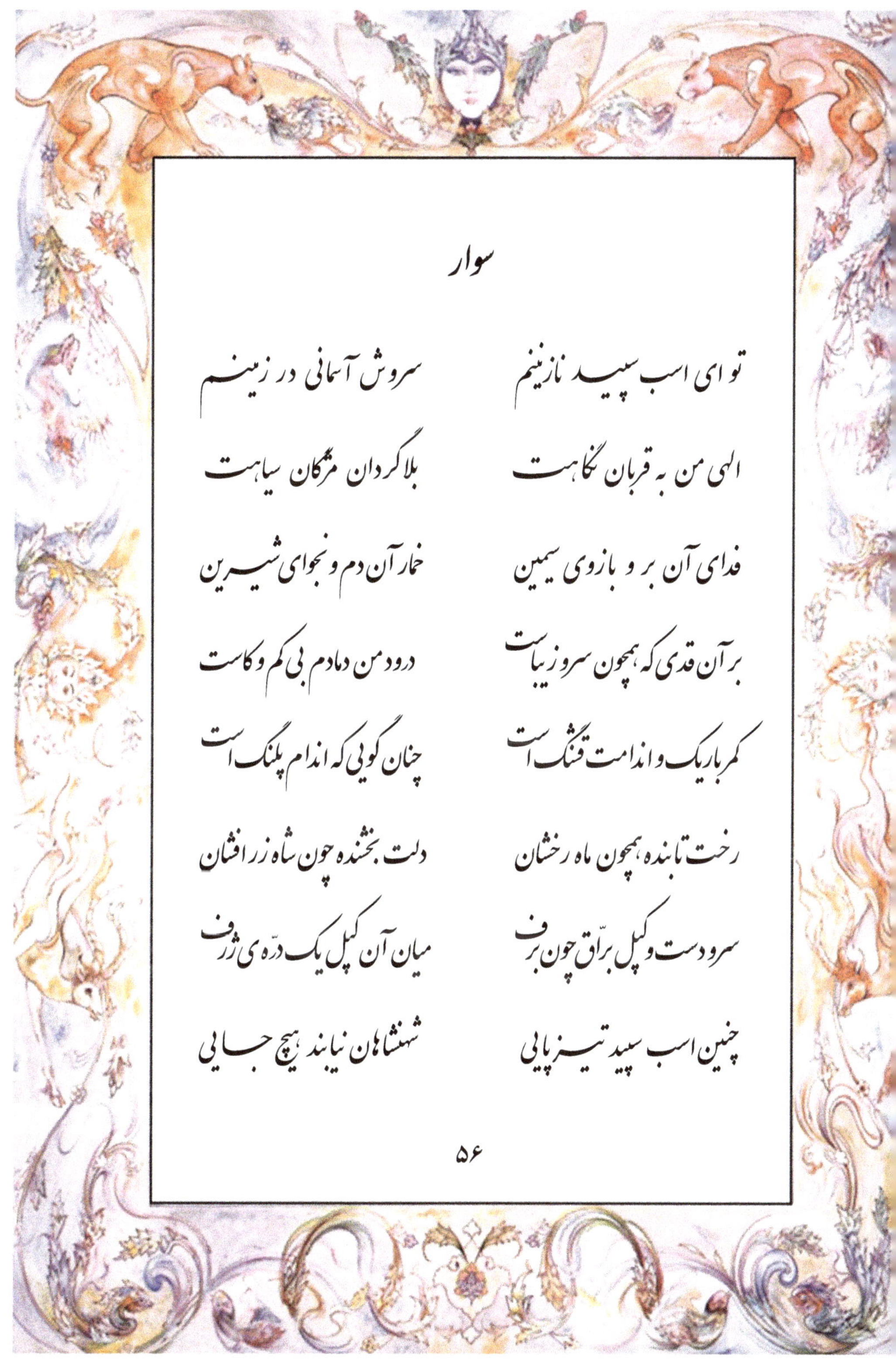

سوار

تو ای اسب سپید نازنینم
سروش آسمانی در زینم

الهی من به قربان نگاهت
بلاگردان مژگان سیاهت

فدای آن بر و بازوی سیمین
خمار آن دم و نجوای شیرین

بر آن قدی که همچون سرو زیباست
درود من دمادم بی کم و کاست

کمر باریک و اندامت قشنگ است
چنان گویی که اندام پلنگ است

رخت تابنده، همچون ماه رخشان
دلت بخشنده چون شاه زرافشان

سرو دست و کپل برّاق چون برف
میان آن کپل یک درّه ی ژرف

چنین اسب سپید تیزپایی
شهنشاهان نیابند هیچ جایی

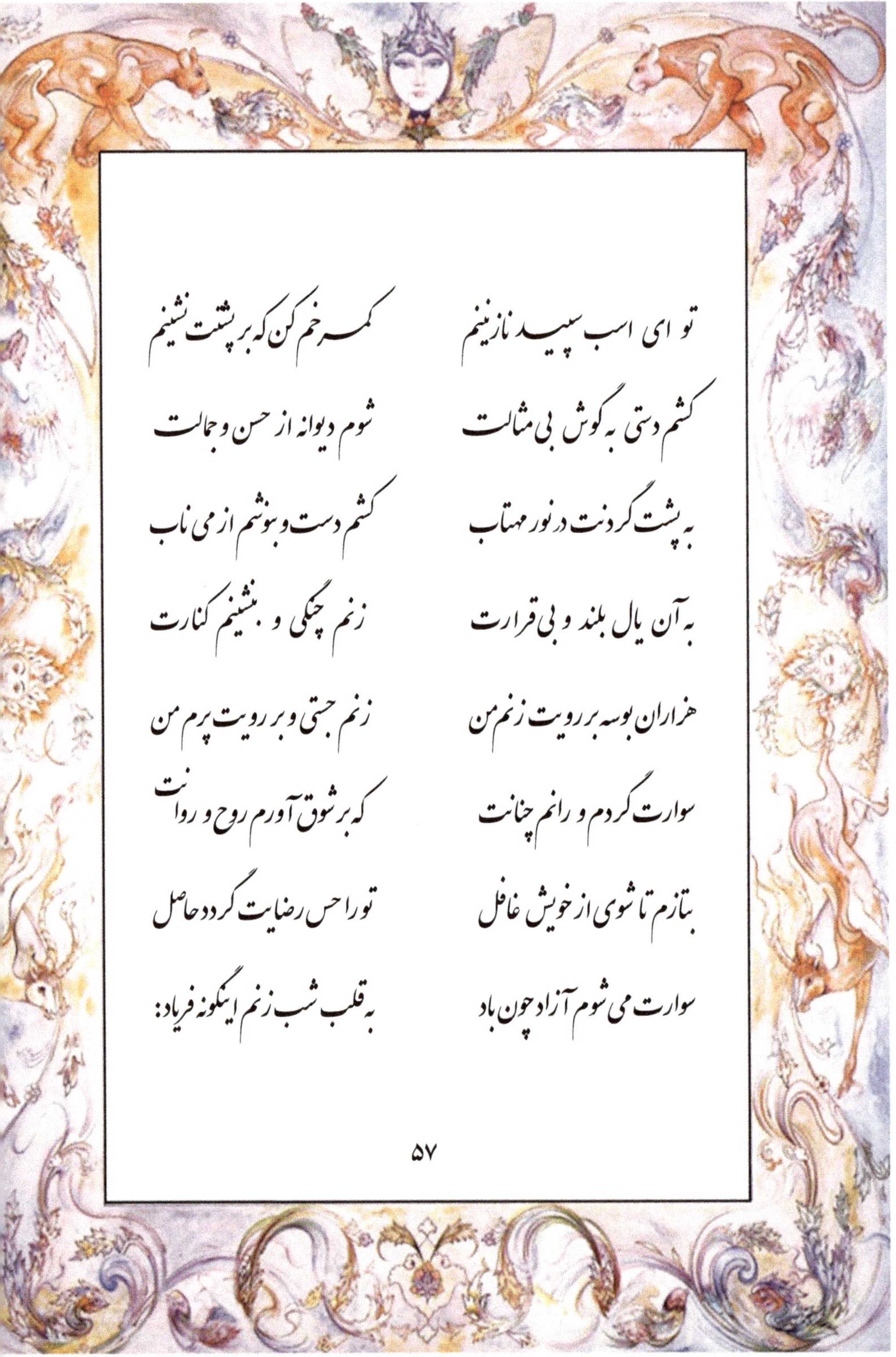

تو ای اسب سپید نازنینم
کمر خم کن که بر پشتت نشینم

کشم دستی به گوش بی مثالت
شوم دیوانه از حسن و جمالت

به پشت گردنت در نور مهتاب
کشم دست و بنوشم از می ناب

به آن یال بلند و بی قرارت
زنم چنگی و بنشینم کنارت

هزاران بوسه بر رویت زنم من
زنم جستی و بر رویت پرم من

سوارت گردم و رانم چنانت
که بر شوق آورم روح و روانت

بتازم تا شوی از خویش غافل
تو را حس رضایت گردد حاصل

سوارت می شوم آزاد چون باد
به قلب شب زنم اینگونه فریاد:

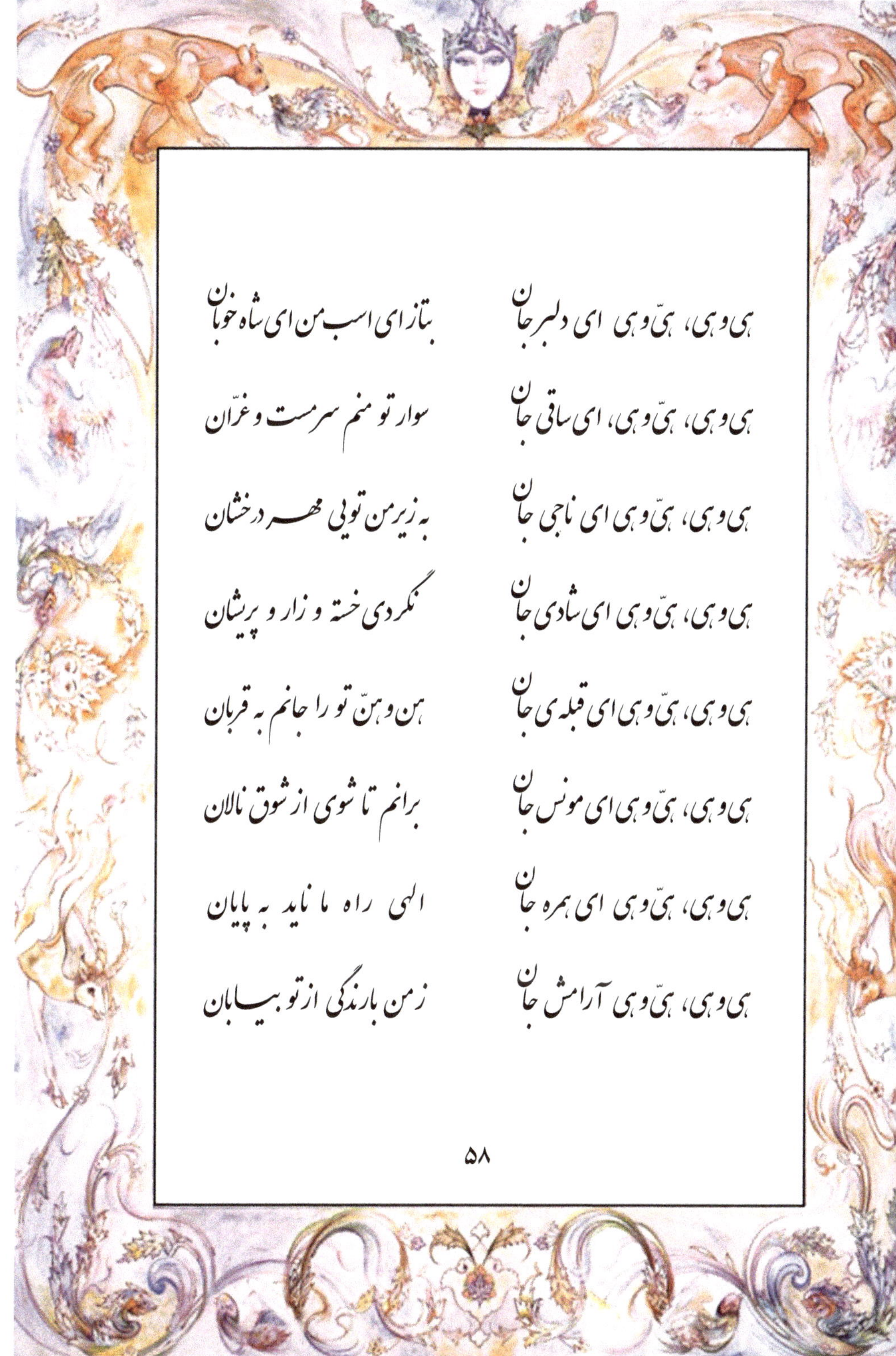

هی و هی، هیّ و هی ای دلبر جان بتاز ای اسب من ای شاه خوبان

هی و هی، هیّ و هی، ای ساقی جان سوار تو منم سرمست و غرّان

هی و هی، هیّ و هی ای ناجی جان به زیر من تویی مهر درخشان

هی و هی، هیّ و هی ای شادی جان نگردی خسته و زار و پریشان

هی و هی، هیّ و هی ای قبله ی جان هن و هنّ تو را جانم به قربان

هی و هی، هیّ و هی ای مونس جان برانم تا شوی از شوق نالان

هی و هی، هیّ و هی ای همره جان الهی راه ما ناید به پایان

هی و هی، هیّ و هی آرامش جان زمن بارندگی از تو بیابان

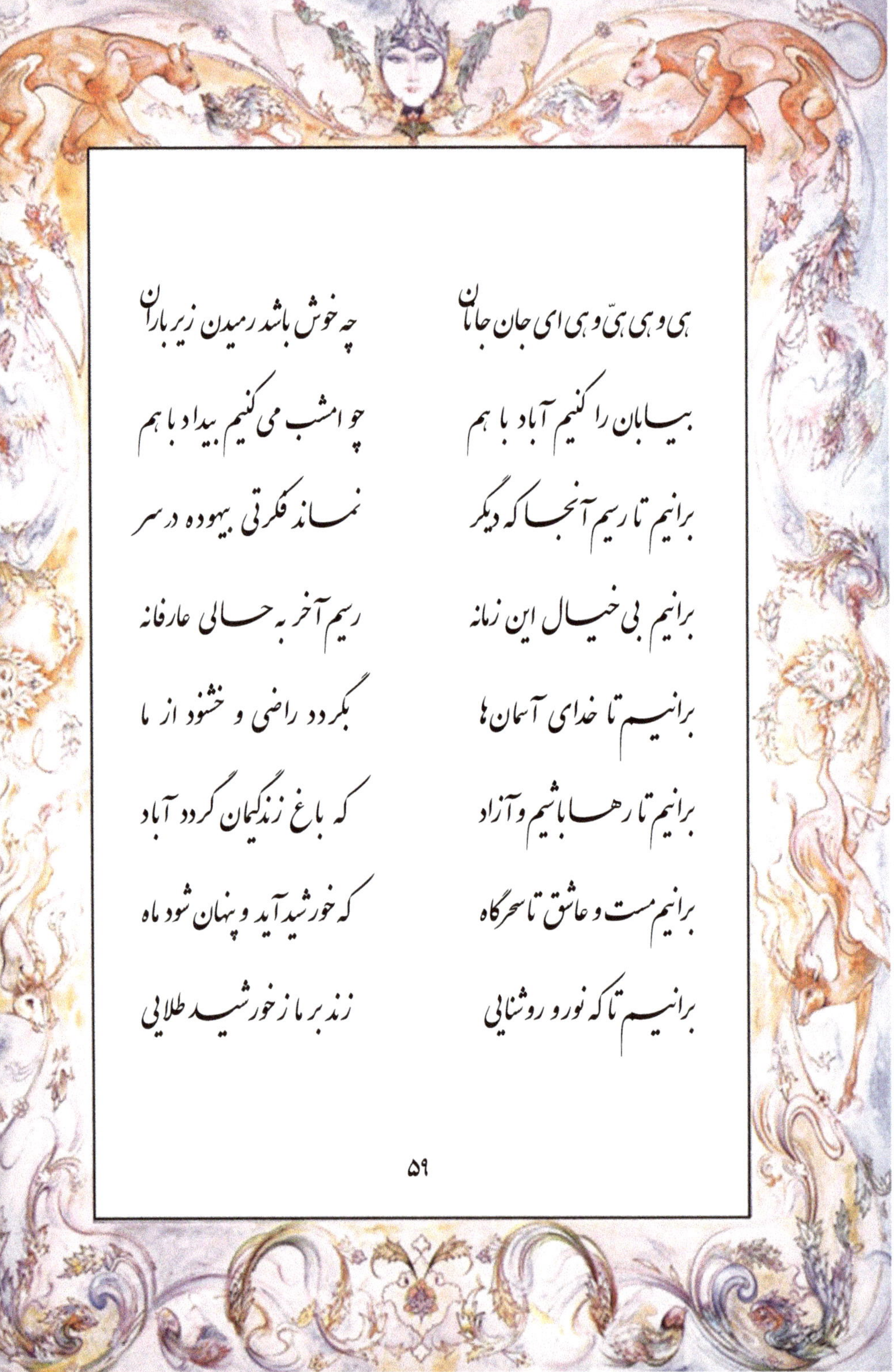

هی و هی هیّ و هی ای جان جانان چه خوش باشد رمیدن زیر باران

بیابان را کنیم آباد با هم چو امشب می کنیم بیداد با هم

برانیم تا رسیم آنجا که دیگر نماند فکرتی بیهوده در سر

برانیم بی خیال این زمانه رسیم آخر به حالی عارفانه

برانیم تا خدای آسمان ها بگردد راضی و خشنود از ما

برانیم تا رها باشیم و آزاد که باغ زندگیمان گردد آباد

برانیم مست و عاشق تا سحرگاه که خورشید آید و پنهان شود ماه

برانیم تا که نور و روشنایی زند بر ما ز خورشید طلایی

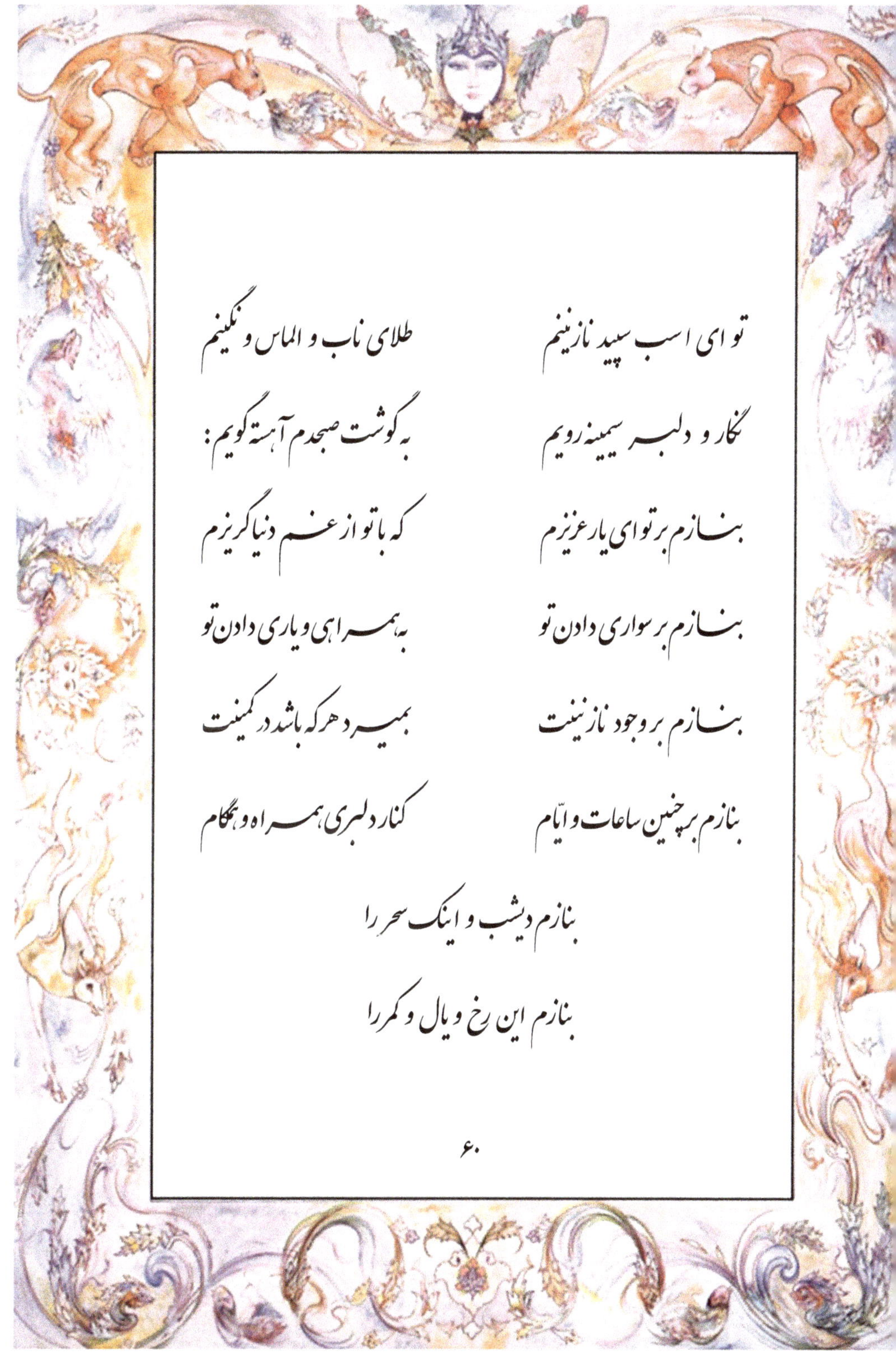

تو ای اسب سپید نازنینم — طلای ناب و الماس و نگینم

نگار و دلبر سیمینه رویم — به گوشت صبحدم آهسته گویم:

بنازم بر تو ای یار عزیزم — که با تو از غم دنیا گریزم

بنازم بر سواری دادن تو — به همراهی و یاری دادن تو

بنازم بر وجود نازنینت — بمیرد هر که باشد در کمینت

بنازم بر چنین ساعات و ایّام — کنار دلبری همراه و همگام

بنازم دیشب و اینک سحر را

بنازم این رخ و یال و کمر را

فصل سوّم

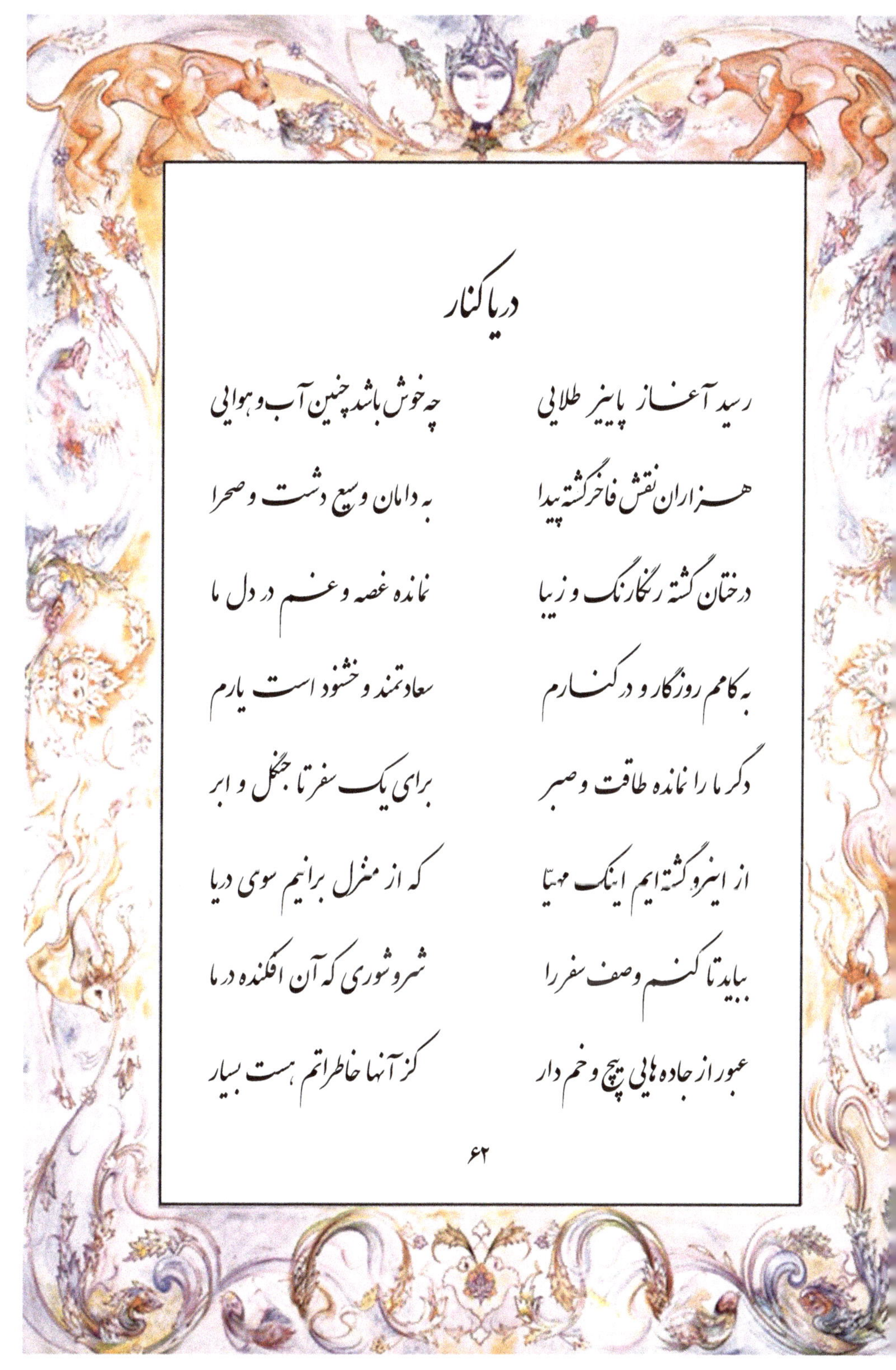

دریاکنار

رسید آغاز پاییز طلایی — چه خوش باشد چنین آب و هوایی
هزاران نقش فاخر گشته پیدا — به دامان وسیع دشت و صحرا
درختان گشته رنگارنگ و زیبا — نمانده غصه و غم در دل ما
به کامم روزگار و در کنارم — سعادتمند و خشنود است یارم
دگر ما را نمانده طاقت و صبر — برای یک سفر تا جنگل و ابر
از اینرو گشته‌ایم اینک مهیا — که از منزل برانیم سوی دریا
بباید تا کنم وصف سفر را — شر و شوری که آن افکنده در ما
عبور از جاده‌های پیچ و خم دار — کز آنها خاطراتم هست بسیار

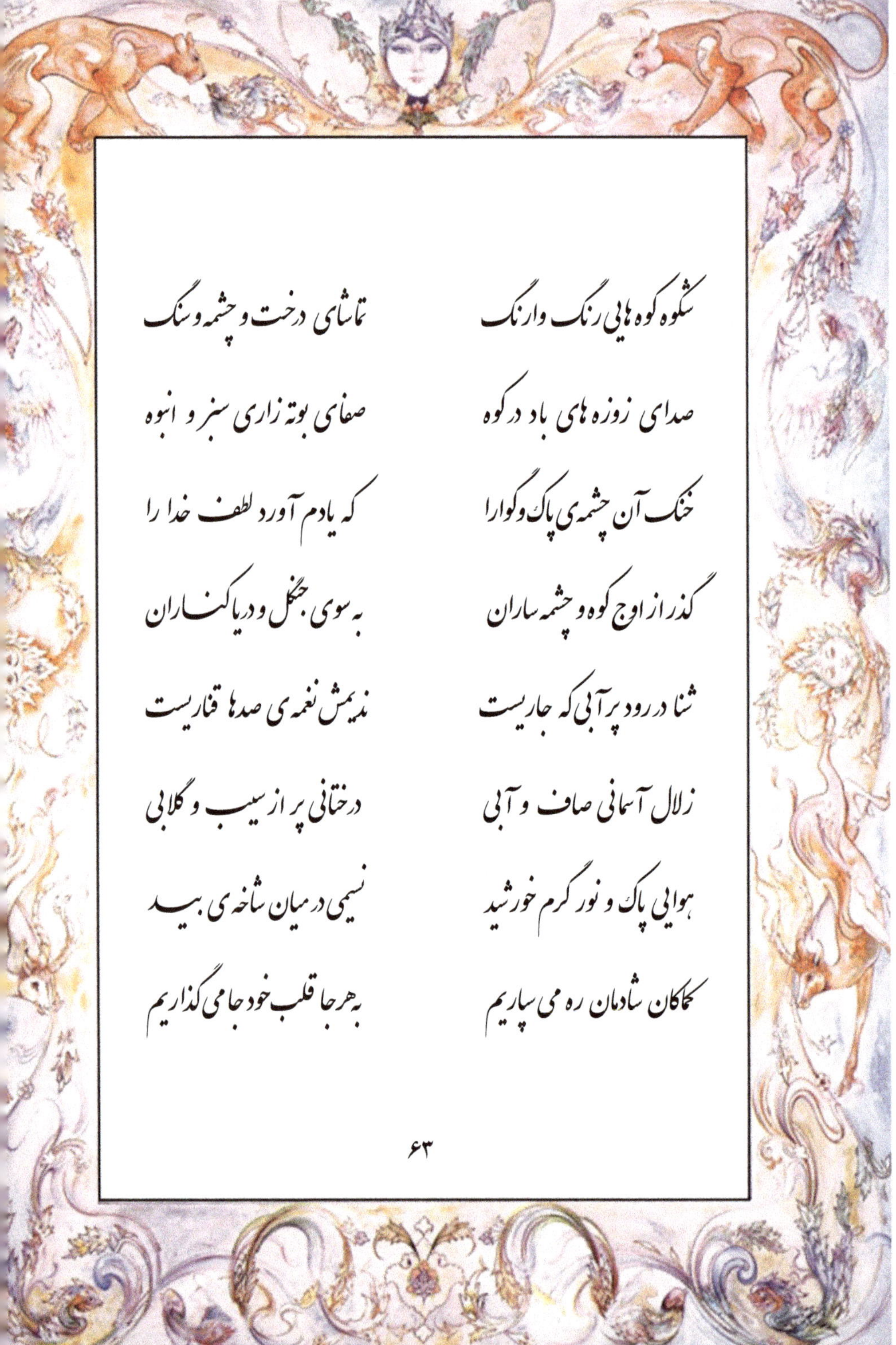

شکوه کوه هایی رنگ وارنگ — تماشای درخت و چشمه و سنگ

صدای زوزه های باد در کوه — صفای بوته زاری سبز و انبوه

خنک آن چشمه ی پاک و گوارا — که یادم آورد لطف خدا را

گذر از اوج کوه و چشمه ساران — به سوی جنگل و دریاکناران

شنا در رود پرآبی که جاریست — ندیمش نغمه ی صدها قناریست

زلال آسمانی صاف و آبی — درختانی پر از سیب و گلابی

هوایی پاک و نور گرم خورشید — نسیمی در میان شاخه ی بید

کماکان شادمان ره می سپاریم — به هر جا قلب خود جا می گذاریم

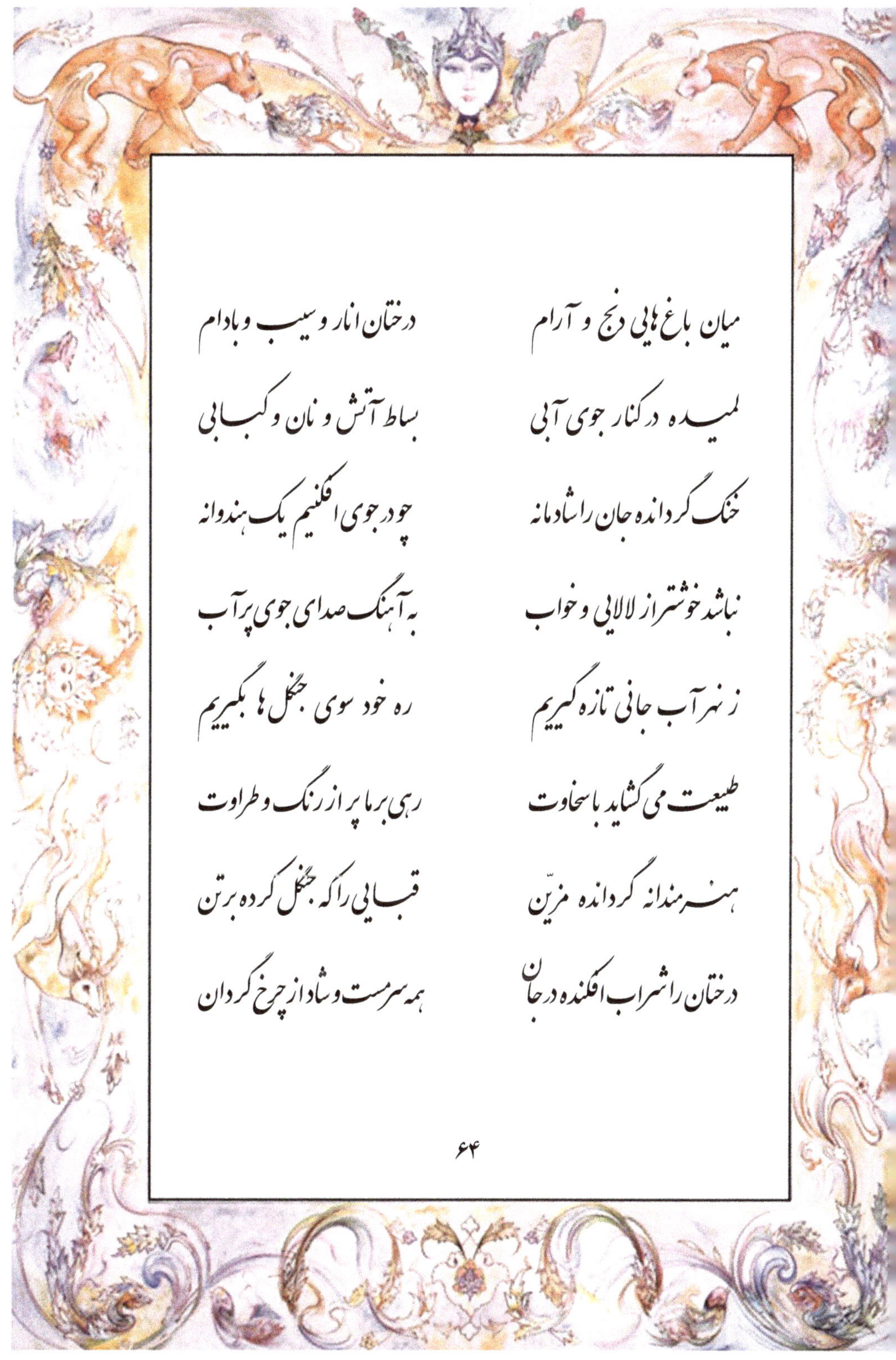

میان باغ هایی دنج و آرام
درختان انار و سیب و بادام

لمیده در کنار جوی آبی
بساط آتش و نان و کبابی

خنک گردانده جان را شادمانه
چو در جوی افکنیم یک هندوانه

نباشد خوشتر از لالایی و خواب
به آهنگ صدای جوی پرآب

ز نهر آب جانی تازه گیریم
ره خود سوی جنگل ها بگیریم

طبیعت می گشاید باسخاوت
رهی بر ما پر از رنگ و طراوت

هنرمندانه گردانده مزیّن
قبایی را که جنگل کرده بر تن

درختان را شراب افکنده در جان
همه سرمست و شاد از چرخ گردان

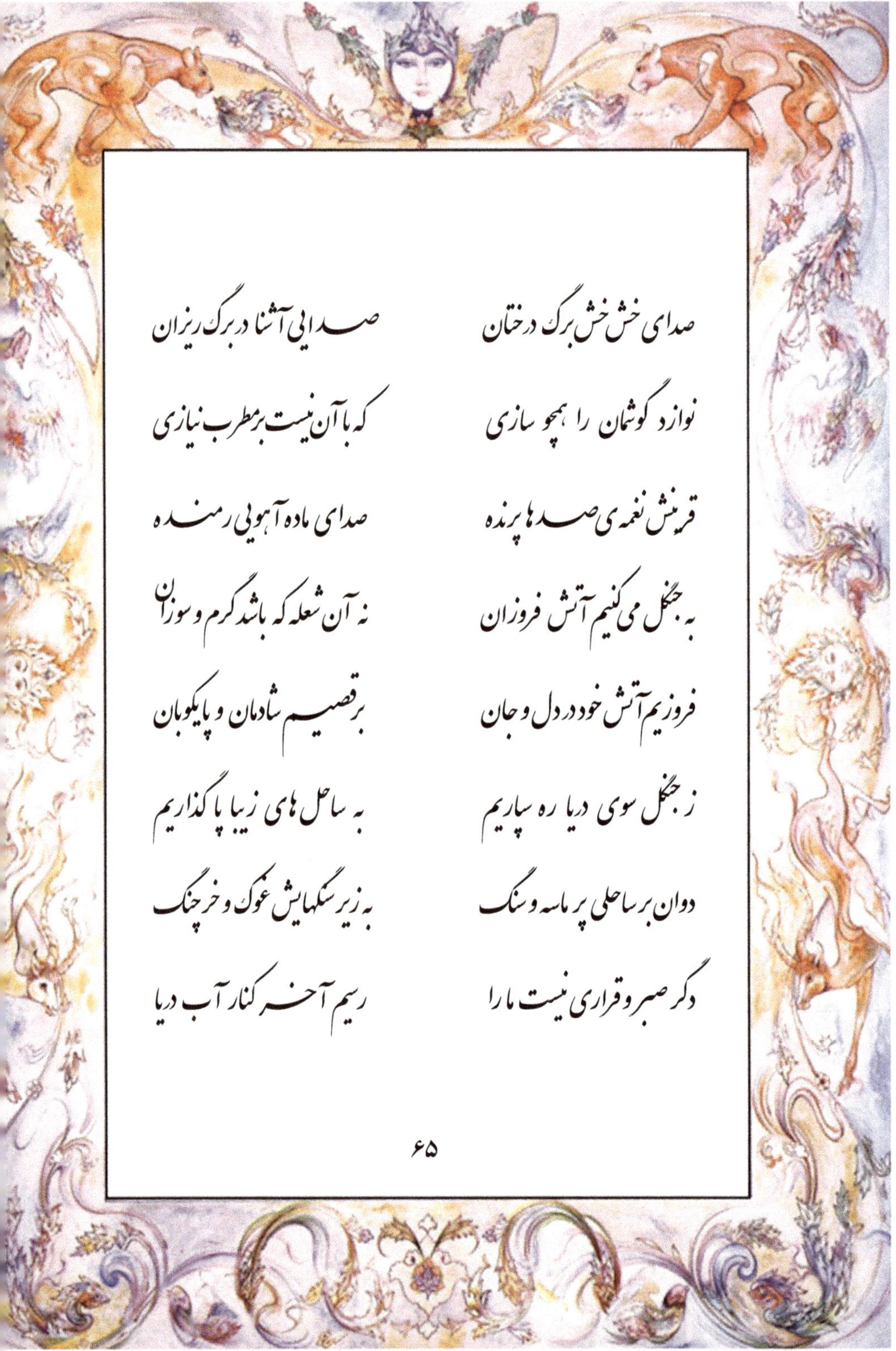

صدای خش خش برگ درختان | صدایی آشنا در برگ ریزان
نوازد گوشمان را همچو سازی | که با آن نیست بر مطرب نیازی
قرینش نغمه ی صدها پرنده | صدای ماده آهوی رمنده
به جنگل می کنیم آتش فروزان | نه آن شعله که باشد گرم و سوزان
فروزیم آتش خود در دل و جان | برقصیم شادمان و پایکوبان
ز جنگل سوی دریا ره سپاریم | به ساحل های زیبا پا گذاریم
دوان بر ساحلی پر ماسه و سنگ | به زیر سنگهایش غوک و خرچنگ
دگر صبر و قراری نیست ما را | رسیم آخر کنار آب دریا

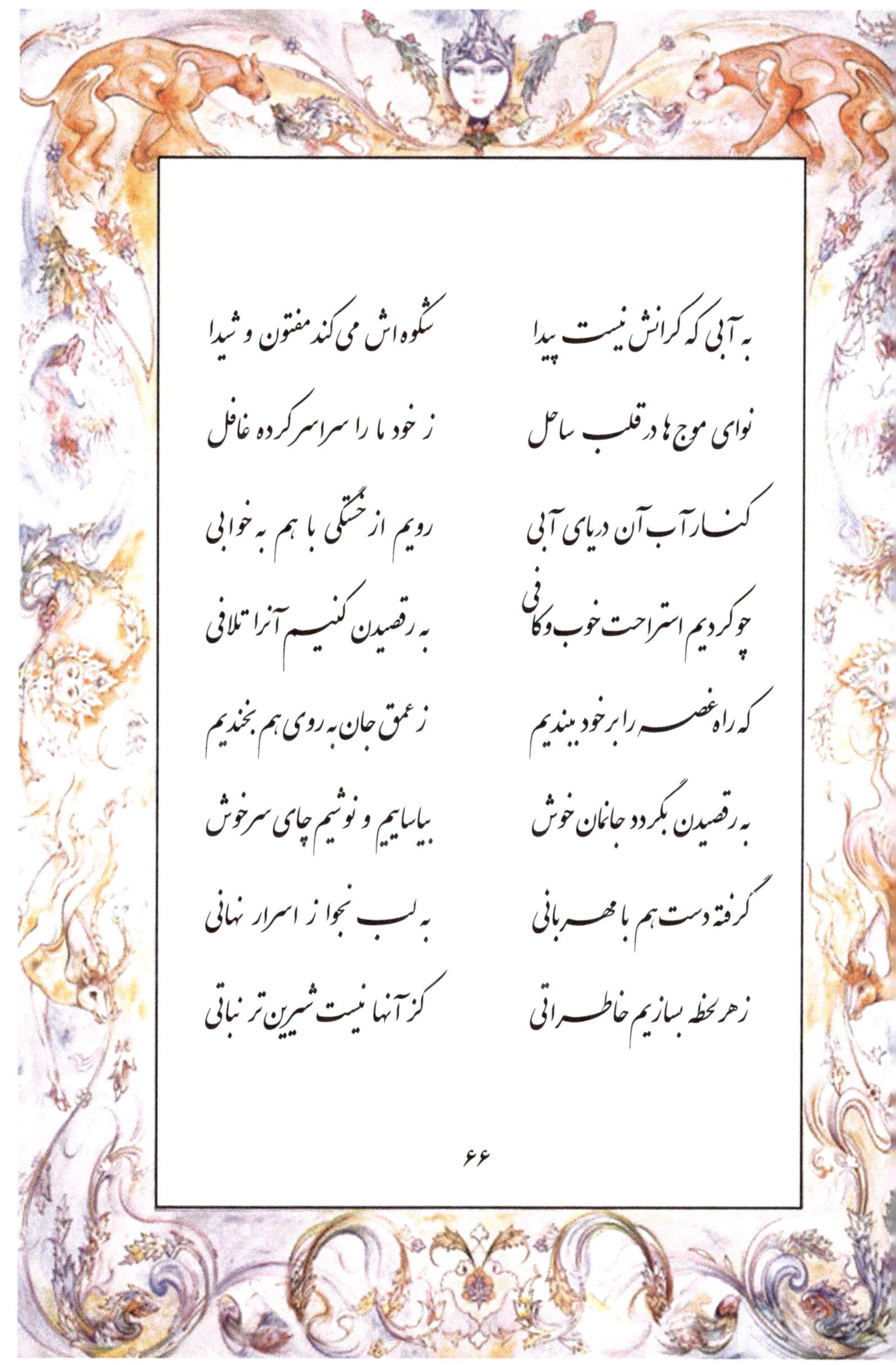

به آبی که کرانش نیست پیدا
شکوه اش می کند مفتون و شیدا

نوای موج ها در قلب ساحل
ز خود ما را سراسر کرده غافل

کنار آب آن دریای آبی
رویم از خستگی با هم به خوابی

چو کردیم استراحت خوب و کافی
به رقصیدن کنیم آنرا تلافی

که راه غصه را بر خود ببندیم
ز عمق جان به روی هم بخندیم

به رقصیدن بگردد جانمان خوش
بیاساییم و نوشیم چای سرخوش

گرفته دست هم با مهربانی
به لب نجوا ز اسرار نهانی

ز هر لحظه بسازیم خاطراتی
کز آنها نیست شیرین تر نباتی

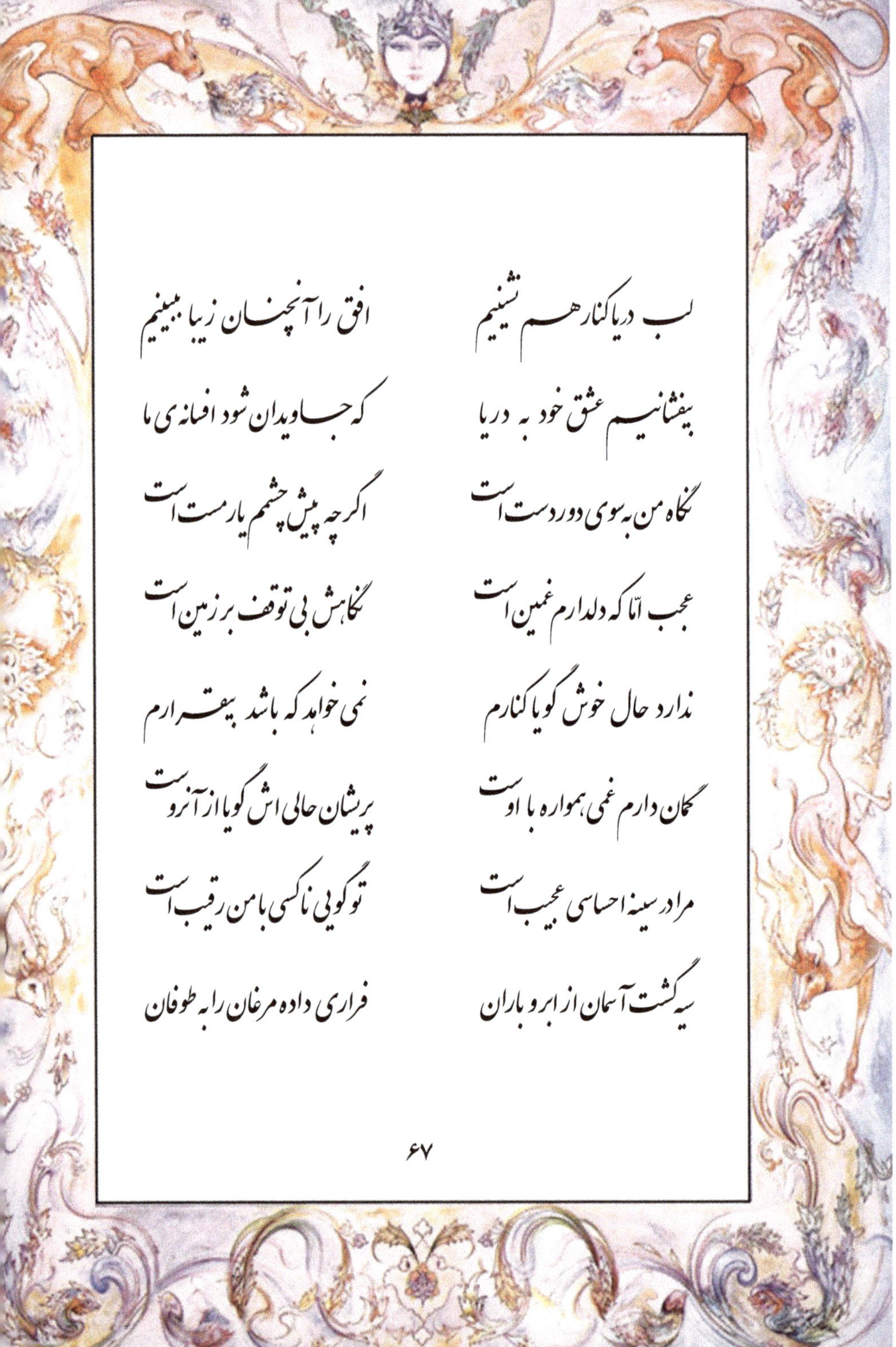

لب دریاکنار هم نشینیم — افق را آنچنان زیبا ببینیم

بیفشانیم عشق خود به دریا — که جاویدان شود افسانه ی ما

نگاه من به سوی دوردست است — اگر چه پیش چشمم یار مست است

عجب امّا که دلدارم غمین است — نگاهش بی توقف بر زمین است

ندارد حال خوش گویا کنارم — نمی خواهد که باشد بیقرارم

گمان دارم غمی همواره با اوست — پریشان حالی اش گویا از آن روست

مرا در سینه احساسی عجیب است — تو گویی ناکسی با من رقیب است

سیه گشت آسمان از ابر و باران — فراری داده مرغان را به طوفان

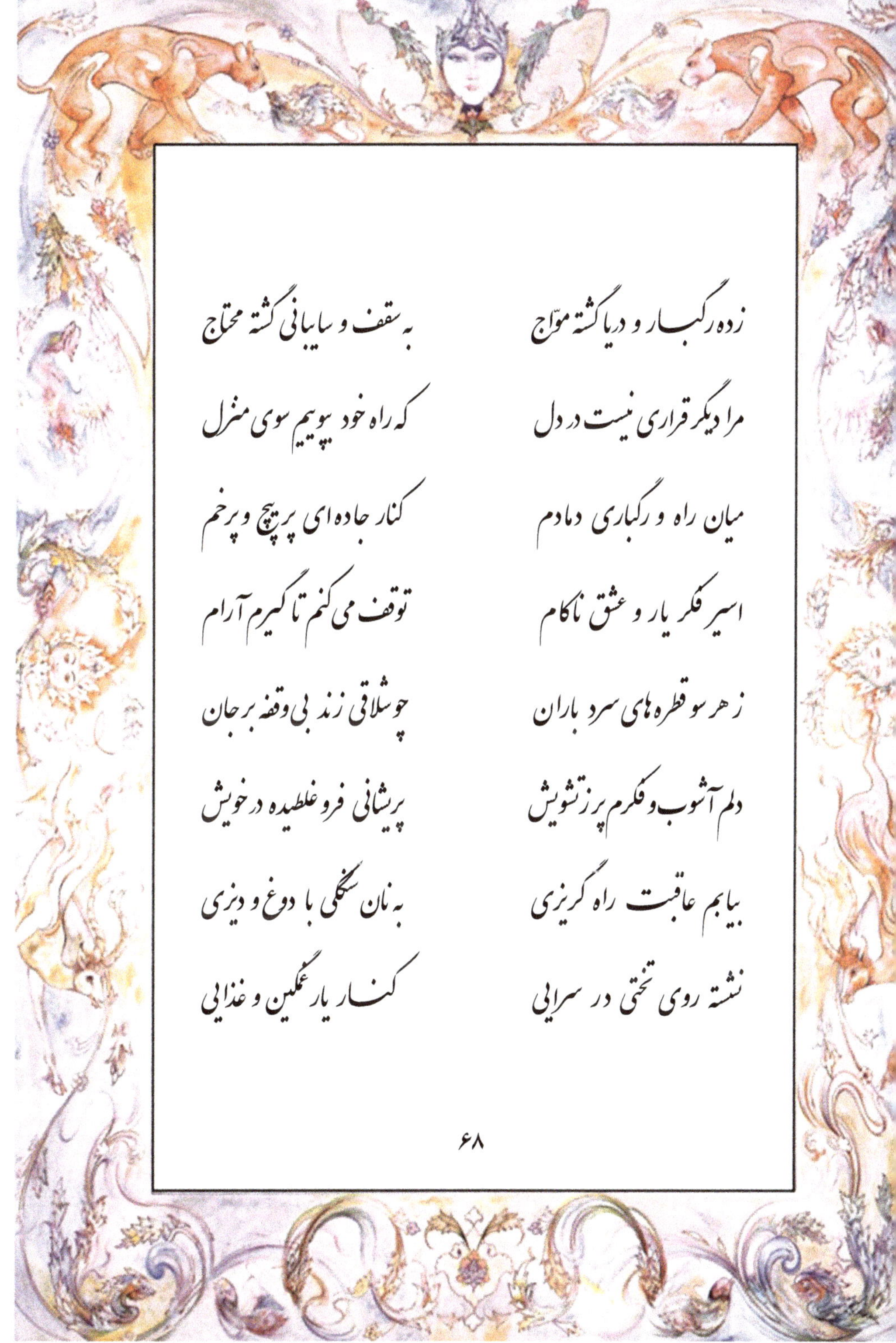

زده رگبار و دریا گشته موّاج
به سقف و سایبانی گشته محتاج

مرا دیگر قراری نیست در دل
که راه خود بپوییم سوی منزل

میان راه و رگباری دمادم
کنار جاده‌ای پرپیچ و پرخم

اسیر فکر یار و عشق ناکام
توقف می‌کنم تا گیرم آرام

ز هر سو قطره‌های سرد باران
چو شلاقی زند بی‌وقفه بر جان

دلم آشوب و فکرم پر ز تشویش
پریشانی فرو غلطیده در خویش

بیابم عاقبت راه گریزی
به نان سنگگی با دوغ و دیزی

نشسته روی تختی در سرایی
کنار یار غمگین و غذایی

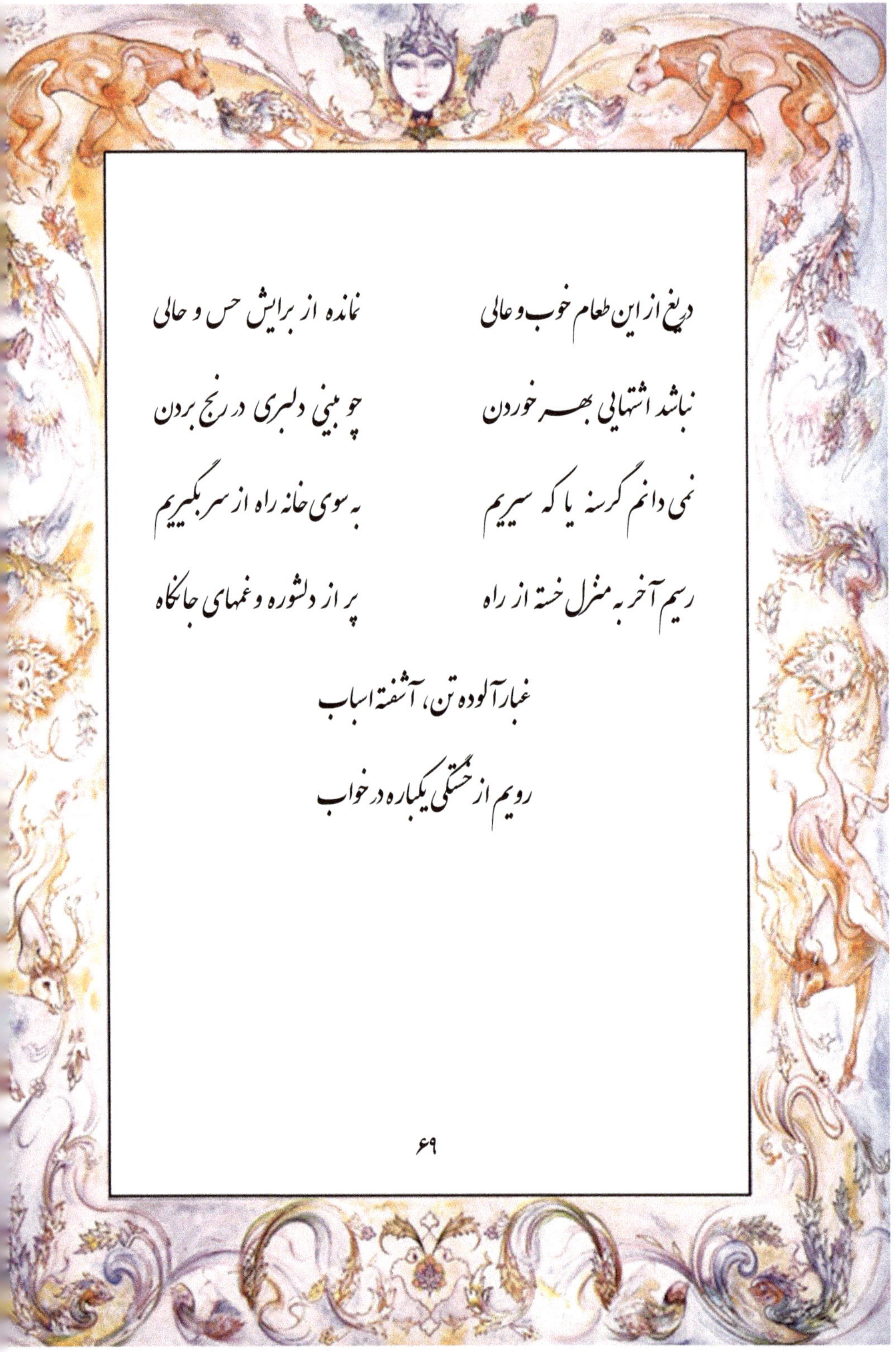

دریغ از این طعام خوب و عالی نمانده از برایش حس و حالی

نباشد اشتهایی بهر خوردن چو بینی دلبری در رنج بردن

نمی دانم گرسنه یا که سیریم به سوی خانه راه از سر بگیریم

رسیم آخر به منزل خسته از راه پر از دلشوره و غمهای جانکاه

غبارآلوده تن، آشفته اسباب

رویم از خستگی یکباره در خواب

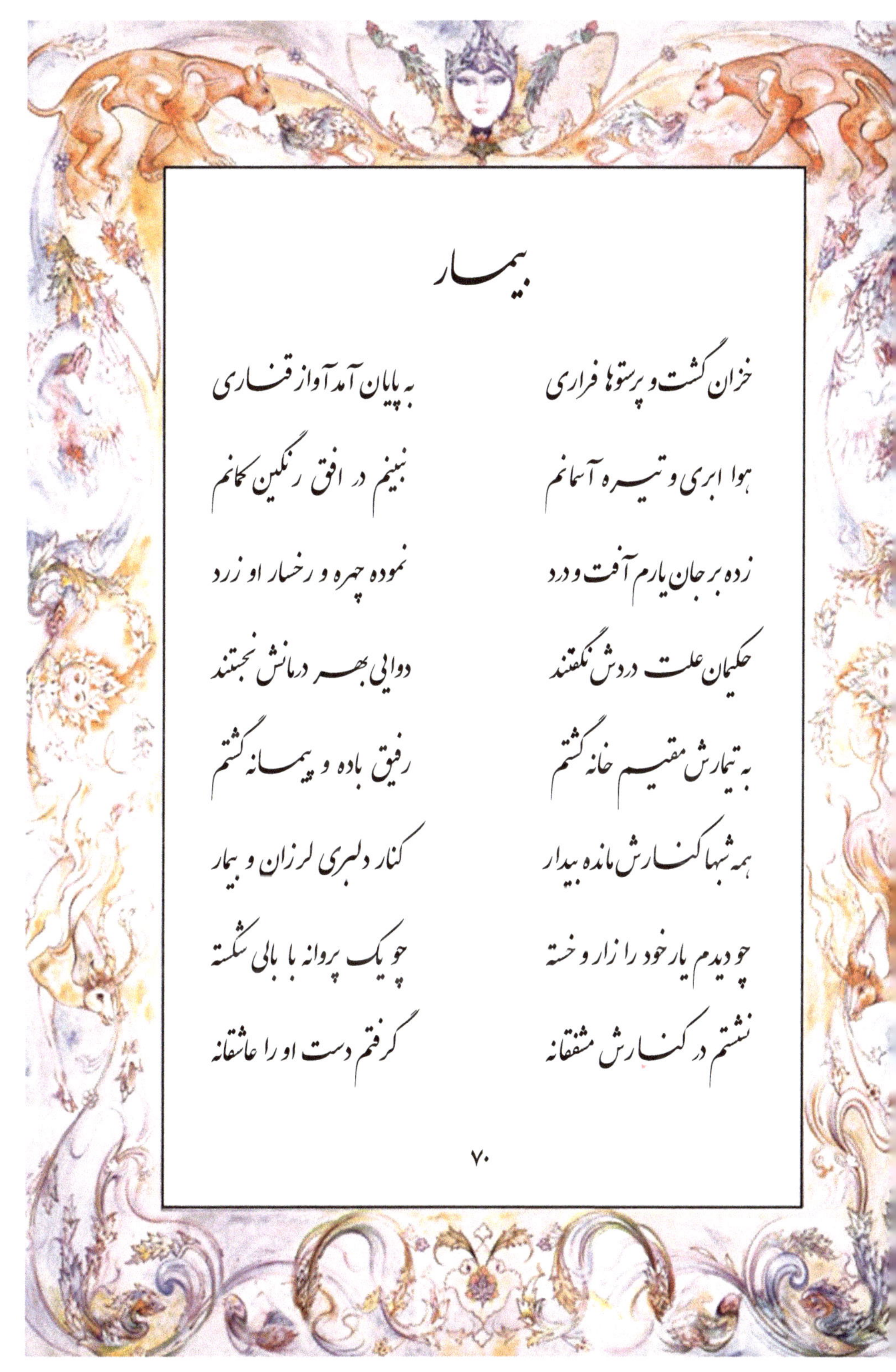

بیمار

خزان گشت و پرستوها فراری
به پایان آمد آواز قناری

هوا ابری و تیره آسمانم
نبینم در افق رنگین کمانم

زده بر جان یارم آفت و درد
نموده چهره و رخسار او زرد

حکیمان علت دردش نگفتند
دوایی بهر درمانش نجستند

به تیمارش مقیم خانه گشتم
رفیق باده و پیمانه گشتم

همه شبها کنارش مانده بیدار
کنار دلبری لرزان و بیمار

چو دیدم یار خود را زار و خسته
چو یک پروانه با بالی شکسته

نشستم در کنارش مشفقانه
گرفتم دست او را عاشقانه

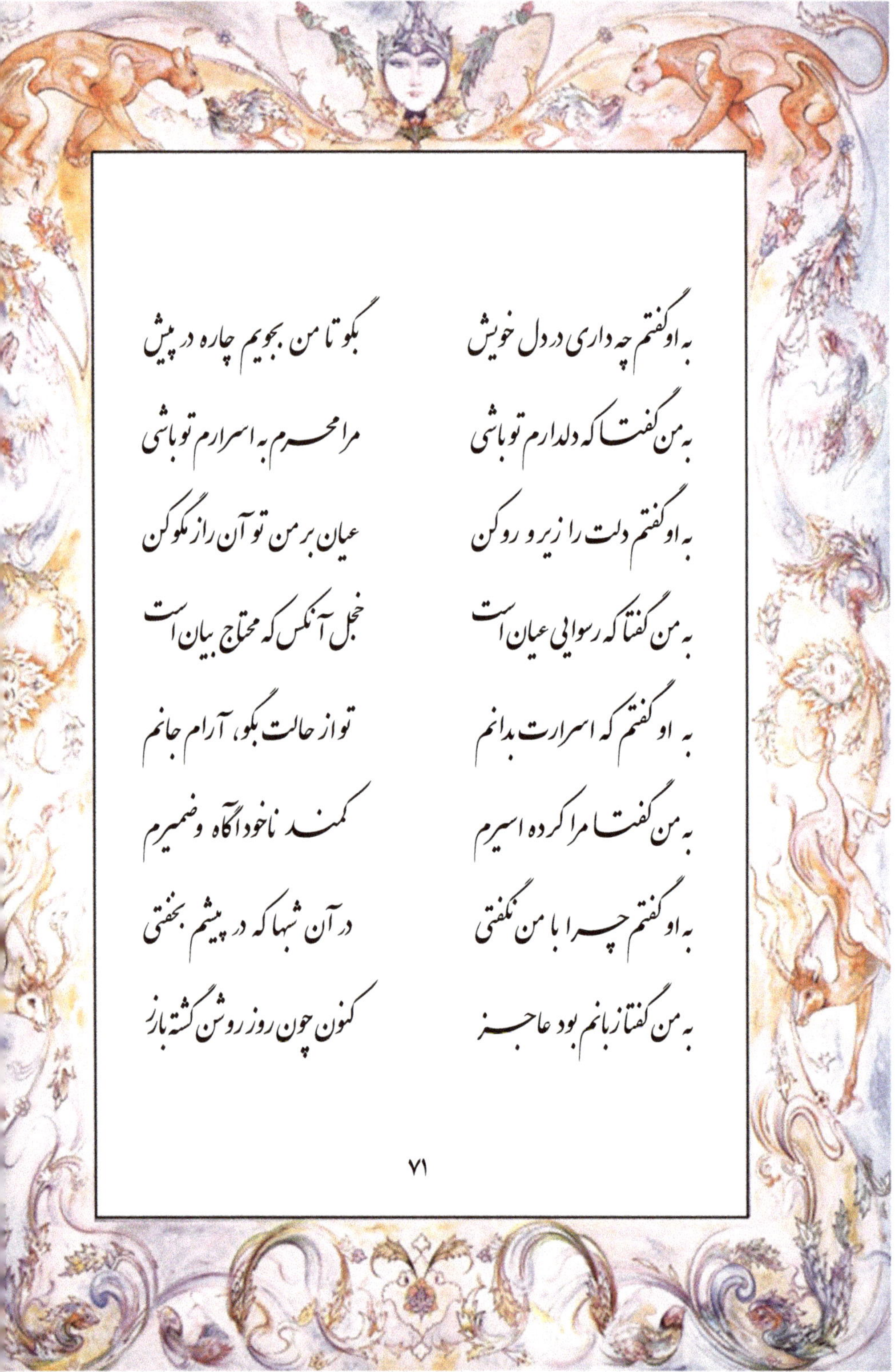

به او گفتم چه داری در دل خویش	بگو تا من بجویم چاره در پیش
به من گفتا که دلدارم تو باشی	مرا محرم به اسرارم تو باشی
به او گفتم دلت را زیر و رو کن	عیان بر من تو آن راز مگو کن
به من گفتا که رسوایی عیان است	خجل آنکس که محتاج بیان است
به او گفتم که اسرارت بدانم	تو از حالت بگو، آرام جانم
به من گفتا مرا کرده اسیرم	کمند ناخودآگاه ضمیرم
به او گفتم چرا با من نگفتی	در آن شبها که در پیشم بخفتی
به من گفتا زبانم بود عاجز	کنون چون روز روشن گشته بارز

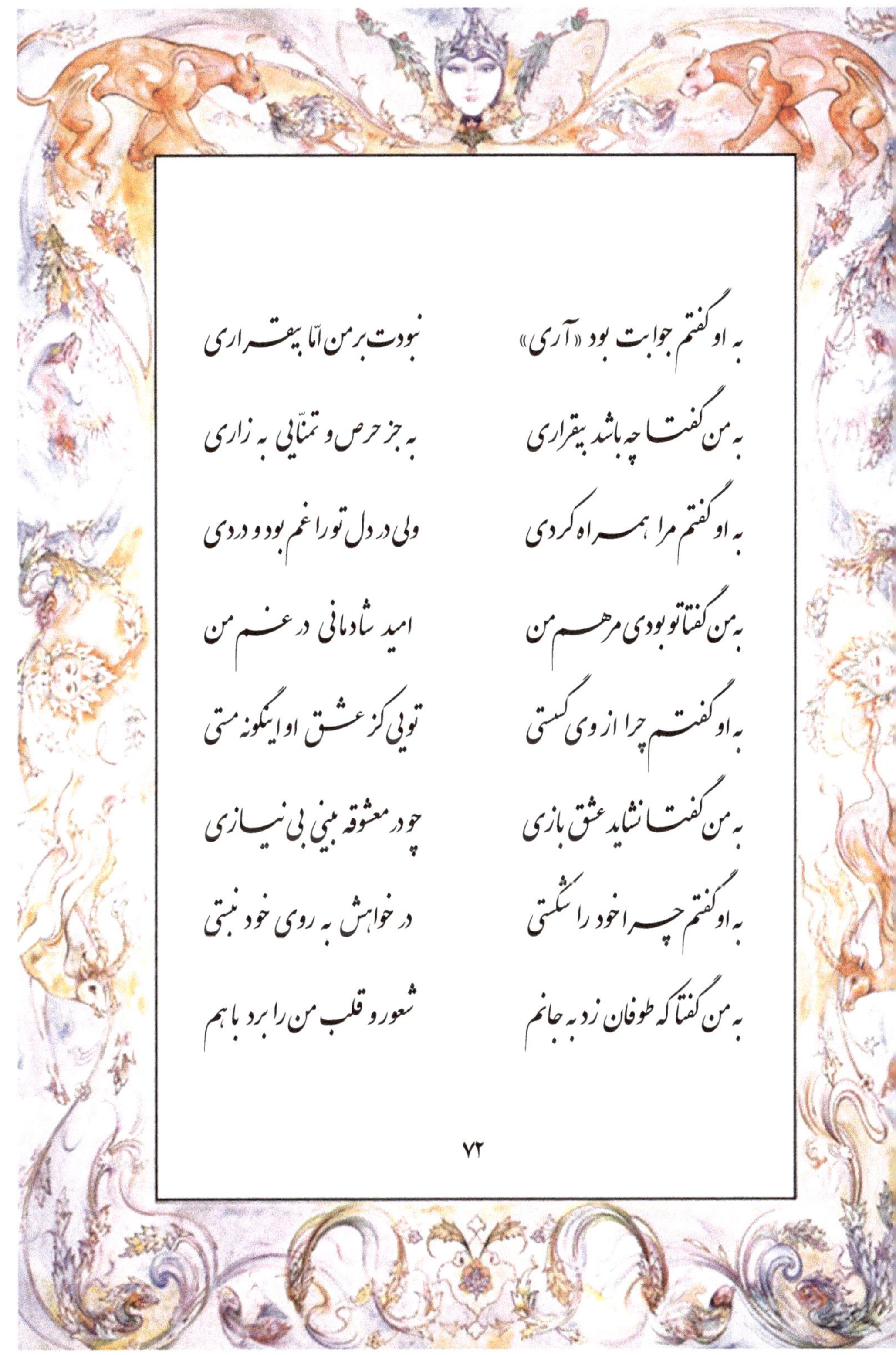

به او گفتم جوابت بود «آری» | نبودت بر من امّا بیقراری
به من گفتا چه باشد بیقراری | به جز حرص و تمنّایی به زاری
به او گفتم مرا همراه کردی | ولی در دل تو را غم بود و دردی
به من گفتا تو بودی مرهم من | امید شادمانی در غم من
به او گفتم چرا از وی گسستی | تویی کز عشق او اینگونه مستی
به من گفتا نشاید عشق بازی | چو در معشوقه بینی بی نیازی
به او گفتم چرا خود را شکستی | در خواهش به روی خود نبستی
به من گفتا که طوفان زد به جانم | شعور و قلب من را برد باهم

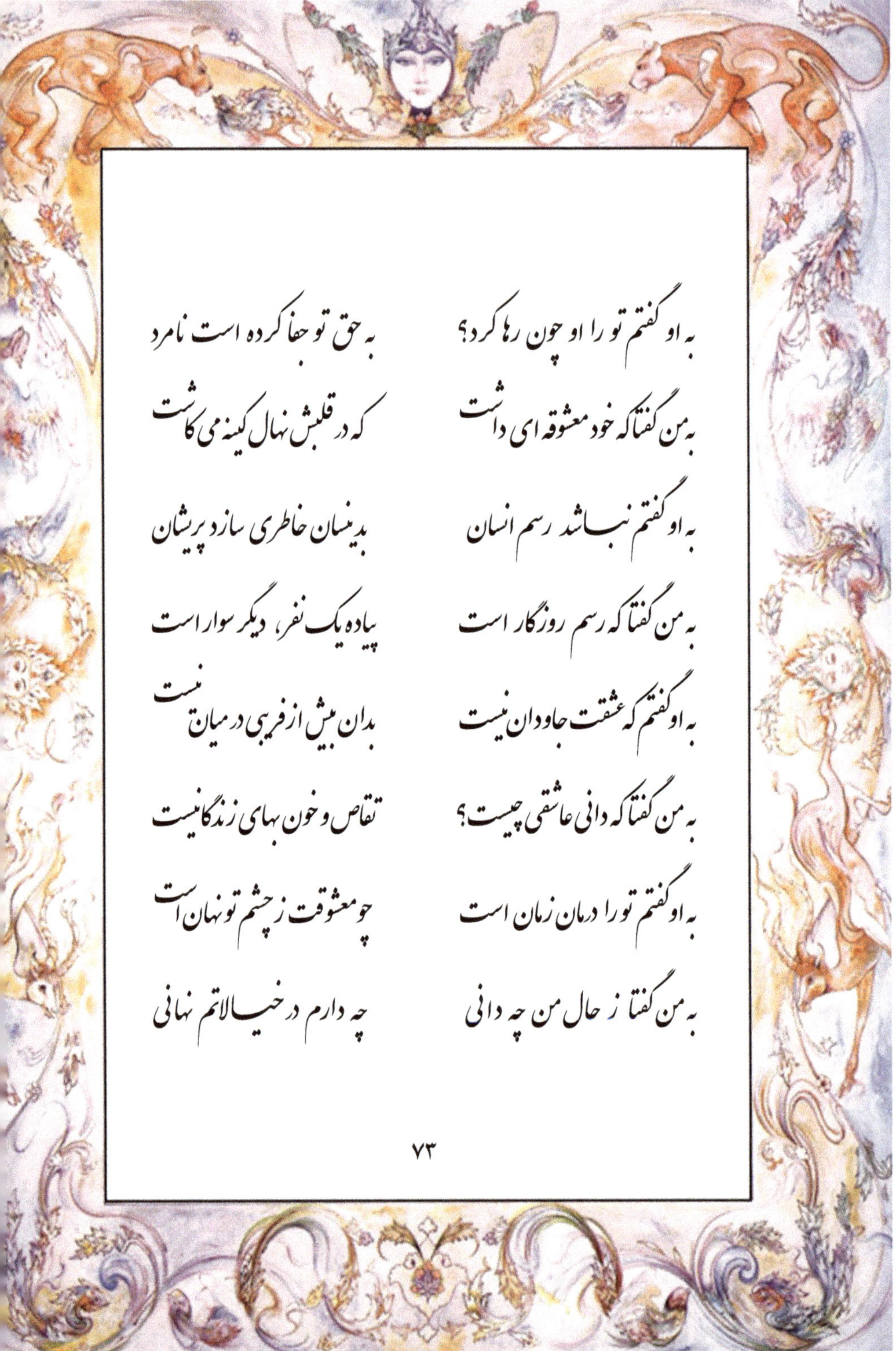

به او گفتم تو را او چون رها کرد؟ — به حق تو جفا کرده است نامرد
به من گفتا که خود معشوقه ای داشت — که در قلبش نهال کینه می کاشت
به او گفتم نباشد رسم انسان — بدینسان خاطری سازد پریشان
به من گفتا که رسم روزگار است — پیاده یک نفر، دیگر سوار است
به او گفتم که عشقت جاودان نیست — بدان بیش از فریبی در میان نیست
به من گفتا که دانی عاشقی چیست؟ — تقاص و خون بهای زندگانیست
به او گفتم تو را درمان زمان است — چو معشوقت ز چشم تو نهان است
به من گفتا ز حال من چه دانی — چه دارم در خیالاتم نهانی

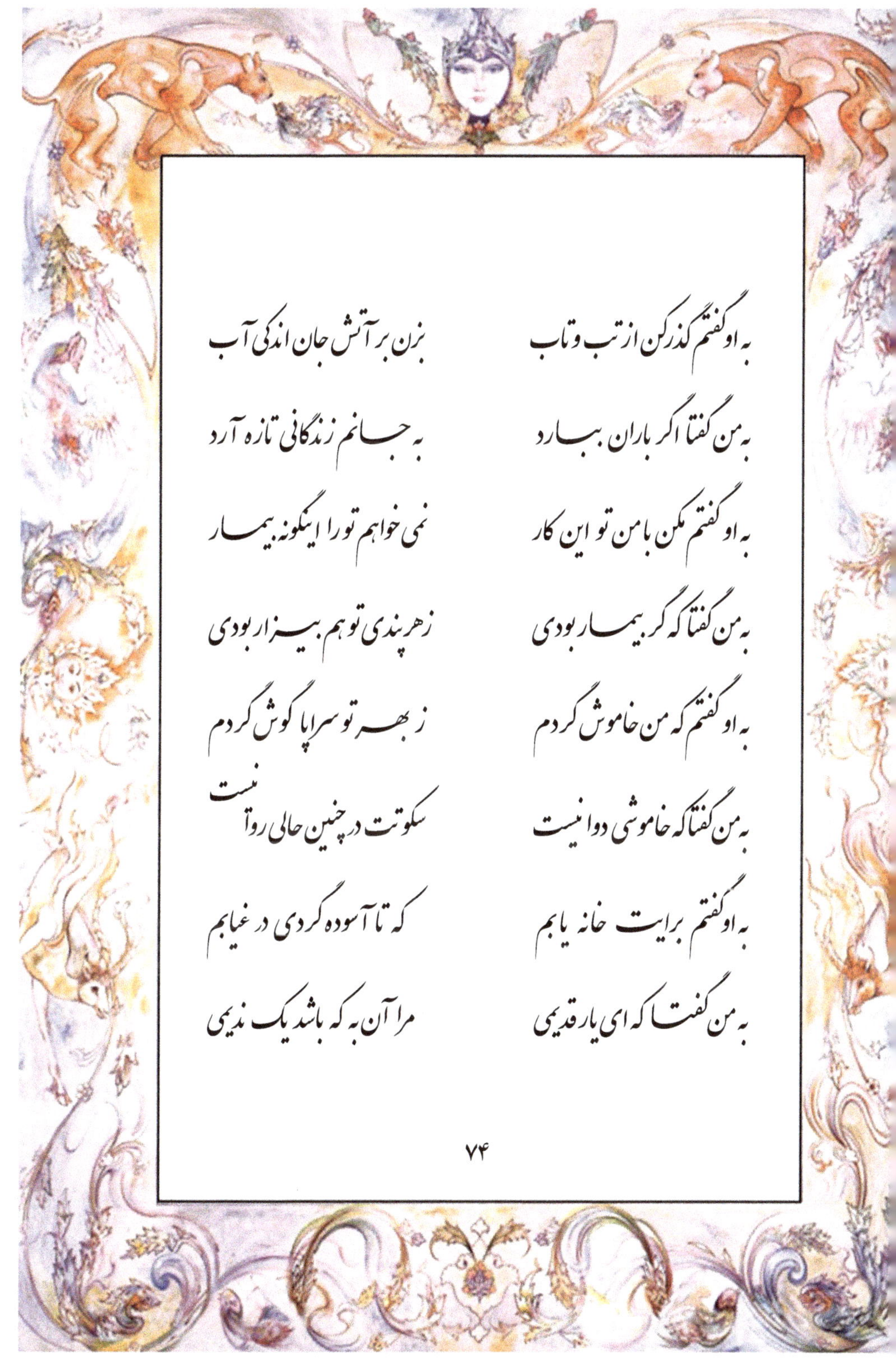

به او گفتم گذر کن از تب و تاب — بزن بر آتش جان اندکی آب

به من گفتا اگر باران ببارد — به جانم زندگانی تازه آرد

به او گفتم مکن با من تو این کار — نمی خواهم تو را اینگونه بیمار

به من گفتا که گر بیمار بودی — ز هر پندی تو هم بیزار بودی

به او گفتم که من خاموش گردم — ز بهر تو سراپا گوش گردم

به من گفتا که خاموشی دوا نیست — سکوتت در چنین حالی روا نیست

به او گفتم برایت خانه یابم — که تا آسوده گردی در غیابم

به من گفتا که ای یار قدیمی — مرا آن به که باشد یک ندیمی

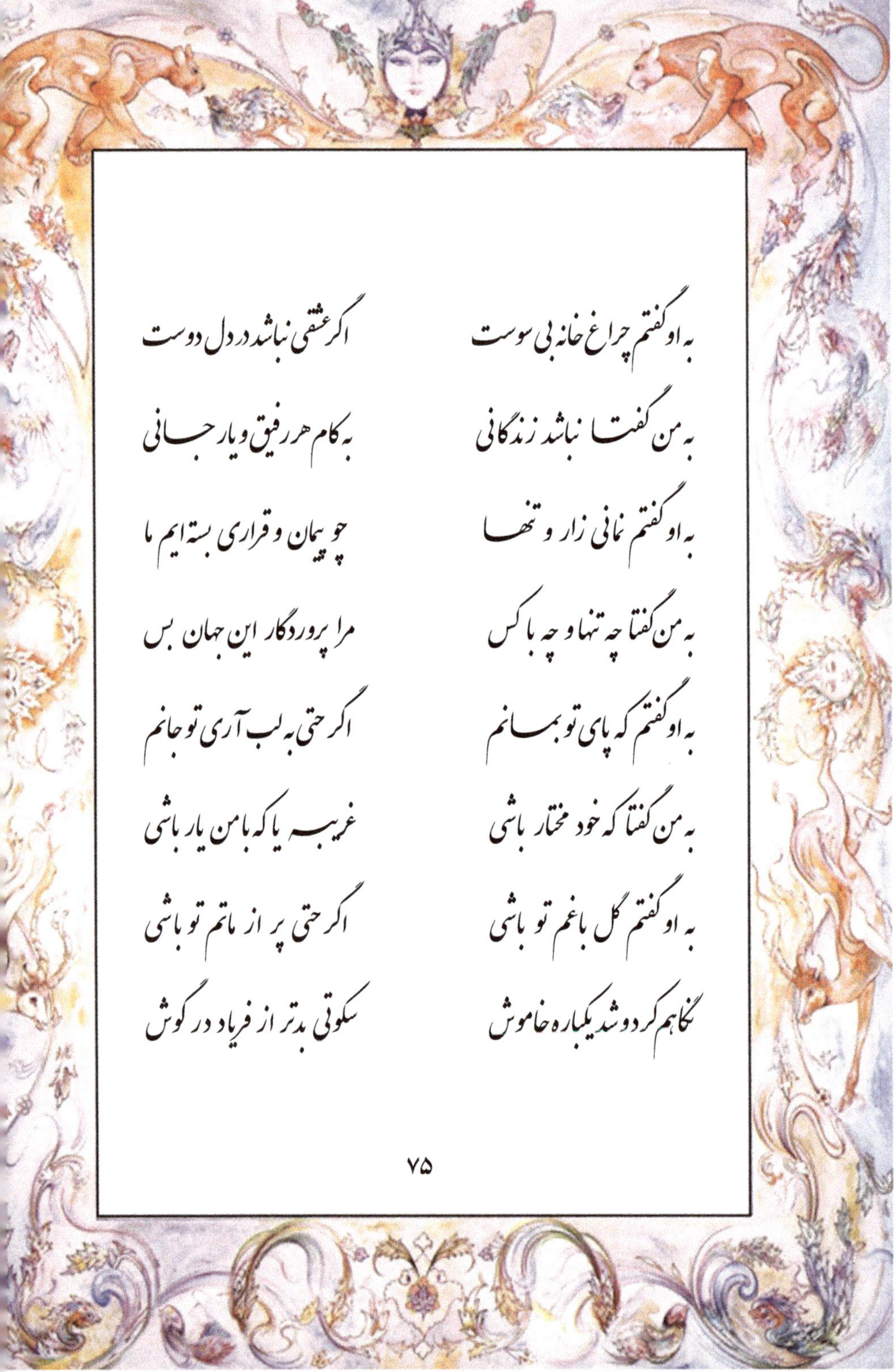

به او گفتم چراغ خانه بی سوست   اگر عشقی نباشد در دل دوست
به من گفتا نباشد زندگانی   به کام هر رفیق و یار جانی
به او گفتم نمانی زار و تنها   چو پیمان و قراری بسته ایم ما
به من گفتا چه تنها و چه با کس   مرا پروردگار این جهان بس
به او گفتم که پای تو بمانم   اگر حتی به لب آری تو جانم
به من گفتا که خود مختار باشی   غریبه یا که با من یار باشی
به او گفتم گل با غم تو باشی   اگر حتی پر از ماتم تو باشی
نگاهم کرد و شد یکباره خاموش   سکوتی بدتر از فریاد در گوش

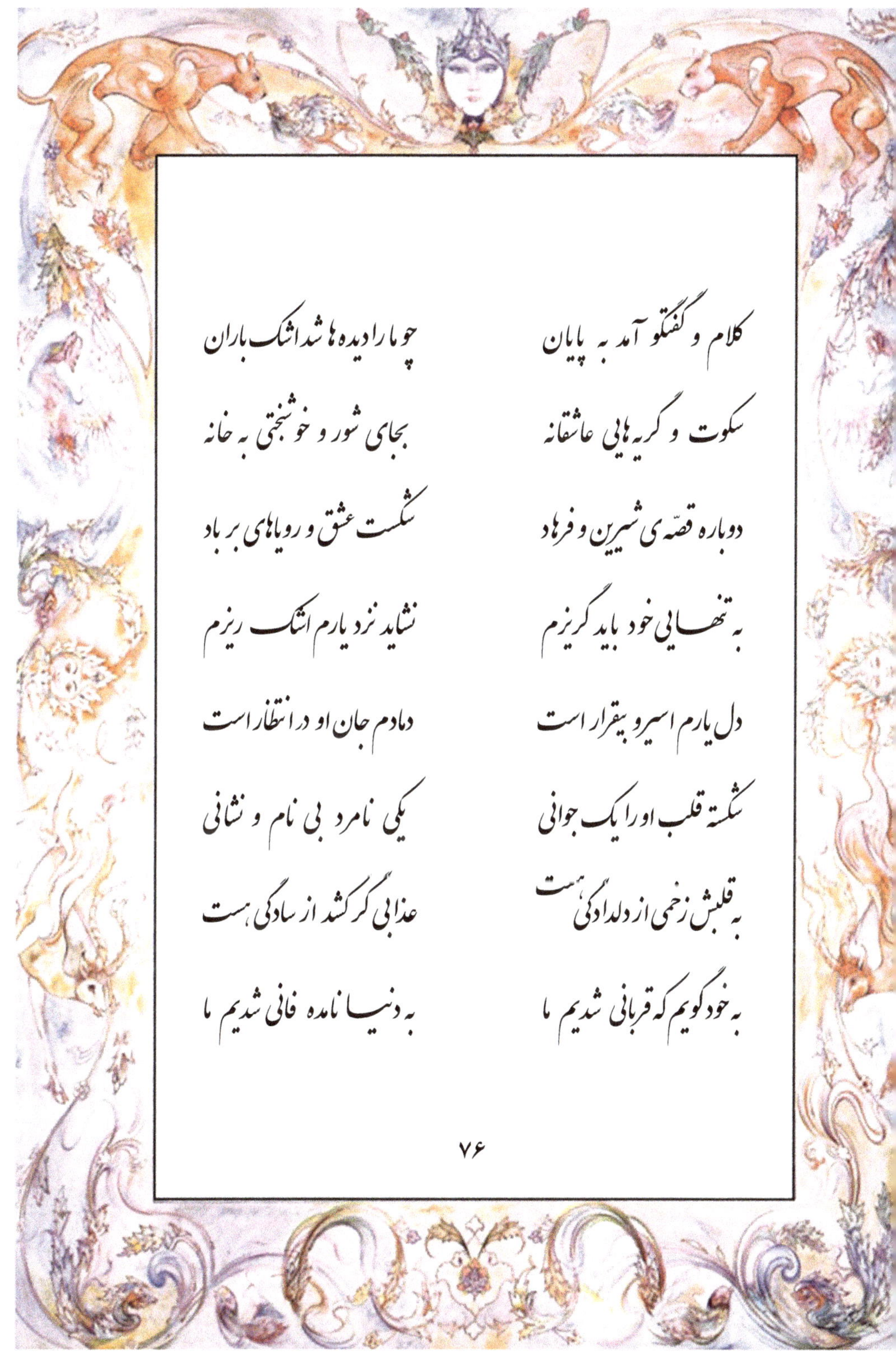

کلام و گفتگو آمد به پایان   چو ما را دیده ها شد اشک باران

سکوت و گریه هایی عاشقانه   بجای شور و خوشبختی به خانه

دوباره قصّه ی شیرین و فرهاد   شکست عشق و رویاهای بر باد

به تنهایی خود باید گریزم   نشاید نزد یارم اشک ریزم

دل یارم اسیر و بیقرار است   دمادم جان او در انتظار است

شکسته قلب او را یک جوانی   یکی نامرد بی نام و نشانی

به قلبش زخمی از دلدادگی هست   عذابی گر کشد از سادگی هست

به خود گوییم که قربانی شدیم ما   به دنیا نامده فانی شدیم ما

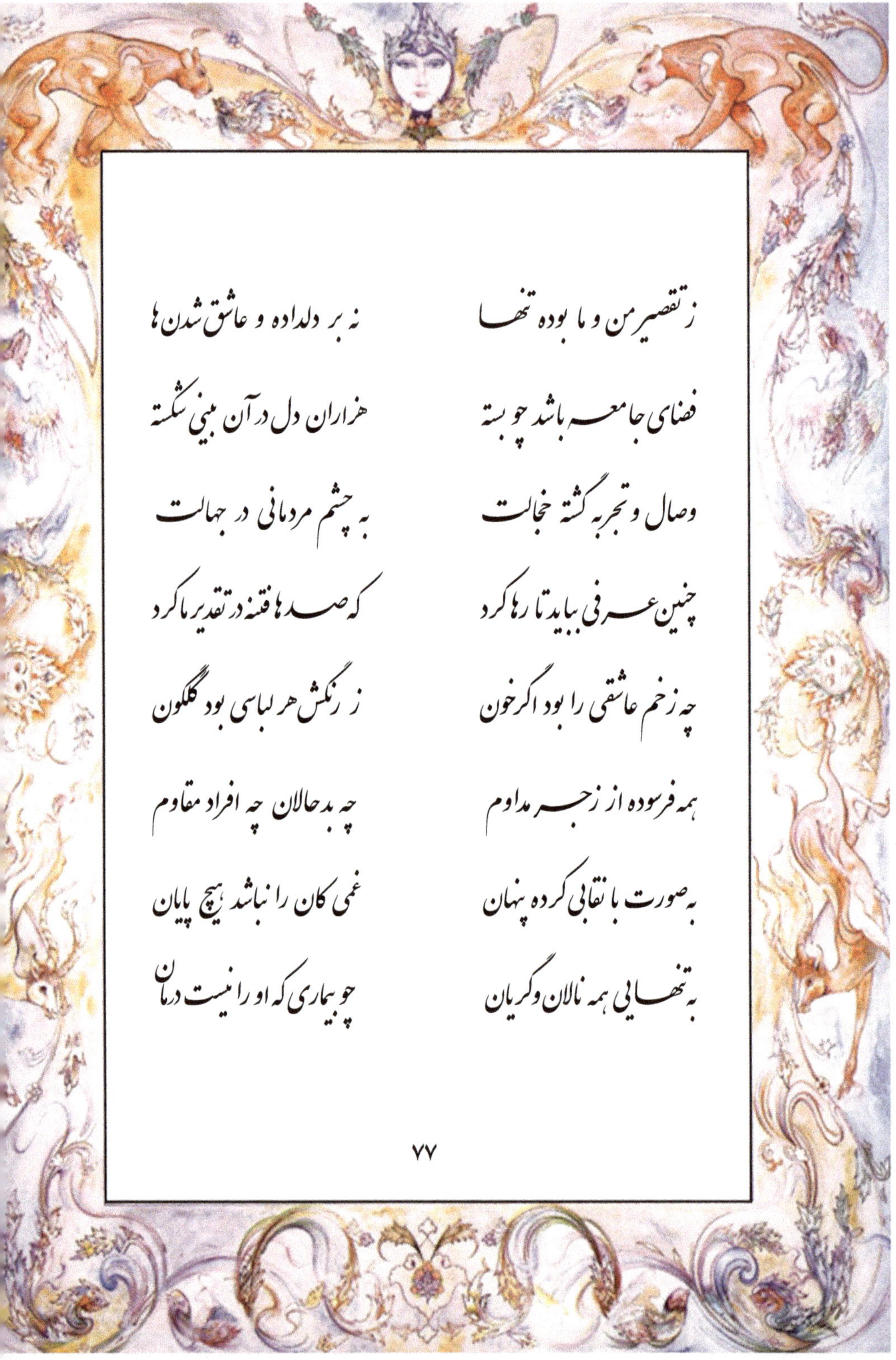

ز تقصیر من و ما بوده تنها | نه بر دلداده و عاشق شدن ها
فضای جامعه باشد چو بسته | هزاران دل در آن بینی شکسته
وصال و تجربه گشته خجالت | به چشم مردمانی در جهالت
چنین عرفی بباید تا رها کرد | که صدها فتنه در تقدیر ما کرد
چه زخم عاشقی را بود اگر خون | ز رنگش هر لباسی بود گلگون
همه فرسوده از زجر مداوم | چه بدحالان چه افراد مقاوم
به صورت با نقابی کرده پنهان | غمی کان را نباشد هیچ پایان
به تنهایی همه نالان و گریان | چو بیماری که او را نیست درمان

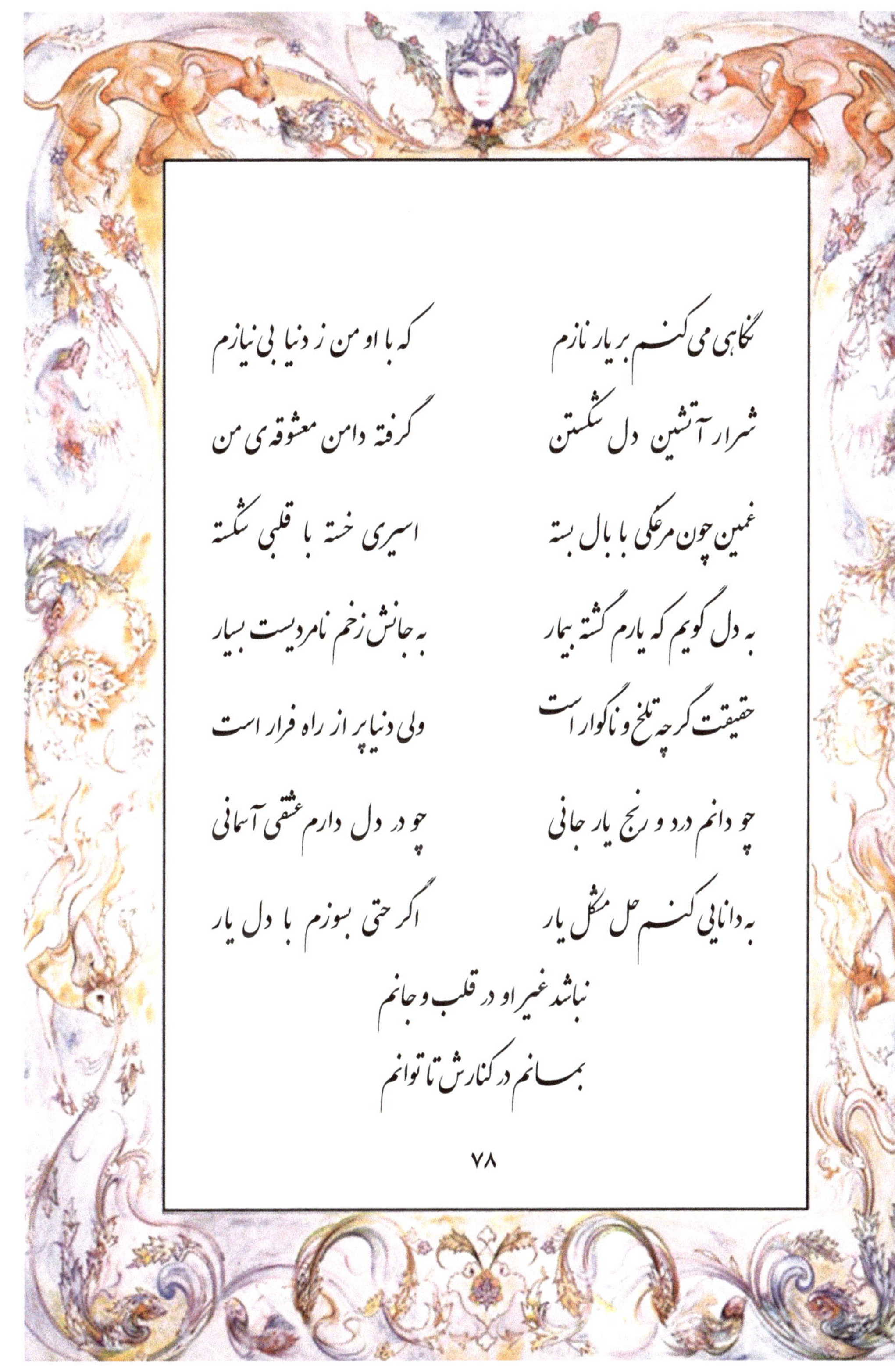

نگاهی می کنم بر یار نازم — که با او من ز دنیا بی نیازم
شرار آتشین دل شکستن — گرفته دامن معشوقه ی من
غمین چون مرغکی با بال بسته — اسیری خسته با قلبی شکسته
به دل گویم که یارم گشته بیمار — به جانش زخم نامردیست بسیار
حقیقت گرچه تلخ و ناگوار است — ولی دنیا پر از راه فرار است
چو دانم درد و رنج یار جانی — چو در دل دارم عشقی آسمانی
به دانایی کنم حل مشکل یار — اگر حتی بسوزم با دل یار

نباشد غیر او در قلب و جانم
بمانم در کنارش تا توانم

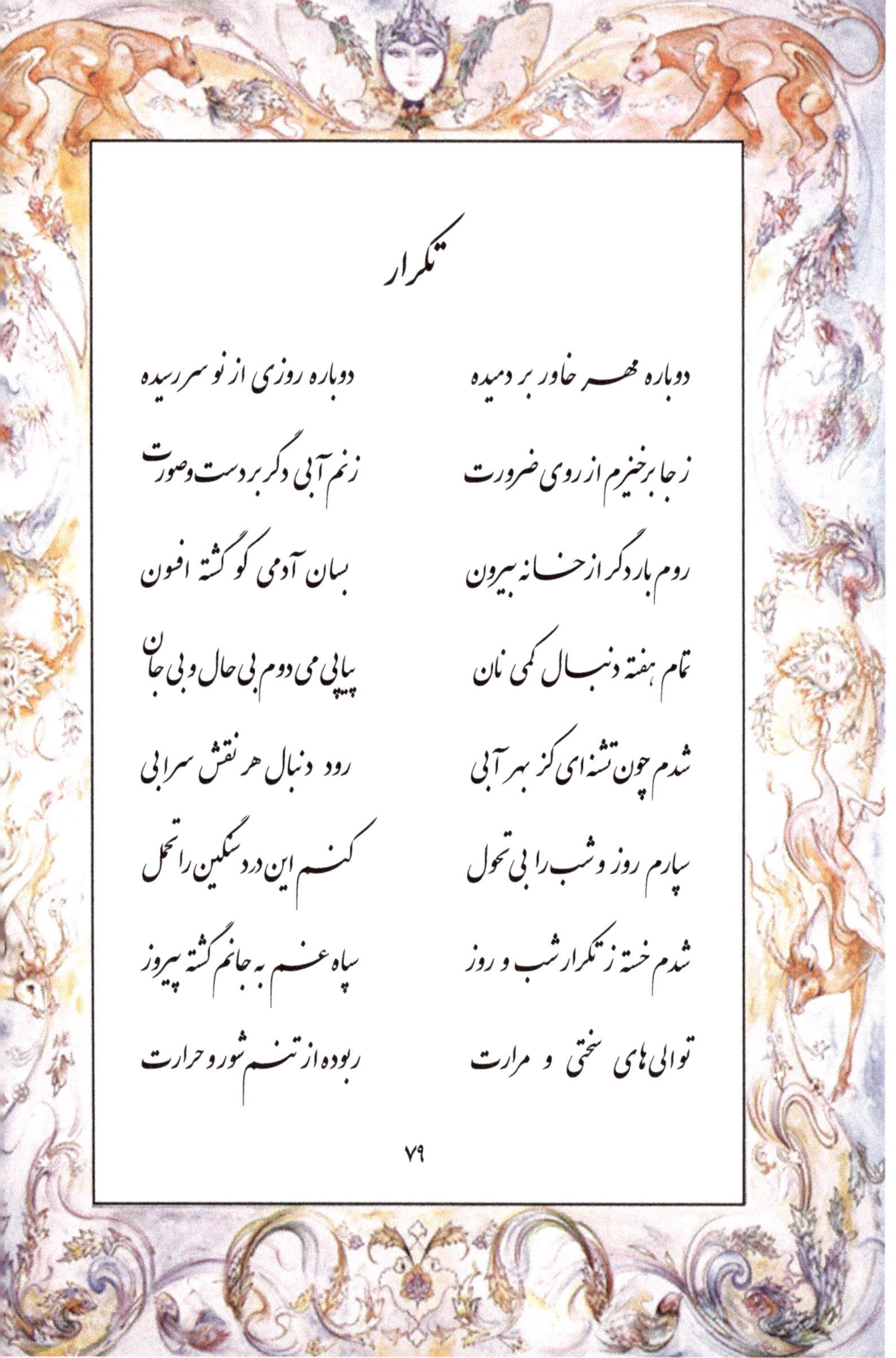

تکرار

دوباره مهر خاور بر دمیده
دوباره روزی از نو سر رسیده

ز جا برخیزم از روی ضرورت
زنم آبی دگر بر دست و صورت

روم بار دگر از خانه بیرون
بسان آدمی کو گشته افسون

تمام هفته دنبال کمی نان
پیاپی می دوم بی حال و بی جان

شدم چون تشنه ای کز بهر آبی
رود دنبال هر نقش سرابی

سپارم روز و شب را بی تحول
کنم این درد سنگین را تحمل

شدم خسته ز تکرار شب و روز
سپاه غم به جانم گشته پیروز

توالی های سختی و مرارت
ربوده از تنم شور و حرارت

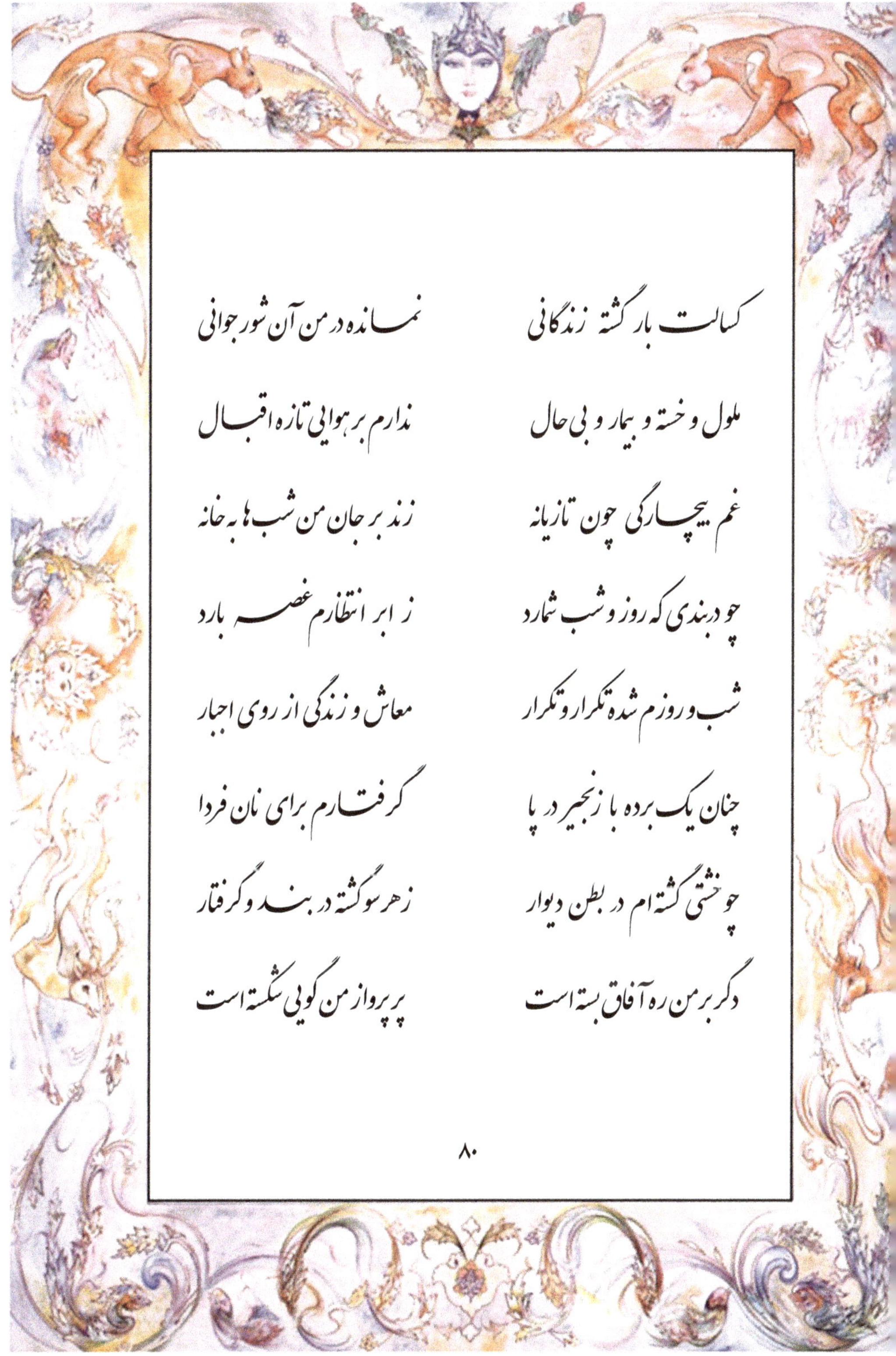

کسالت بار گشته زندگانی نمانده در من آن شور جوانی

ملول و خسته و بیمار و بی حال ندارم بر هوایی تازه اقبال

غم بیچارگی چون تازیانه زند بر جان من شب ها به خانه

چو دربندی که روز و شب شمارد ز ابر انتظارم غصه بارد

شب و روزم شده تکرار و تکرار معاش و زندگی از روی اجبار

چنان یک برده با زنجیر در پا گرفتارم برای نان فردا

چو خشتی گشته ام در بطن دیوار ز هر سو گشته در بند و گرفتار

دگر بر من ره آفاق بسته است پر پرواز من گویی شکسته است

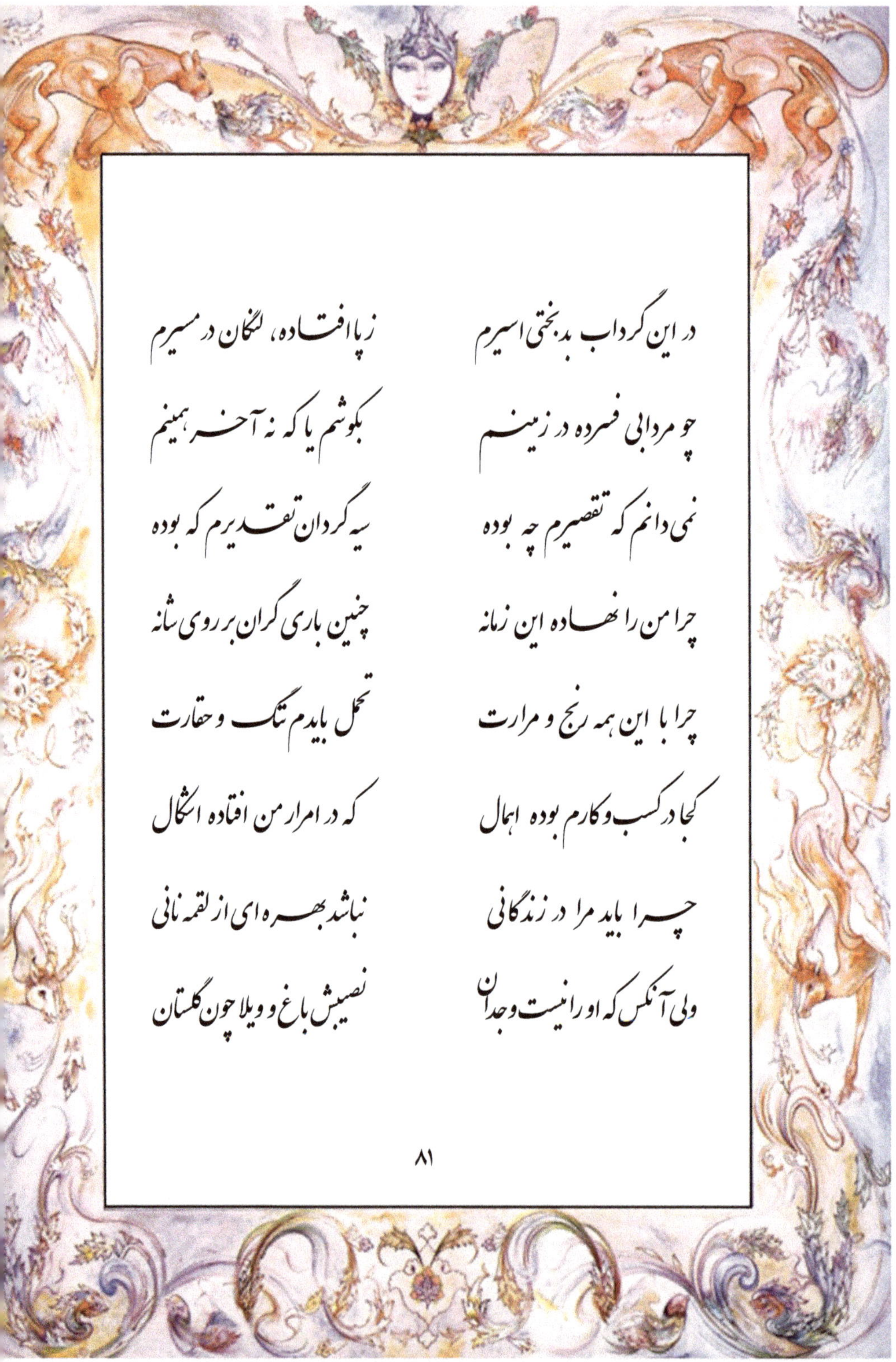

در این گرداب بدبختی اسیرم
زپا افتاده، لنگان در مسیرم
چو مردابی فسرده در زمینم
بگو شم یا که نه آخر همینم
نمی دانم که تقصیرم چه بوده
سیه گردان تقدیرم که بوده
چرا من را نهاده این زمانه
چنین باری گران بر روی شانه
چرا با این همه رنج و مرارت
تحمل بایدم ننگ و حقارت
کجا در کسب و کارم بوده اهمال
که در امرار من افتاده اشکال
چرا باید مرا در زندگانی
نباشد بهره ای از لقمه نانی
ولی آنکس که او را نیست وجدان
نصیبش باغ و ویلا چون گلستان

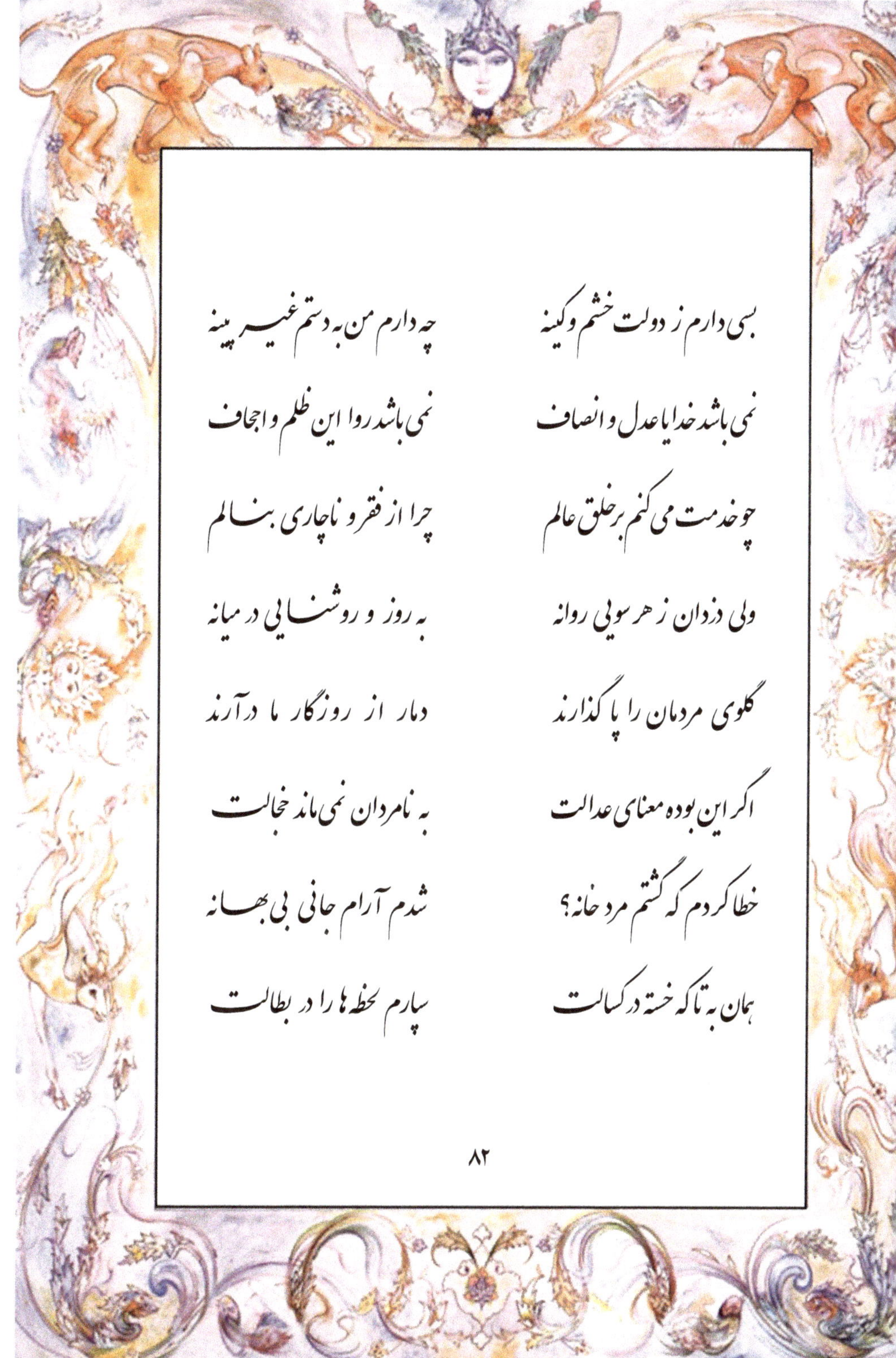

بسی دارم ز دولت خشم و کینه
چه دارم من به دستم غیر پینه

نمی باشد خدایا عدل و انصاف
نمی باشد روا این ظلم و اجحاف

چو خدمت می کنم بر خلق عالم
چرا از فقر و ناچاری بنالم

ولی دزدان ز هر سویی روانه
به روز و روشنایی در میانه

گلوی مردمان را پا گذارند
دمار از روزگار ما درآرند

اگر این بوده معنای عدالت
به نامردان نمی ماند خجالت

خطا کردم که گشتم مرد خانه؟
شدم آرام جانی بی بهانه

همان به تا که خسته در کسالت
سپارم لحظه ها را در بطالت

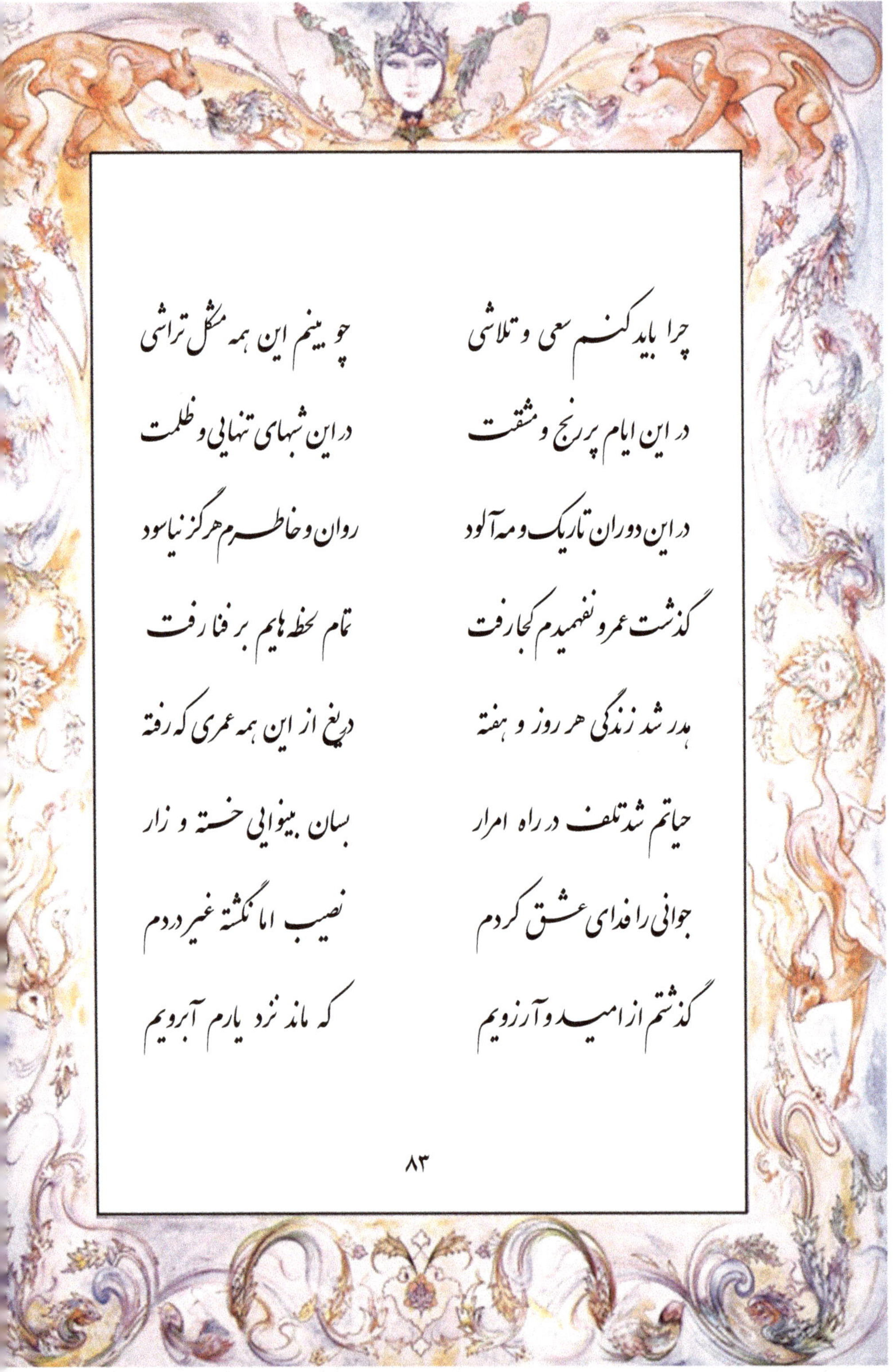

چرا باید کنم سعی و تلاشی — چو بینم این همه مشکل تراشی

در این ایام پر رنج و مشقت — در این شبهای تنهایی و ظلمت

در این دوران تاریک و مه آلود — روان و خاطرم هرگز نیاسود

گذشت عمر و نفهمیدم کجا رفت — تمام لحظه هایم بر فنا رفت

هدر شد زندگی هر روز و هفته — دریغ از این همه عمری که رفته

حیاتم شد تلف در راه امرار — بسان بینوایی خسته و زار

جوانی را فدای عشق کردم — نصیب اما نگشته غیر دردم

گذشتم از امید و آرزویم — که ماند نزد یارم آبرویم

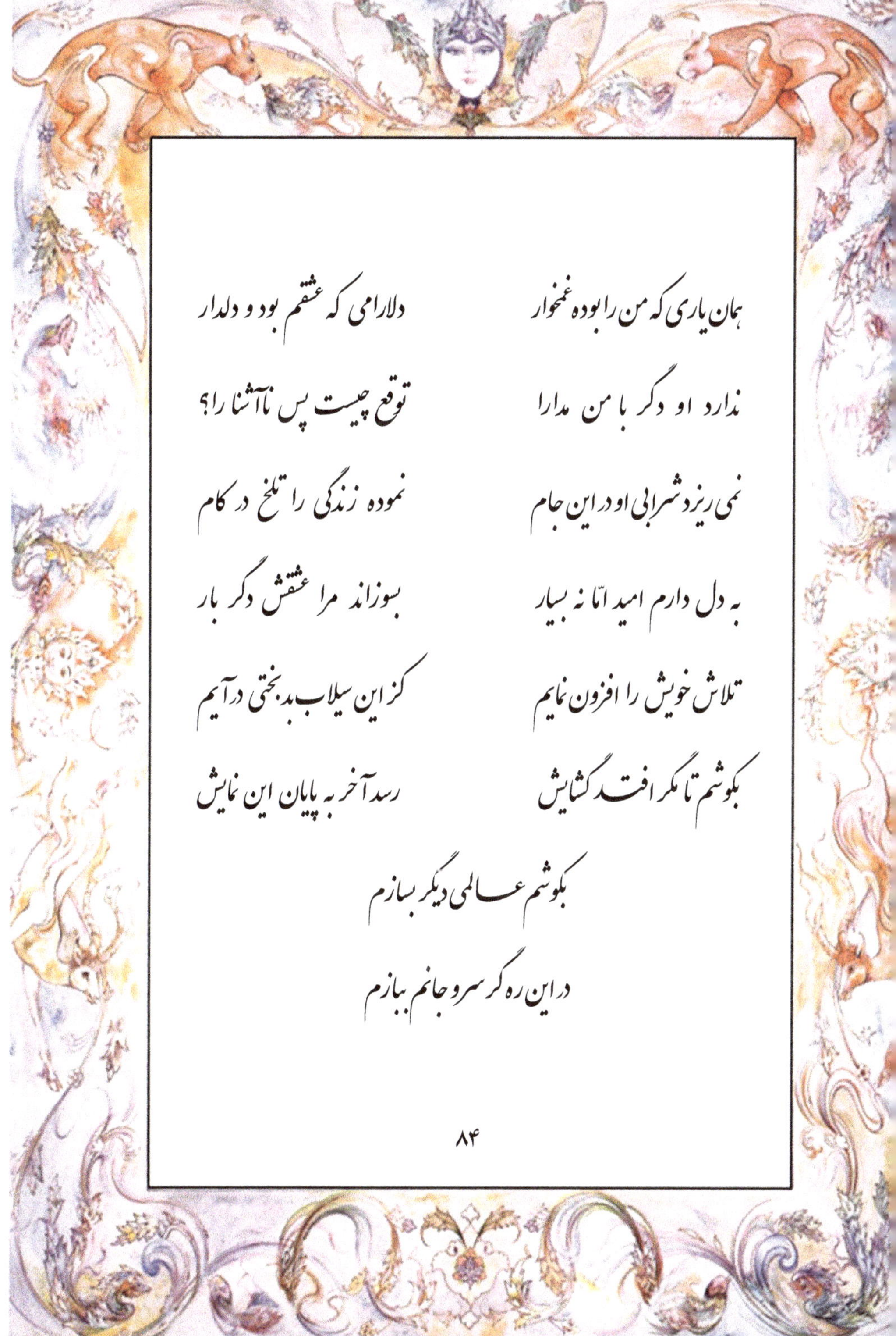

همان یاری که من را بوده غمخوار	دلارامی که عشقم بود و دلدار
ندارد او دگر با من مدارا	توقع چیست پس ناآشنا را؟
نمی ریزد شرابی او در این جام	نموده زندگی را تلخ در کام
به دل دارم امید امّا نه بسیار	بسوزاند مرا عشقش دگر بار
تلاش خویش را افزون نمایم	کز این سیلاب بدبختی درآیم
بکوشم تا مگر افتد گشایش	رسد آخر به پایان این نمایش

بکوشم عالمی دیگر بسازم

در این ره گر سر و جانم ببازم

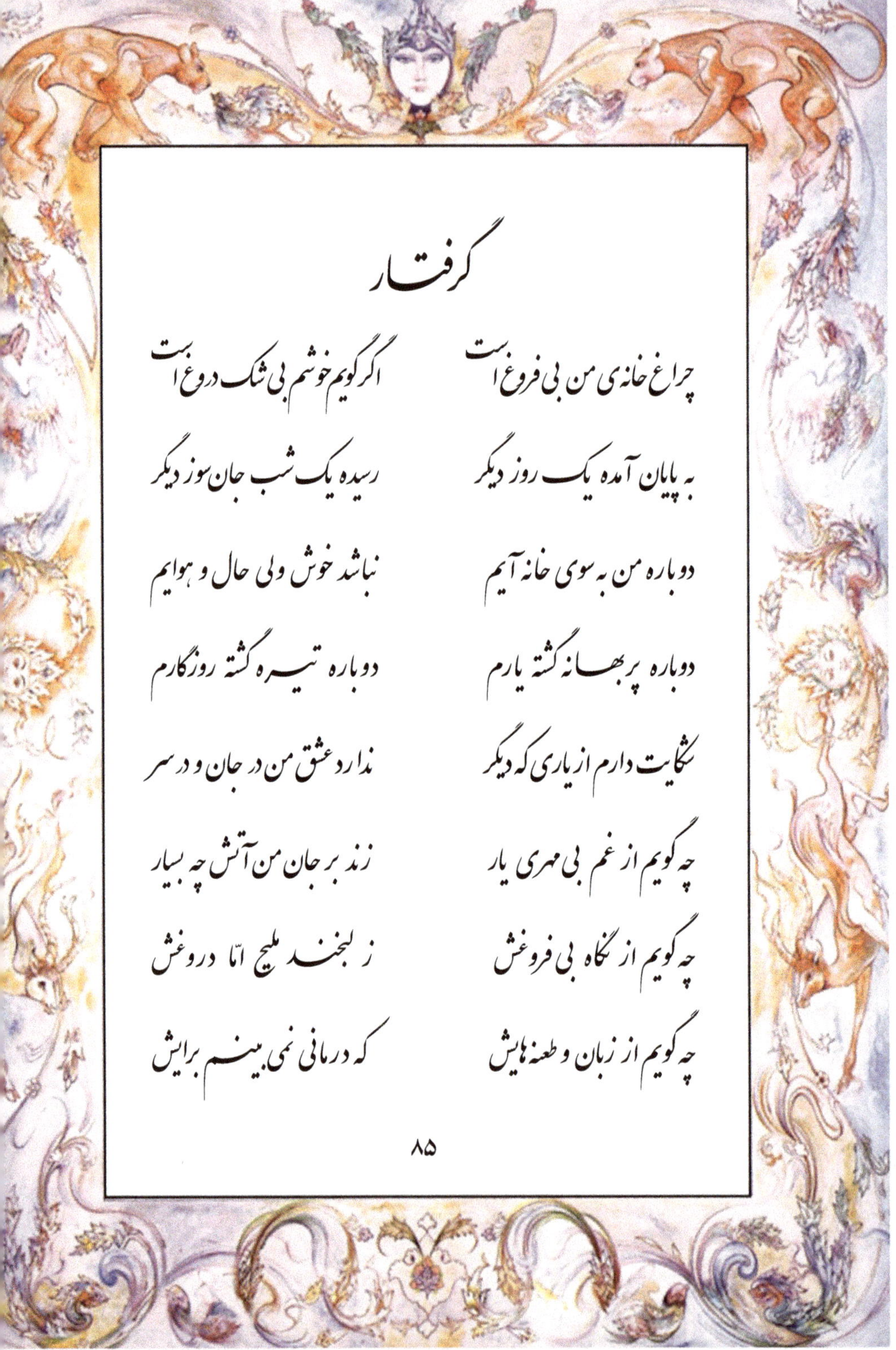

گرفتار

چراغ خانه‌ی من بی فروغ است
اگر گویم خوشم بی شک دروغ است

به پایان آمده یک روز دیگر
رسیده یک شب جان‌سوز دیگر

دوباره من به سوی خانه آیم
نباشد خوش ولی حال و هوایم

دوباره پربهانه گشته یارم
دوباره تیره گشته روزگارم

شکایت دارم از یاری که دیگر
ندارد عشق من در جان و در سر

چه گویم از غم بی مهری یار
زند بر جان من آتش چه بسیار

چه گویم از نگاه بی فروغش
ز لبخند ملیح امّا دروغش

چه گویم از زبان و طعنه‌هایش
که درمانی نمی‌بینم برایش

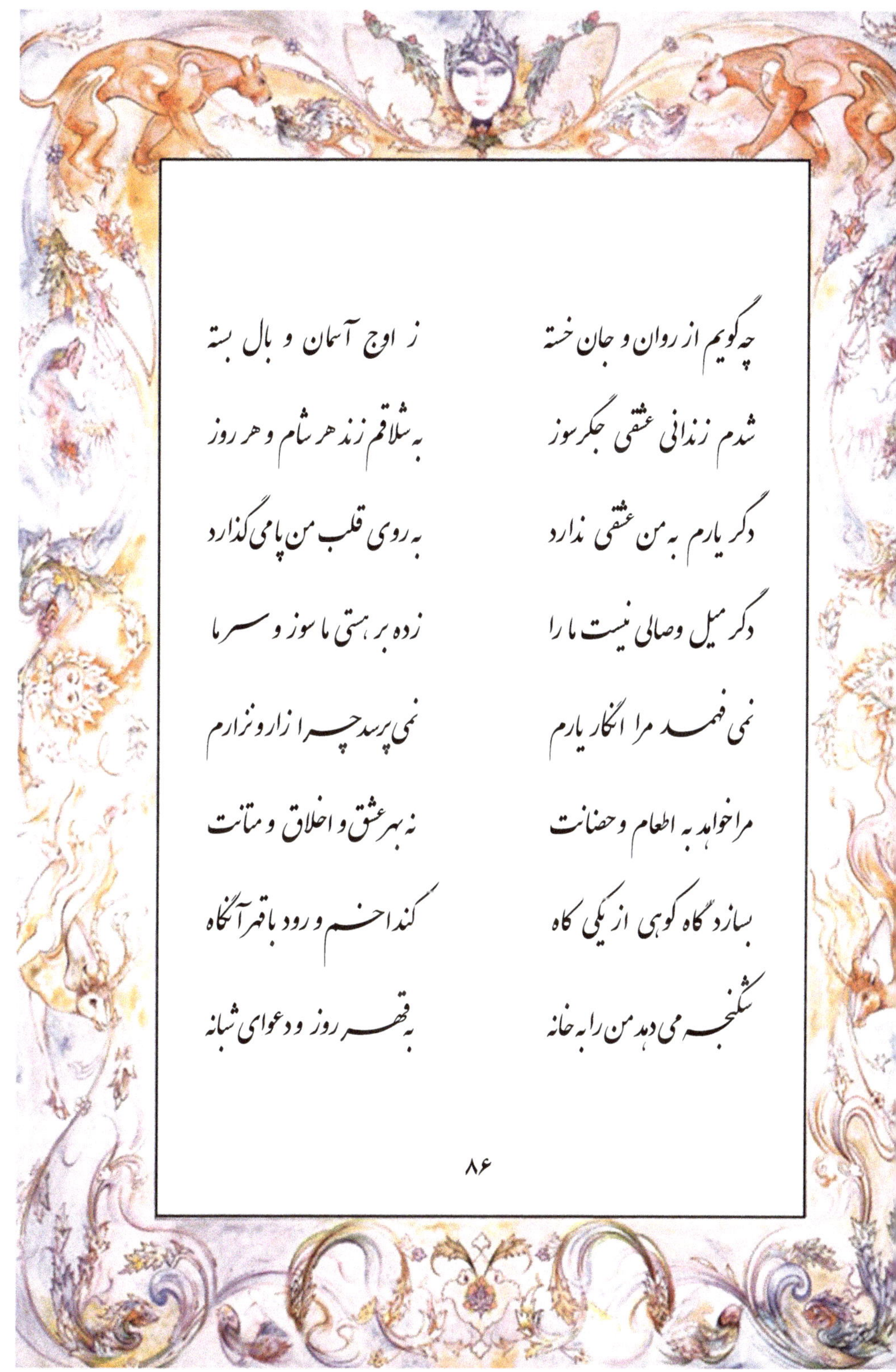

چه گویم از روان و جان خسته | ز اوج آسمان و بال بسته
شدم زندانی عشقی جگرسوز | به شلاقم زند هر شام و هر روز
دگر یارم به من عشقی ندارد | به روی قلب من پا می گذارد
دگر میل وصالی نیست ما را | زده بر هستی ما سوز و سرما
نمی فهمد مرا انگار یارم | نمی پرسد چرا زار و نزارم
مرا خواهد به اطعام و حضانت | نه بهر عشق و اخلاق و متانت
بسازد گاه کوهی از یکی کاه | کند اخم و رود با قهر آنگاه
شکنجه می دهد من را به خانه | به قهر روز و دعوای شبانه

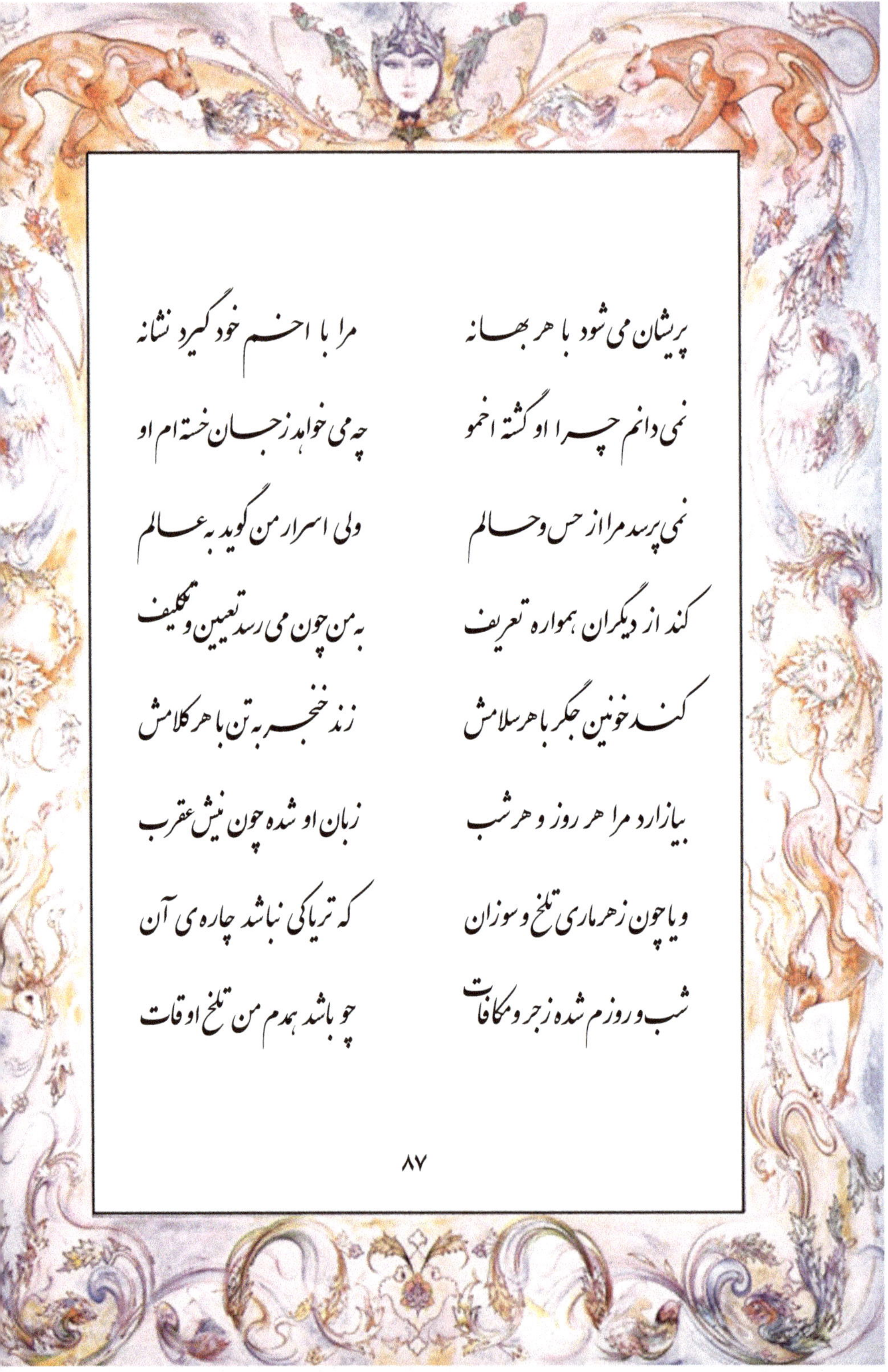

پریشان می شود با هر بهانه
مرا با اخم خود گیرد نشانه

نمی دانم چرا او گشته اخمو
چه می خواهد ز جان خسته ام او

نمی پرسد مرا از حس و حالم
ولی اسرار من گوید به عالم

کند از دیگران همواره تعریف
به من چون می رسد تعیین و تکلیف

کند خونین جگر با هر سلامش
زند خنجر به تن با هر کلامش

بیازارد مرا هر روز و هر شب
زبان او شده چون نیش عقرب

و یا چون زهر ماری تلخ و سوزان
که تریاکی نباشد چاره ی آن

شب و روزم شده زجر و مکافات
چو باشد همدم من تلخ اوقات

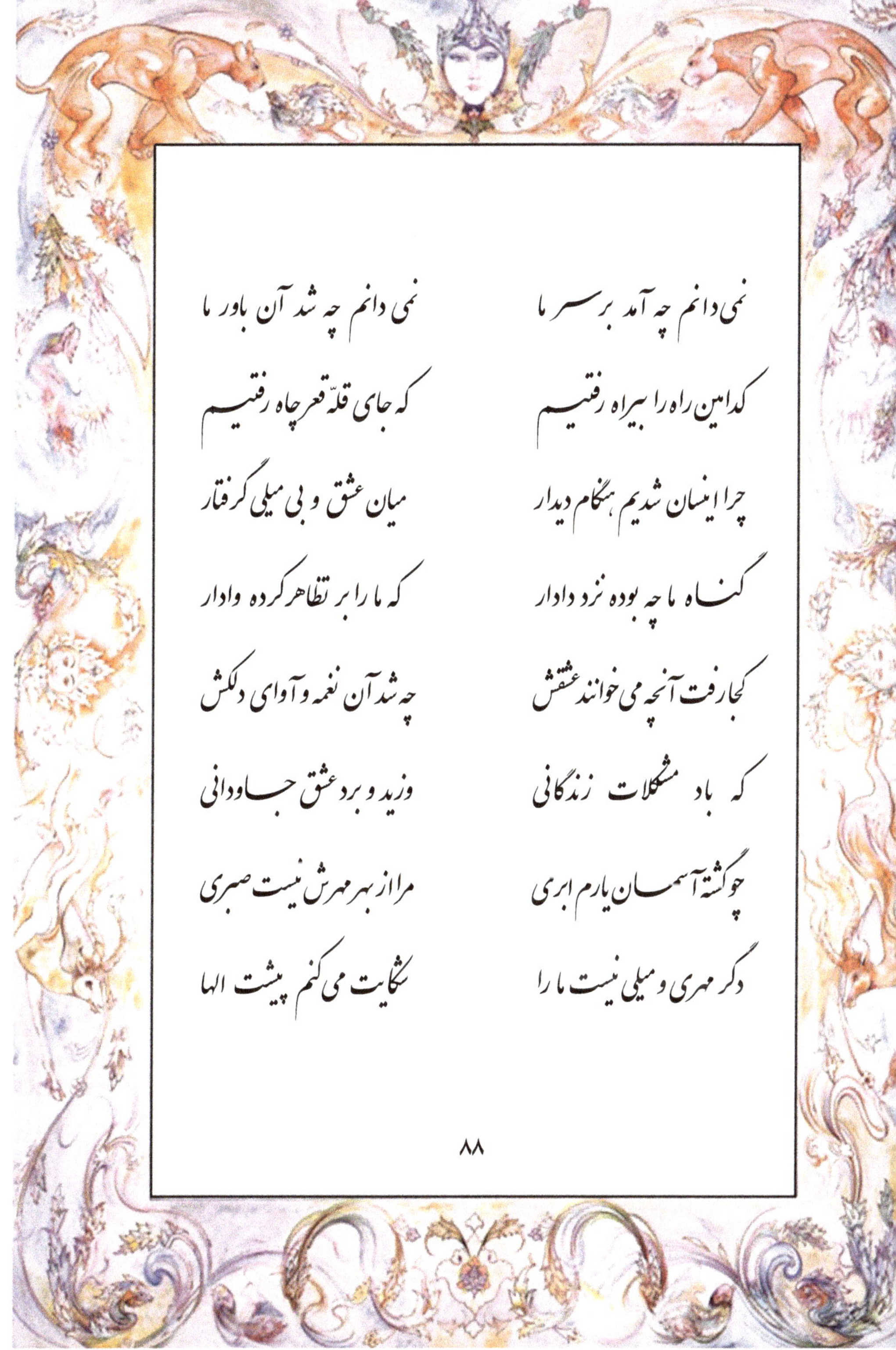

نمی دانم چه آمد بر سر ما — نمی دانم چه شد آن باور ما

کدامین راه را بیراه رفتیم — که جای قلّه قعرچاه رفتیم

چرا اینسان شدیم هنگام دیدار — میان عشق و بی میلی گرفتار

گناه ما چه بوده نزد دادار — که ما را بر تظاهر کرده وادار

کجا رفت آنچه می خوانند عشقش — چه شد آن نغمه و آوای دلکش

که باد مشکلات زندگانی — وزید و برد عشق جاودانی

چو گشته آسمان یارم ابری — مرا از بهر مهرش نیست صبری

دگر مهری و میلی نیست ما را — شکایت می کنم پیشت الها

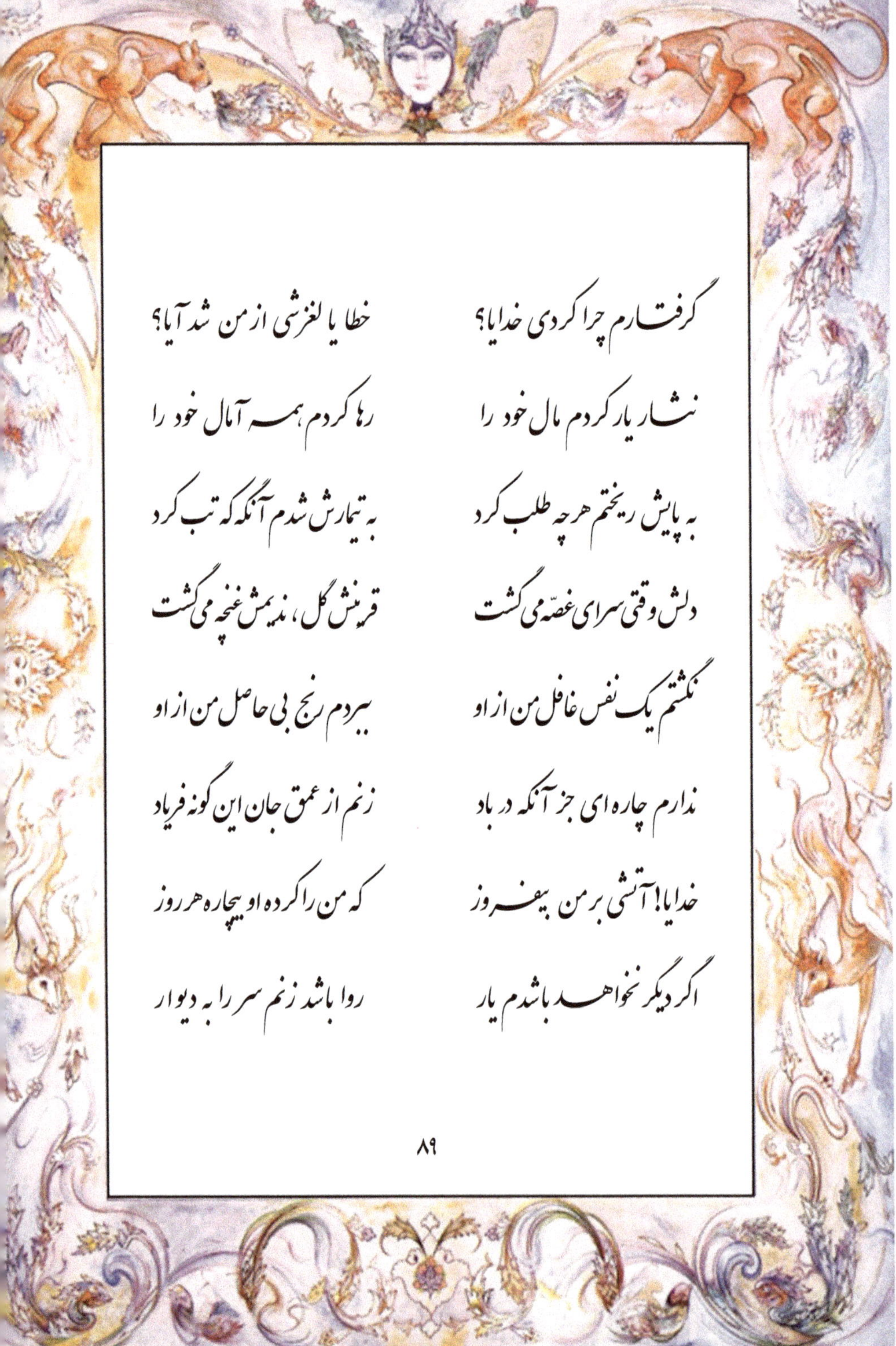

گرفتارم چرا کردی خدایا؟ خطا یا لغزشی از من شد آیا؟
نثار یار کردم مال خود را رها کردم همه آمال خود را
به پایش ریختم هرچه طلب کرد به تیمارش شدم آنگه که تب کرد
دلش وقتی سرای غصّه می گشت قرینش گل، ندیمش غنچه می گشت
نگشتم یک نفس غافل من از او ببردم رنج بی حاصل من از او
ندارم چاره ای جز آنکه در باد زنم از عمق جان این گونه فریاد
خدایا! آتشی بر من بیفروز که من را کرده او بیچاره هر روز
اگر دیگر نخواهد باشدم یار روا باشد زنم سر را به دیوار

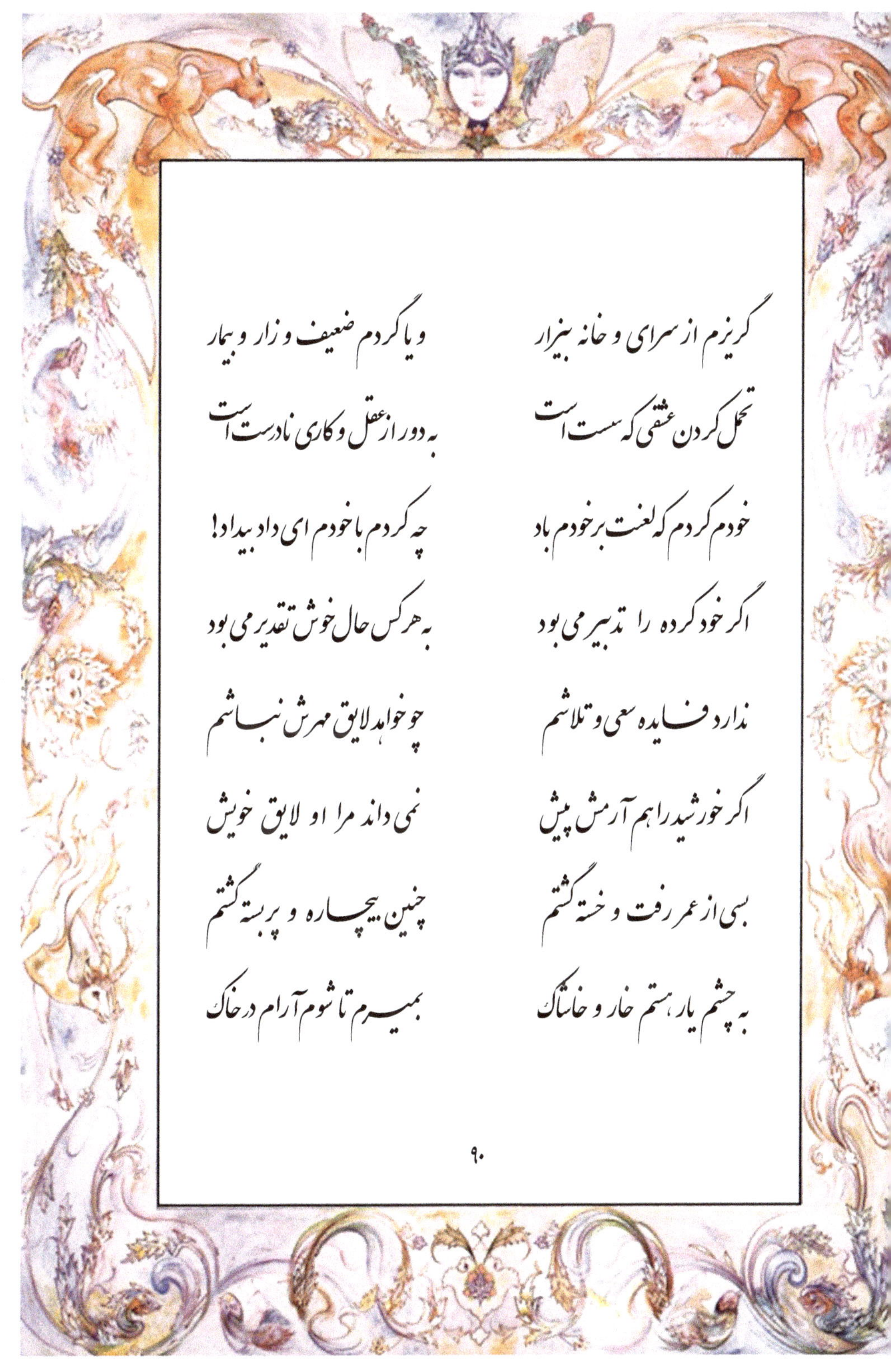

گریزم از سرای و خانه بیزار / و یا گردم ضعیف و زار و بیمار

تحمل کردن عشقی که سست است / به دور از عقل و کاری نادرست است

خودم کردم که لعنت بر خودم باد / چه کردم با خودم ای داد بیداد!

اگر خود کرده را تدبیر می بود / به هر کس حال خوش تقدیر می بود

ندارد فایده سعی و تلاشم / چو خواهد لایق مهرش نباشم

اگر خورشید راهم آرمش پیش / نمی داند مرا او لایق خویش

بسی از عمر رفت و خسته گشتم / چنین بیچاره و پربسته گشتم

به چشم یار، هستم خار و خاشاک / بمیرم تا شوم آرام در خاک

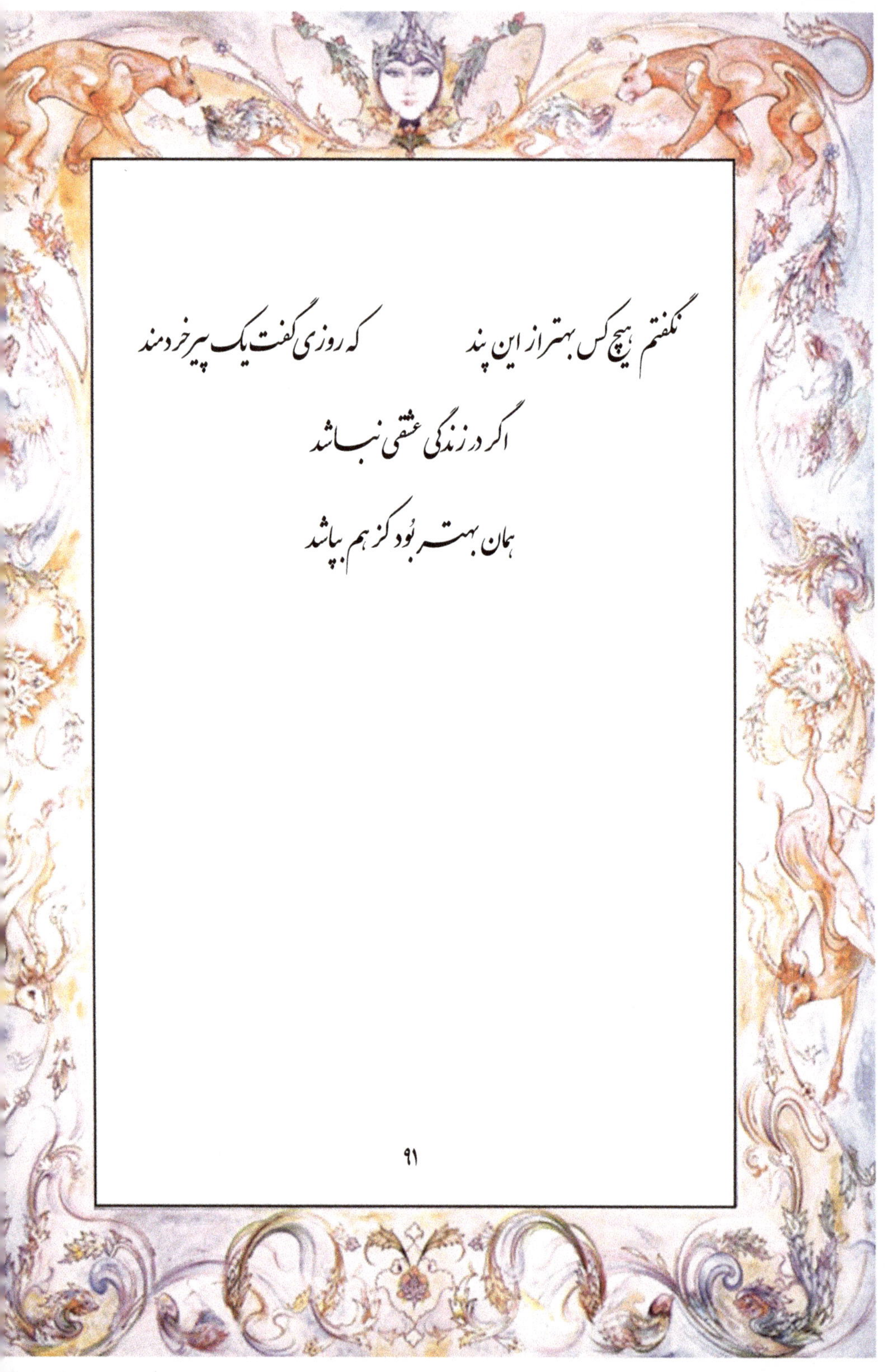

نگفتم هیچ کس بهتر از این پند	که روزی گفت یک پیر خردمند

اگر در زندگی عشقی نباشد

همان بهتر بُود کز هم بپاشد

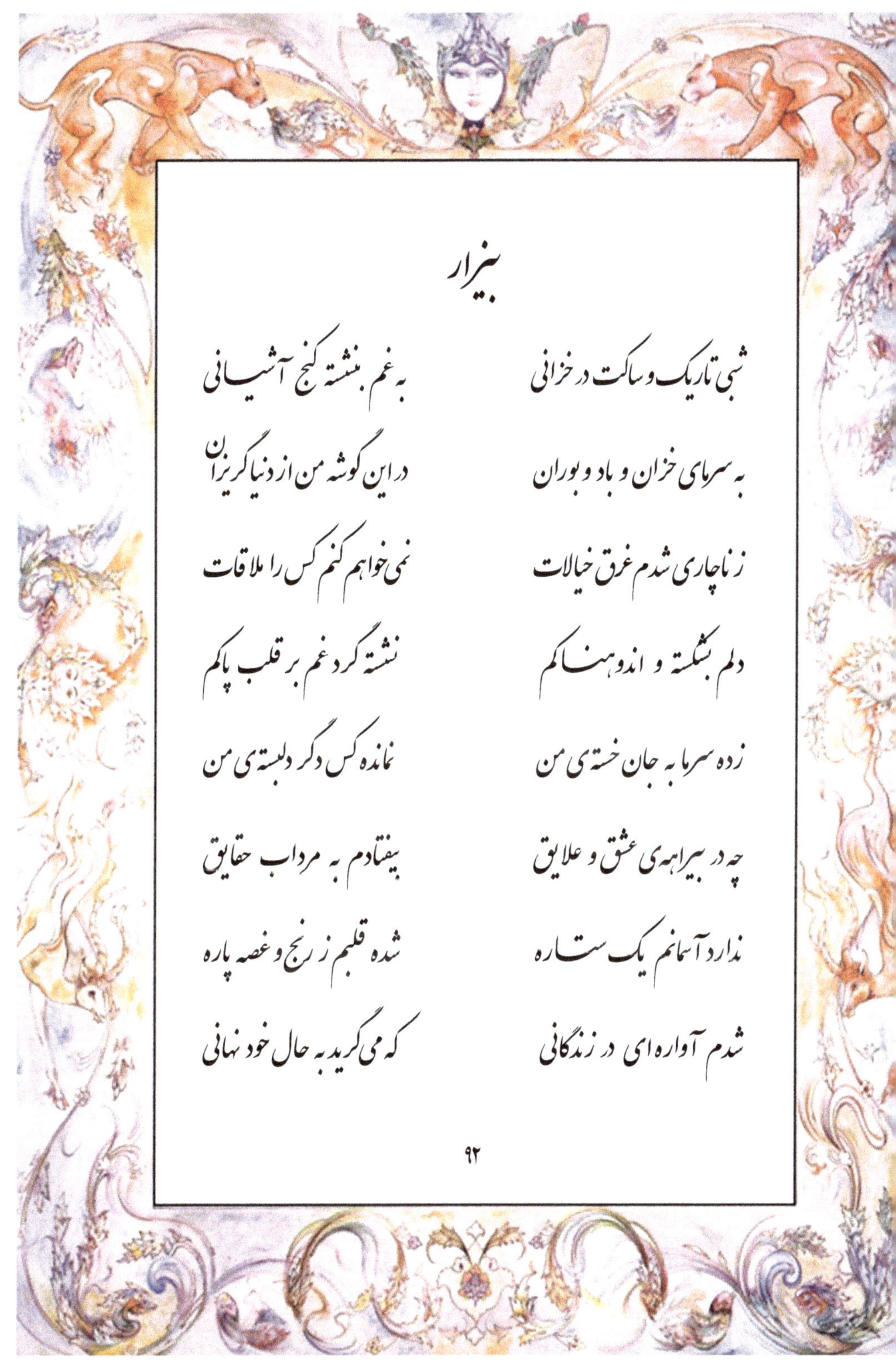

بیزار

شبی تاریک و ساکت در خزانی
به غم بنشسته کنج آشیانی

به سرمای خزان و باد و بوران
در این گوشه من از دنیا گریزان

ز ناچاری شدم غرق خیالات
نمی‌خواهم کنم کس را ملاقات

دلم بشکسته و اندوهناکم
نشسته گرد غم بر قلب پاکم

زده سرما به جان خسته‌ی من
نمانده کس دگر دلبسته‌ی من

چه در بیراهه‌ی عشق و علایق
بیفتادم به مرداب حقایق

ندارد آسمانم یک ستاره
شده قلبم ز رنج و غصه پاره

شدم آواره‌ای در زندگانی
که می‌گرید به حال خود نهانی

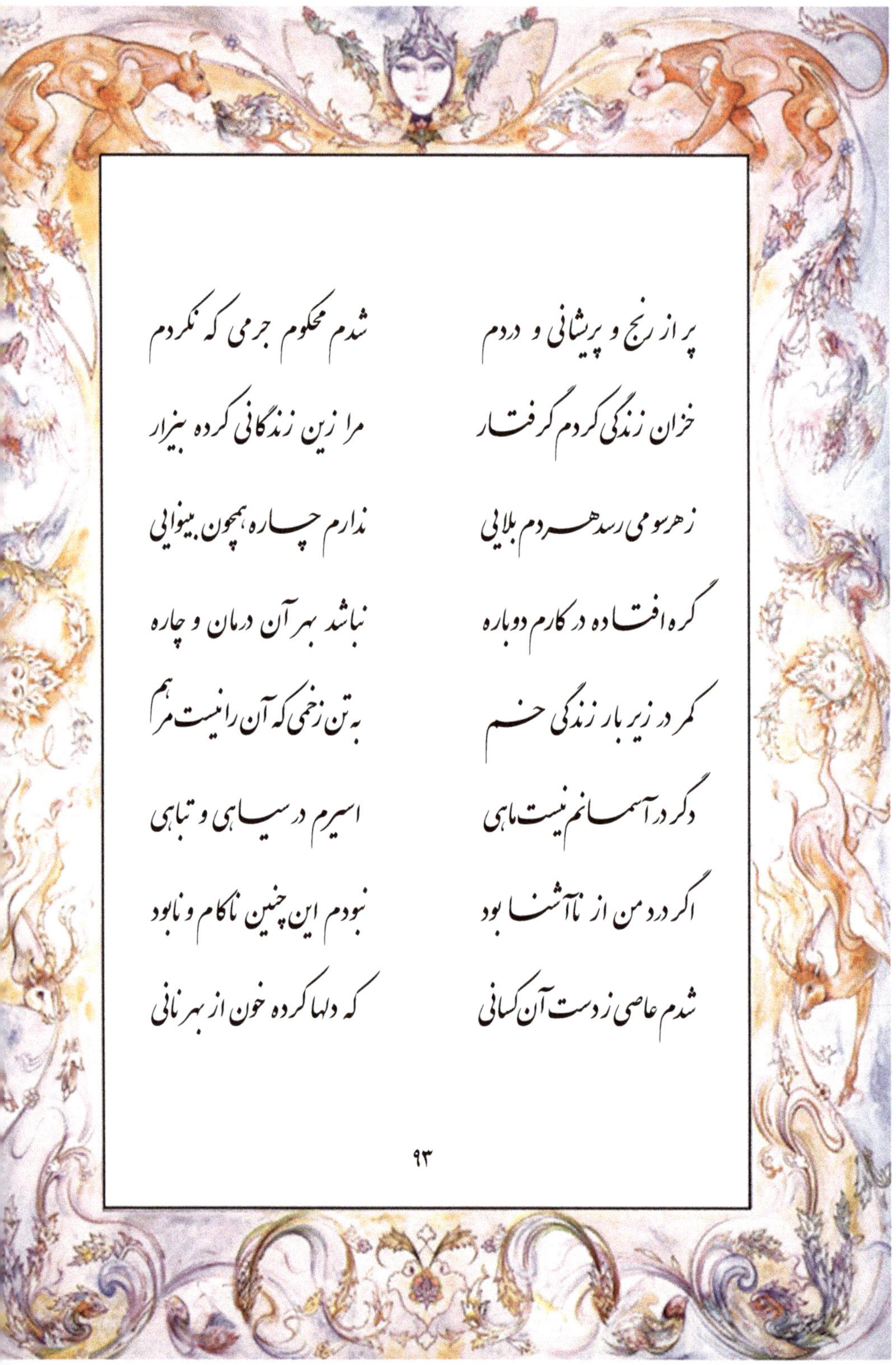

پر از رنج و پریشانی و دردم
شدم محکوم جرمی که نکردم

خزان زندگی کردم گرفتار
مرا زین زندگانی کرده بیزار

زهرسومی رسد هردم بلایی
ندارم چاره، همچون بینوایی

گره افتاده در کارم دوباره
نباشد بهر آن درمان و چاره

کمر در زیر بار زندگی خم
به تن زخمی که آن رانیست مرهم

دگر در آسمانم نیست ماهی
اسیرم در سیاهی و تباهی

اگر درد من از ناآشنا بود
نبودم این چنین ناکام و نابود

شدم عاصی زدست آن کسانی
که دلها کرده خون از بهرنانی

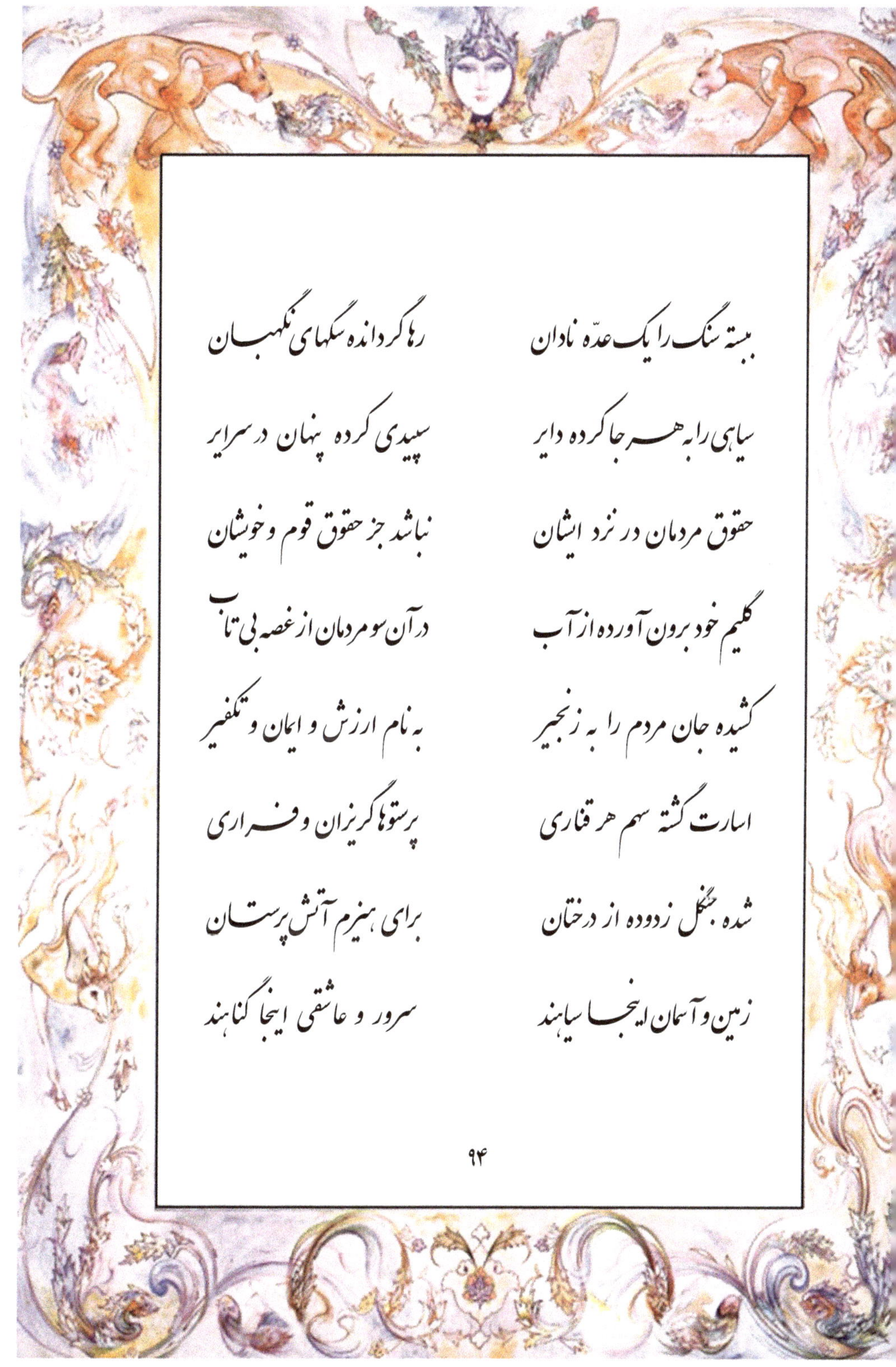

ببسته سنگ را یک عدّه نادان رها کرده سگهای نگهبان

سیاهی را به هر جا کرده دایر سپیدی کرده پنهان در سرایر

حقوق مردمان در نزد ایشان نباشد جز حقوق قوم و خویشان

گلیم خود برون آورده از آب در آن سو مردمان از غصه بی تاب

کشیده جان مردم را به زنجیر به نام ارزش و ایمان و تکفیر

اسارت گشته سهم هر قناری پرستوها گریزان و فراری

شده جنگل زدوده از درختان برای هیزم آتش پرستان

زمین و آسمان اینجا سیاهند سرور و عاشقی اینجا گناهند

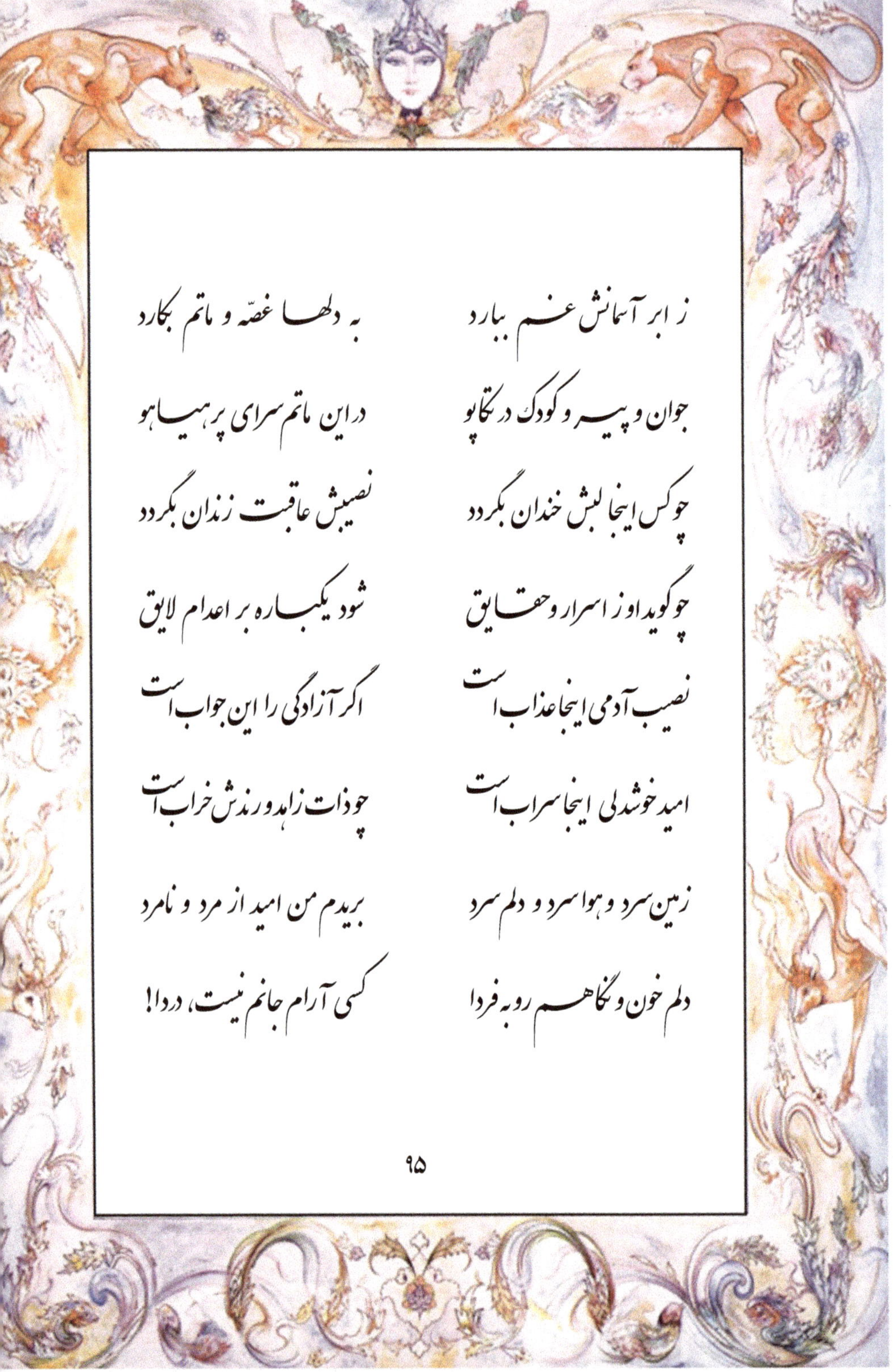

ز ابر آسمانش غم ببارد		به دلها غصّه و ماتم بکارد
جوان و پیر و کودک در تکاپو		در این ماتم سرای پر هیاهو
چو کس اینجا لبش خندان بگردد		نصیبش عاقبت زندان بگردد
چو گوید او ز اسرار و حقایق		شود یکباره بر اعدام لایق
نصیب آدمی اینجا عذاب است		اگر آزادگی را این جواب است
امید خوشدلی اینجا سراب است		چو ذات زاهد و رندش خراب است
زمین سرد و هوا سرد و دلم سرد		بریدم من امید از مرد و نامرد
دلم خون و نگاهم رو به فردا		کسی آرام جانم نیست، دردا!

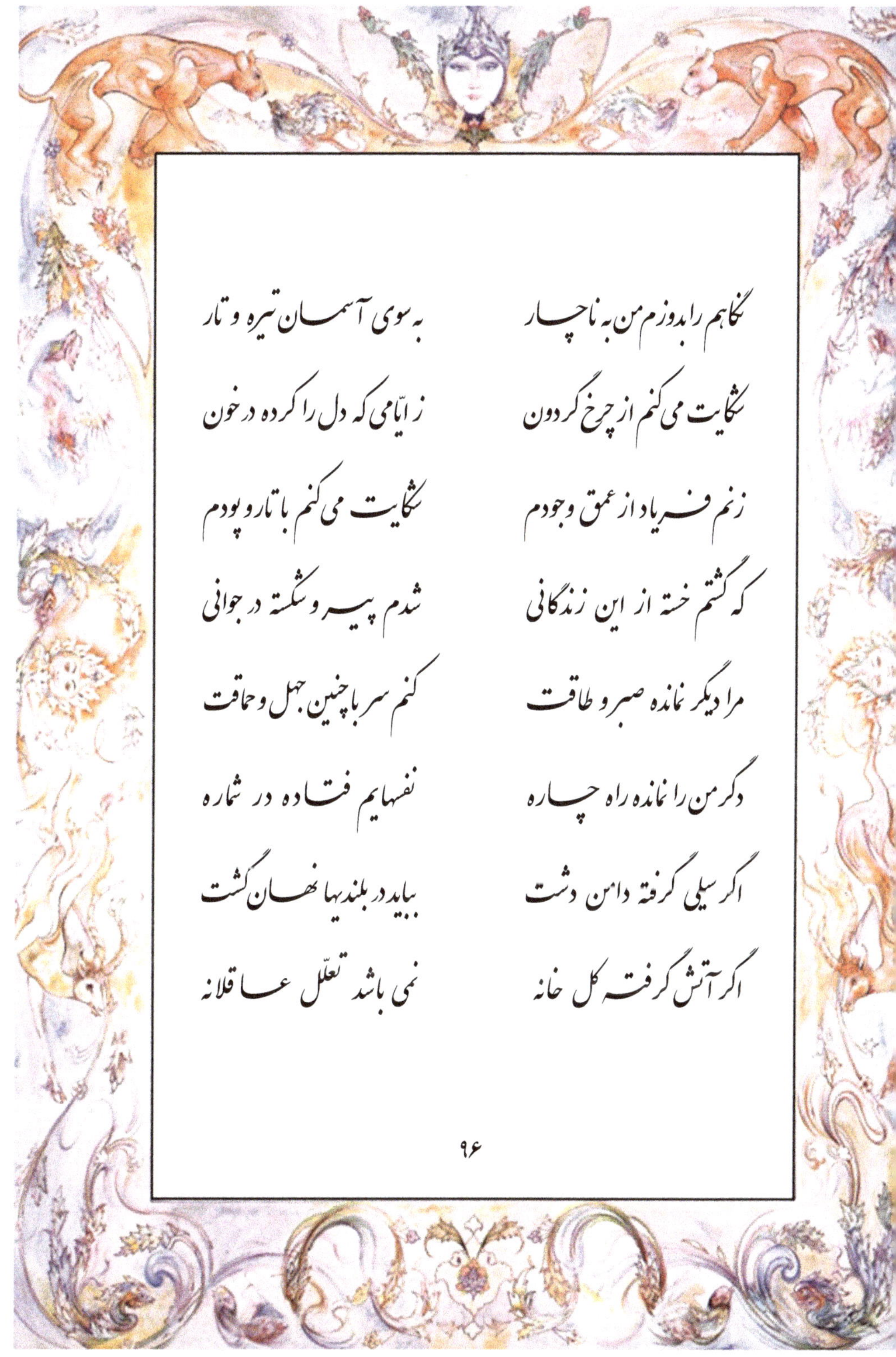

نگاهم را بدوزم من به ناچار　　به سوی آسمان تیره و تار

شکایت می کنم از چرخ گردون　　ز ایّامی که دل را کرده در خون

زنم فریاد از عمق وجودم　　شکایت می کنم با تار و پودم

که گشتم خسته از این زندگانی　　شدم پیر و شکسته در جوانی

مرا دیگر نمانده صبر و طاقت　　کنم سر با چنین جهل و حماقت

دگر من را نمانده راه چاره　　نفسهایم فتاده در شماره

اگر سیلی گرفته دامن دشت　　بباید در بلندیها نهان گشت

اگر آتش گرفته کل خانه　　نمی باشد تعلّل عاقلانه

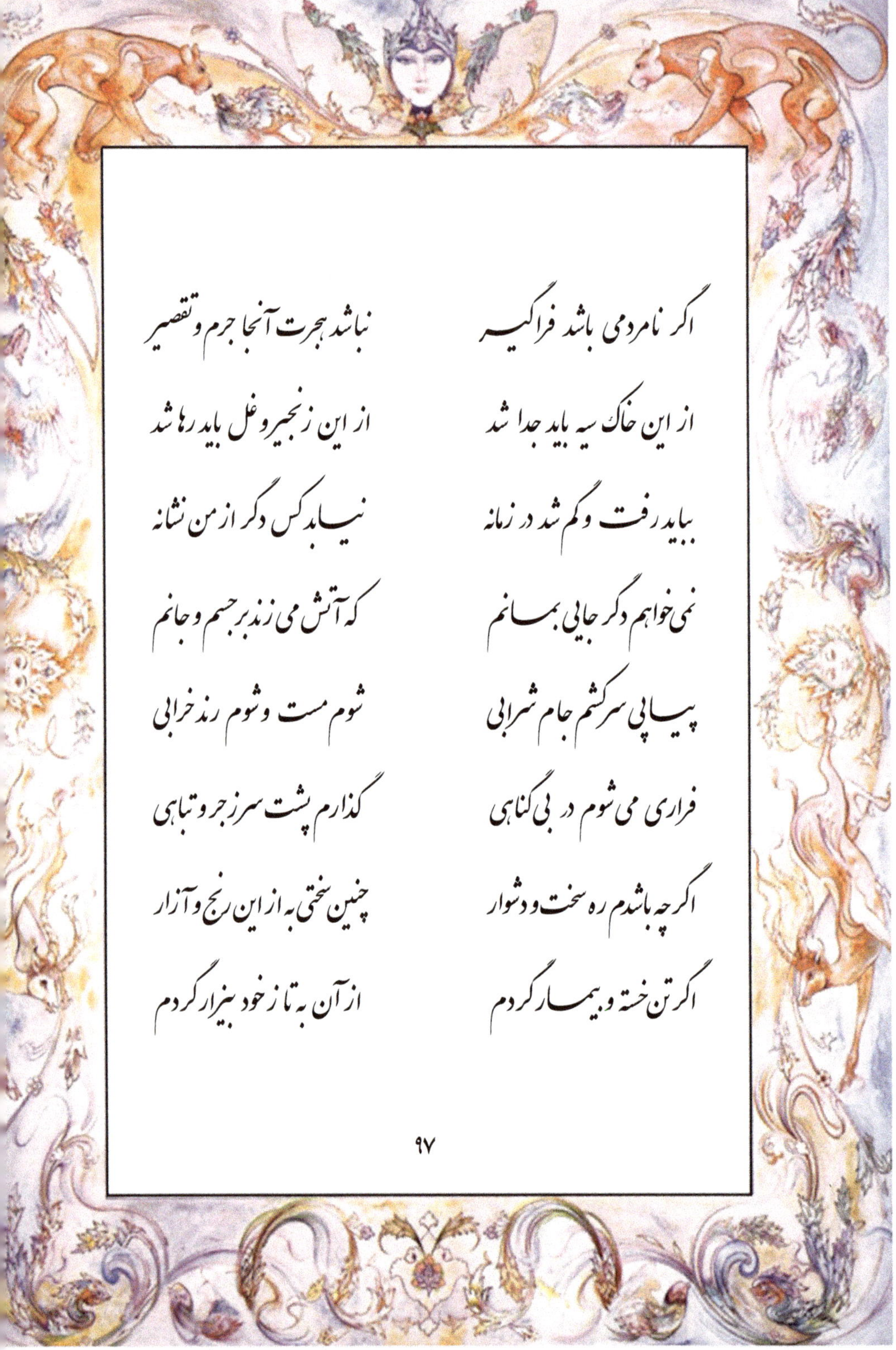

اگر نامردمی باشد فراگیر — نباشد هجرت آنجا جرم و تقصیر

از این خاک سیه باید جدا شد — از این زنجیر و غل باید رها شد

بباید رفت و گم شد در زمانه — نیابد کس دگر از من نشانه

نمی خواهم دگر جایی بمانم — که آتش می زند بر جسم و جانم

پیاپی سر کشم جام شرابی — شوم مست و شوم رند خرابی

فراری می شوم در بی گناهی — گذارم پشت سر زجر و تباهی

اگر چه باشدم ره سخت و دشوار — چنین سختی به از این رنج و آزار

اگر تن خسته و بیمار گردم — از آن به تا ز خود بیزار گردم

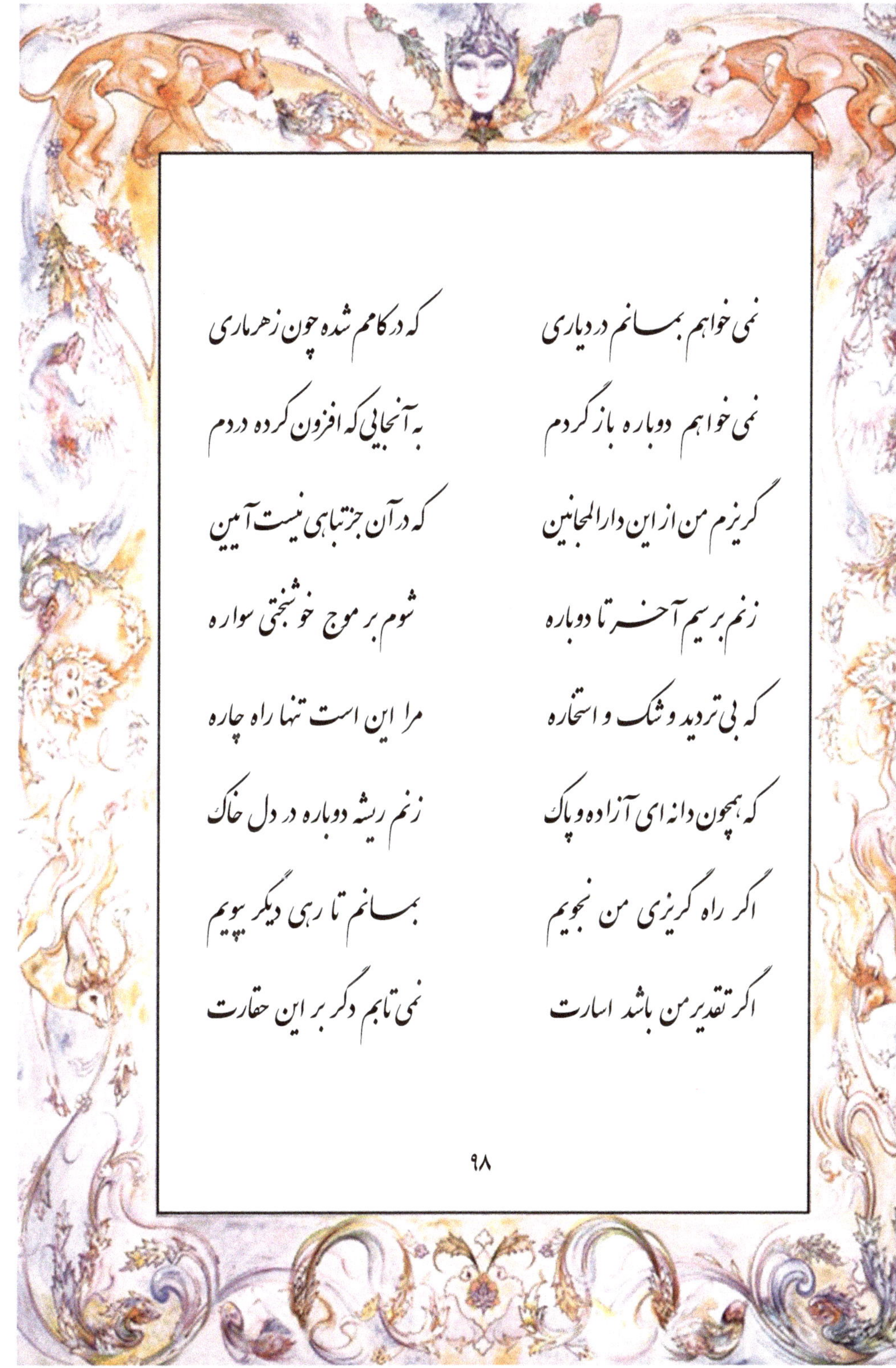

نمی خواهم بمانم در دیاری
که در کامم شده چون زهر ماری

نمی خواهم دوباره باز گردم
به آنجایی که افزون کرده دردم

گریزم من از این دارالمجانین
که در آن جز تباهی نیست آیین

زنم بر سیم آخر تا دوباره
شوم بر موج خوشبختی سواره

که بی تردید و شک و استخاره
مرا این است تنها راه چاره

که همچون دانه ای آزاده و پاک
زنم ریشه دوباره در دل خاک

اگر راه گریزی من نجویم
بمانم تا رهی دیگر بپویم

اگر تقدیر من باشد اسارت
نمی تابم دگر بر این حقارت

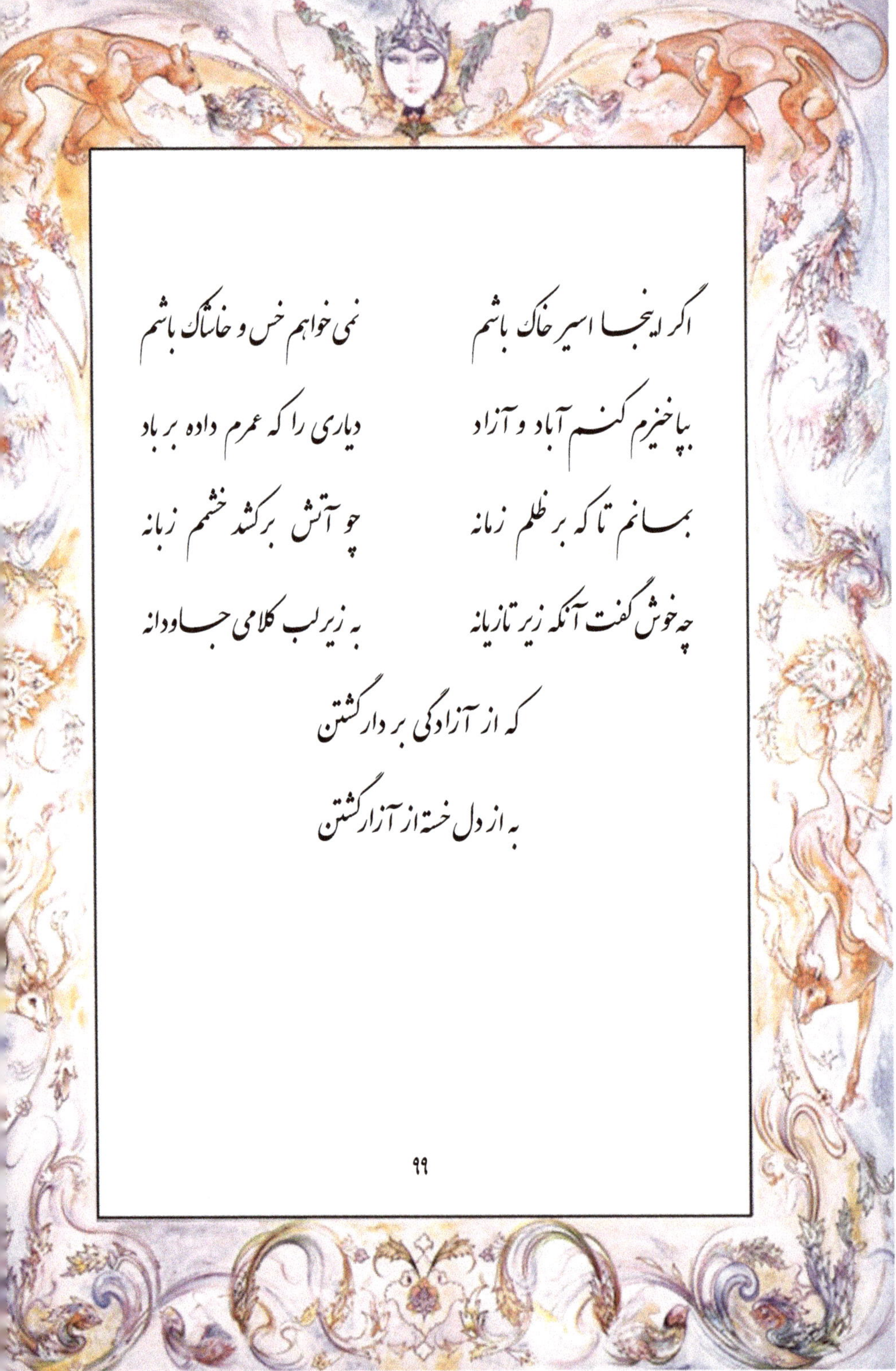

اگر اینجا اسیر خاک باشم
نمی خواهم خس و خاشاک باشم

بپاخیزم کنم آباد و آزاد
دیاری را که عمرم داده بر باد

بمانم تا که بر ظلم زمانه
چو آتش برکشد خشمم زبانه

چه خوش گفت آنکه زیر تازیانه
به زیرلب کلامی جاودانه

که از آزادگی بر دار گشتن
به از دل خسته از آزار گشتن

فصل چهارم

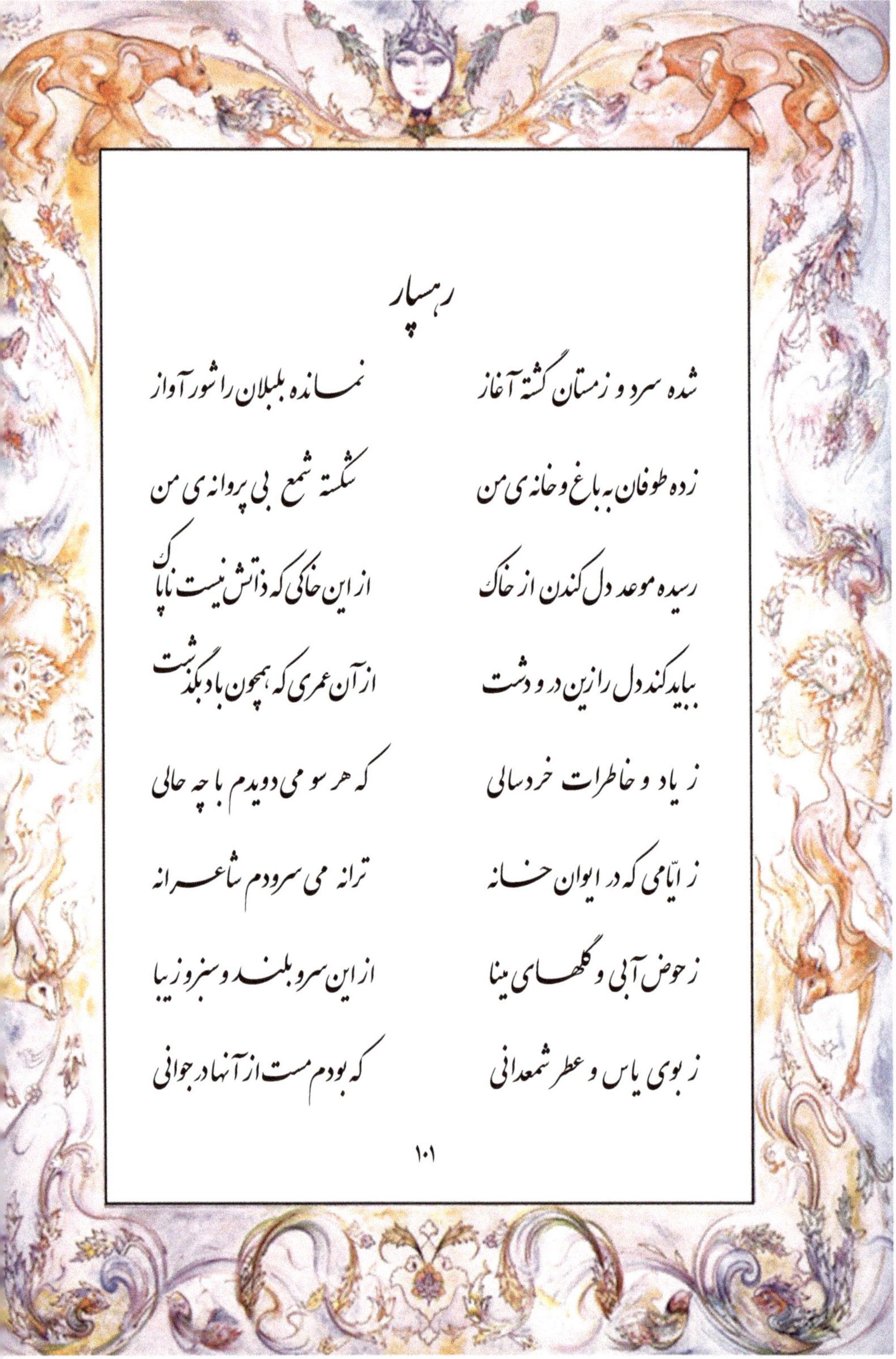

رهسپار

شده سرد و زمستان گشته آغاز نمانده بلبلان را شور آواز

زده طوفان به باغ و خانه ی من شکسته شمع بی پروانه ی من

رسیده موعد دل کندن از خاک از این خاکی که ذاتش نیست ناپاک

بباید کند دل را زین در و دشت از آن عمری که همچون باد بگذشت

ز یاد و خاطرات خردسالی که هر سو می دویدم با چه حالی

ز ایّامی که در ایوان خانه ترانه می سرودم شاعرانه

ز حوض آبی و گلهای مینا از این سرو بلند و سبز و زیبا

ز بوی یاس و عطر شمعدانی که بودم مست از آنها در جوانی

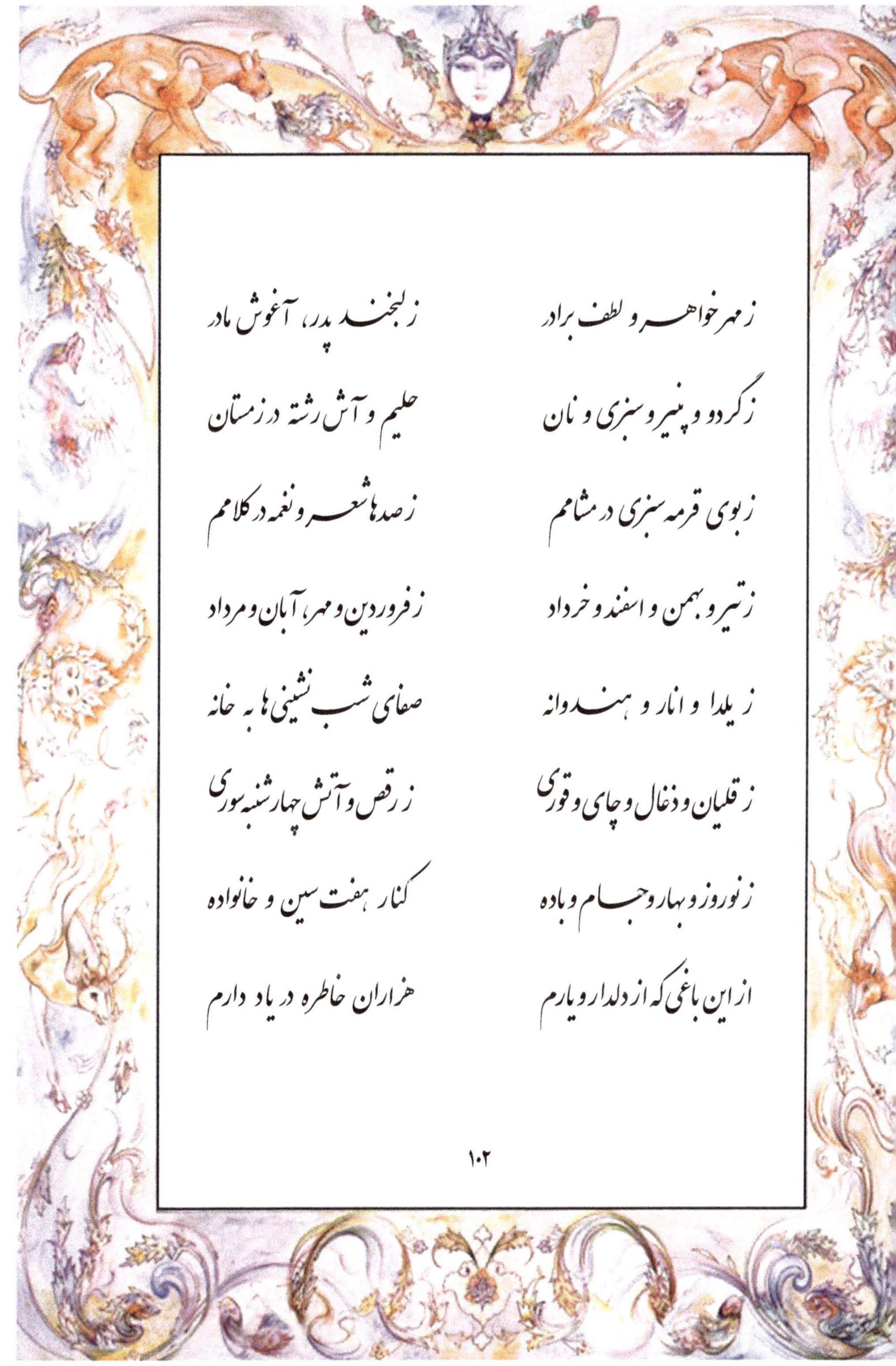

ز مهر خواهر و لطف برادر　　ز لبخند پدر، آغوش مادر

ز گردو و پنیر و سبزی و نان　　حلیم و آش رشته در زمستان

ز بوی قرمه سبزی در مشامم　　ز صدها شعر و نغمه در کلامم

ز تیر و بهمن و اسفند و خرداد　　ز فروردین و مهر، آبان و مرداد

ز یلدا و انار و هندوانه　　صفای شب نشینی ها به خانه

ز قلیان و ذغال و چای و قوری　　ز رقص و آتش چهارشنبه سوری

ز نوروز و بهار و جام و باده　　کنار هفت سین و خانواده

از این باغی که از دلدار و یارم　　هزاران خاطره در یاد دارم

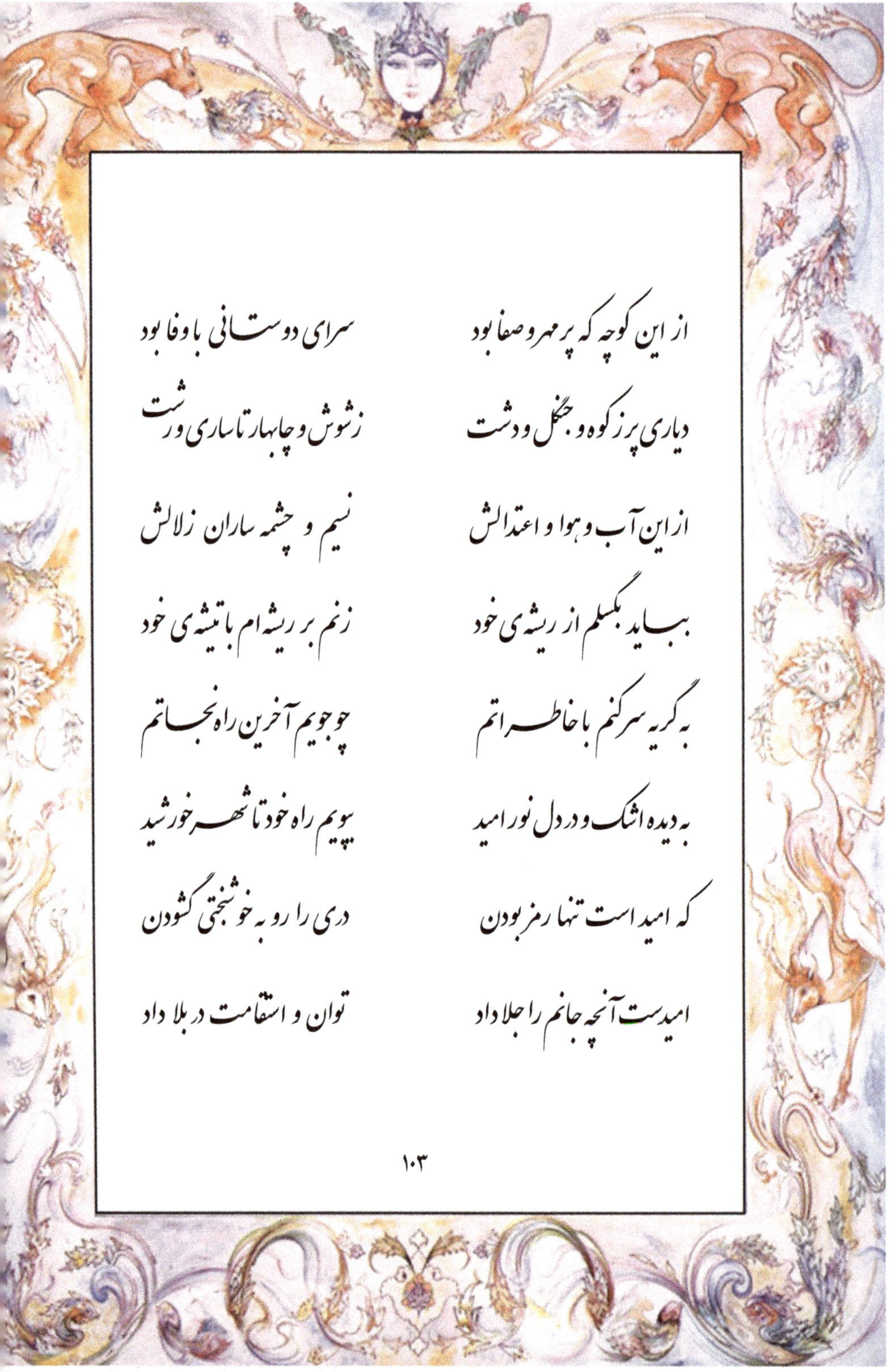

از این کوچه که پر مهر و صفا بود	سرای دوستانی باوفا بود
دیاری پر ز کوه و جنگل و دشت	ز شوش و چابهار تا ساری و رشت
از این آب و هوا و اعتدالش	نسیم و چشمه ساران زلالش
بباید بگسلم از ریشه ی خود	زنم بر ریشه ام با تیشه ی خود
به گریه سر کنم با خاطراتم	چو جویم آخرین راه نجاتم
به دیده اشک و در دل نور امید	بپویم راه خود تا شهر خورشید
که امید است تنها رمز بودن	دری را رو به خوشبختی گشودن
امیدست آنچه جانم را جلا داد	توان و استقامت در بلا داد

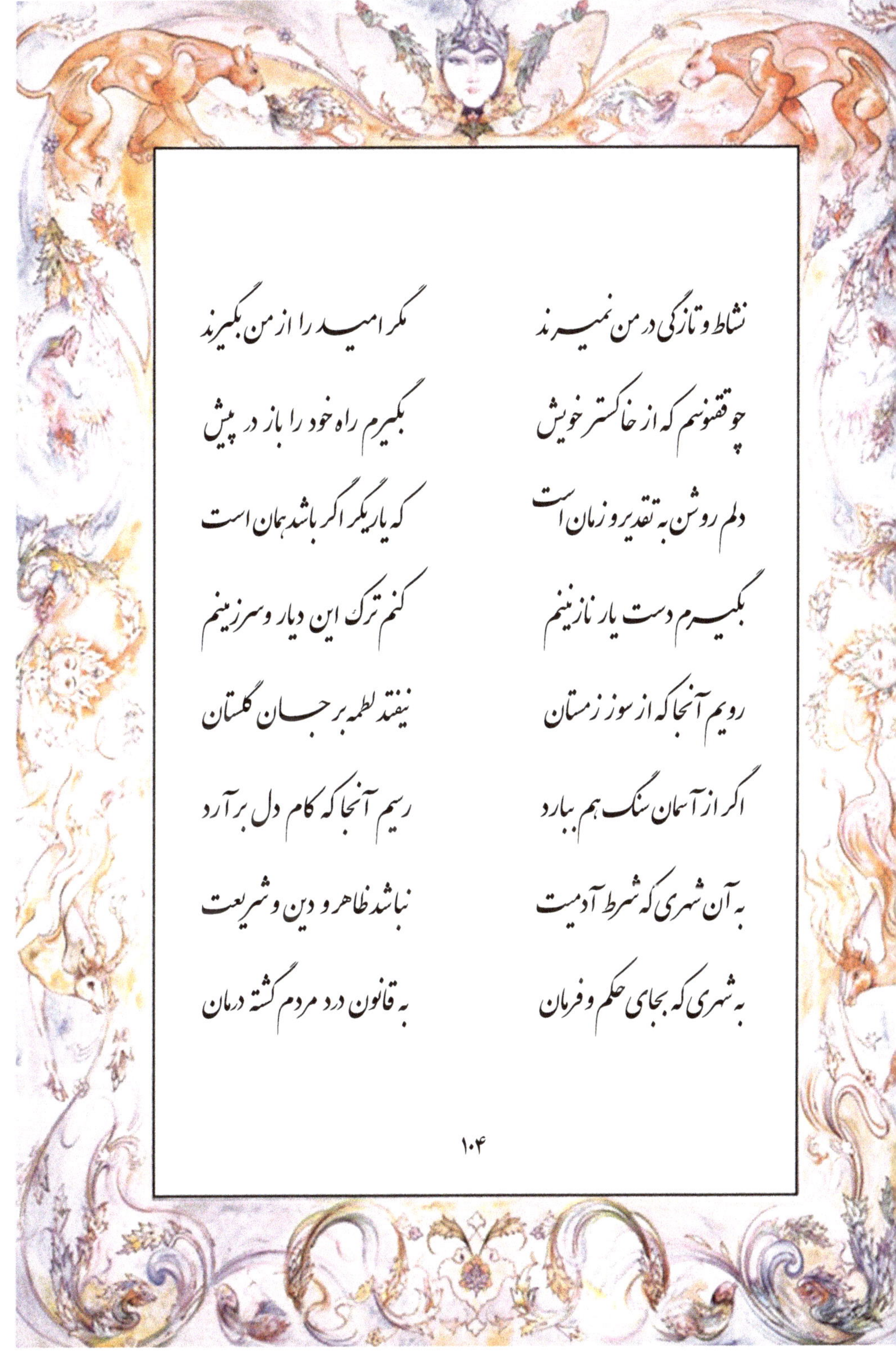

نشاط و تازگی در من نمیرند
مگر امید را از من بگیرند

چو ققنوسم که از خاکستر خویش
بگیرم راه خود را باز در پیش

دلم روشن به تقدیر و زمان است
که یار یکر اگر باشد همان است

بگیرم دست یار نازنینم
کنم ترک این دیار و سرزمینم

رویم آنجا که از سوز زمستان
نیفتد لطمه بر جان گلستان

اگر از آسمان سنگ هم ببارد
رسیم آنجا که کام دل برآرد

به آن شهری که شرط آدمیت
نباشد ظاهر و دین و شریعت

به شهری که بجای حکم و فرمان
به قانون درد مردم گشته درمان

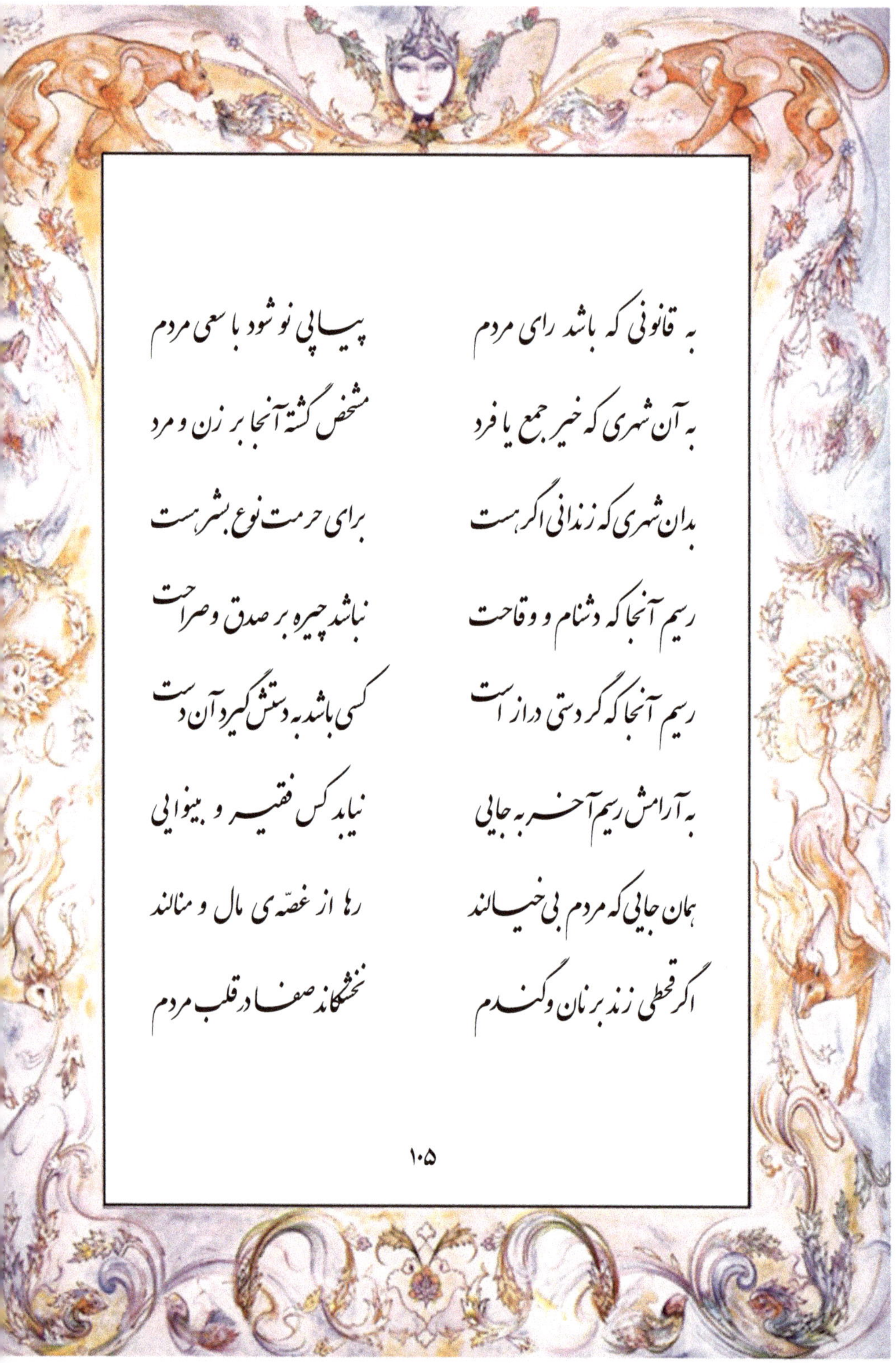

به قانونی که باشد رای مردم　　پیاپی نو شود با سعی مردم
به آن شهری که خیر جمع یا فرد　　مشخص گشته آنجا بر زن و مرد
بدان شهری که زندانی اگر هست　　برای حرمت نوع بشر هست
رسیم آنجا که دشنام و وقاحت　　نباشد چیره بر صدق و صراحت
رسیم آنجا که گر دستی دراز است　　کسی باشد به دستش گیرد آن دست
به آرامش رسیم آخر به جایی　　نیابد کس فقیر و بینوایی
همان جایی که مردم بی‌خیالند　　رها از غصه‌ی مال و منالند
اگر قحطی زند بر نان و گندم　　نخشکاند صفا در قلب مردم

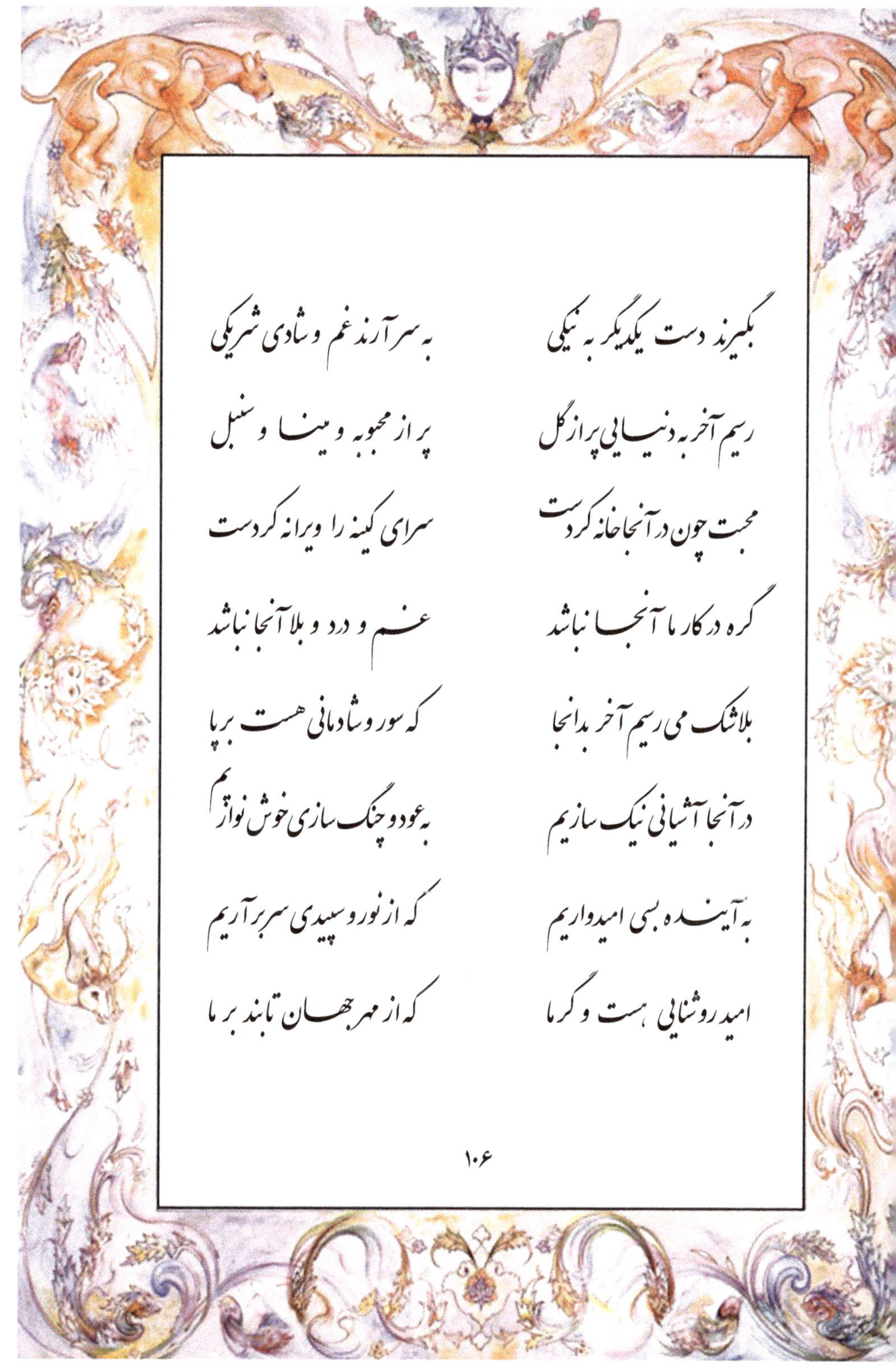

بگیرند دست یکدیگر به نیکی		به سر آرند غم و شادی شریکی

رسیم آخر به دنیایی پر از گل		پر از محبوبه و مینا و سنبل

محبت چون در آنجا خانه کرده است		سرای کینه را ویرانه کرده است

گره در کار ما آنجا نباشد		غم و درد و بلا آنجا نباشد

بلاشک می رسیم آخر بدانجا		که سور و شادمانی هست برپا

در آنجا آشیانی نیک سازیم		به عود و چنگ سازی خوش نوازیم

به آینده بسی امیدواریم		که از نور و سپیدی سر برآریم

امید روشنایی هست و گرما		که از مهر جهان تابند بر ما

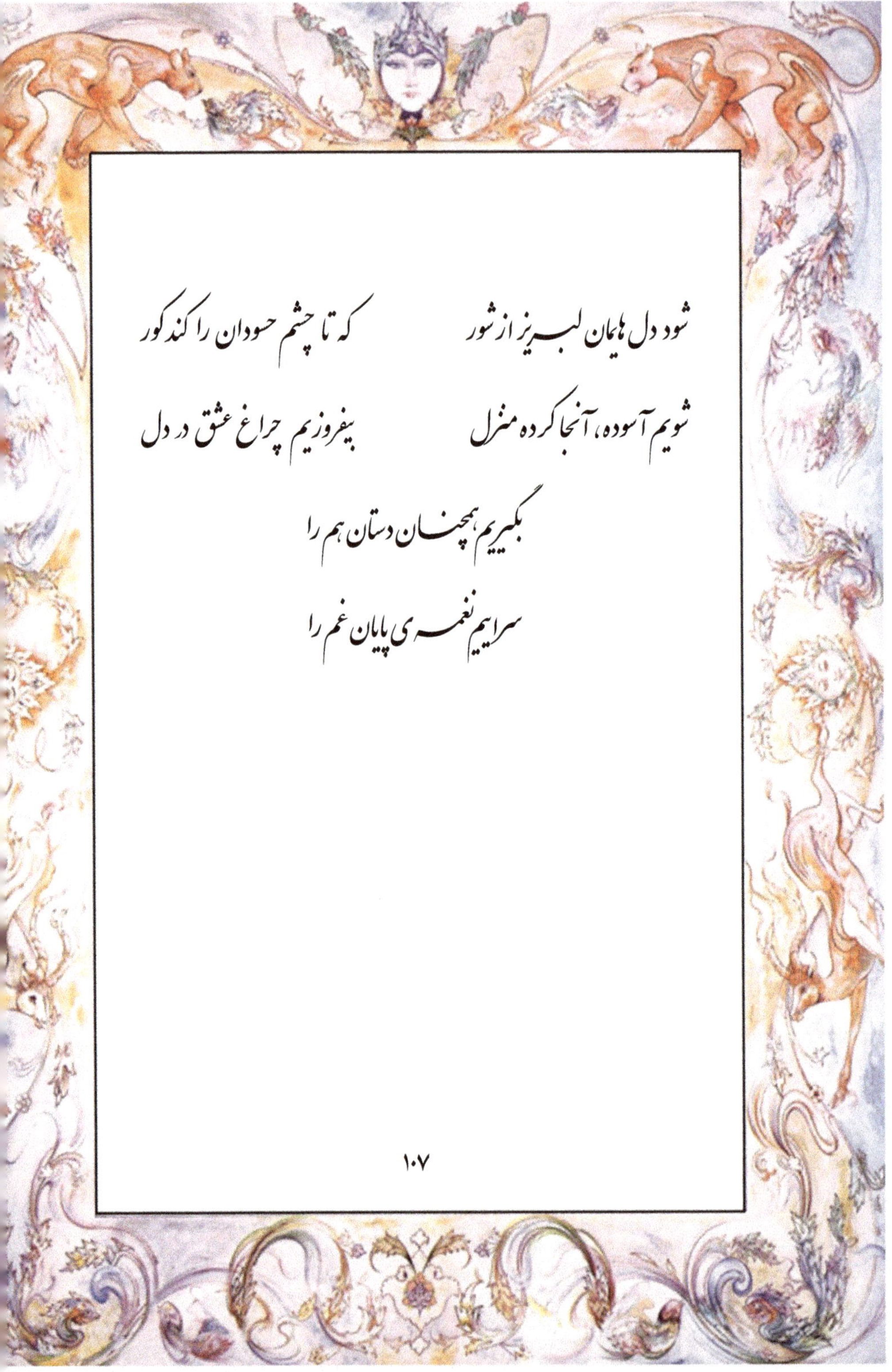

شود دل‌هامان لبریز از شور	که تا چشم حسودان را کند کور

شویم آسوده، آنجا کرده منزل	بیفروزیم چراغ عشق در دل

بگیریم همچنان دستان هم را

سراییم نغمه‌ی پایان غم را

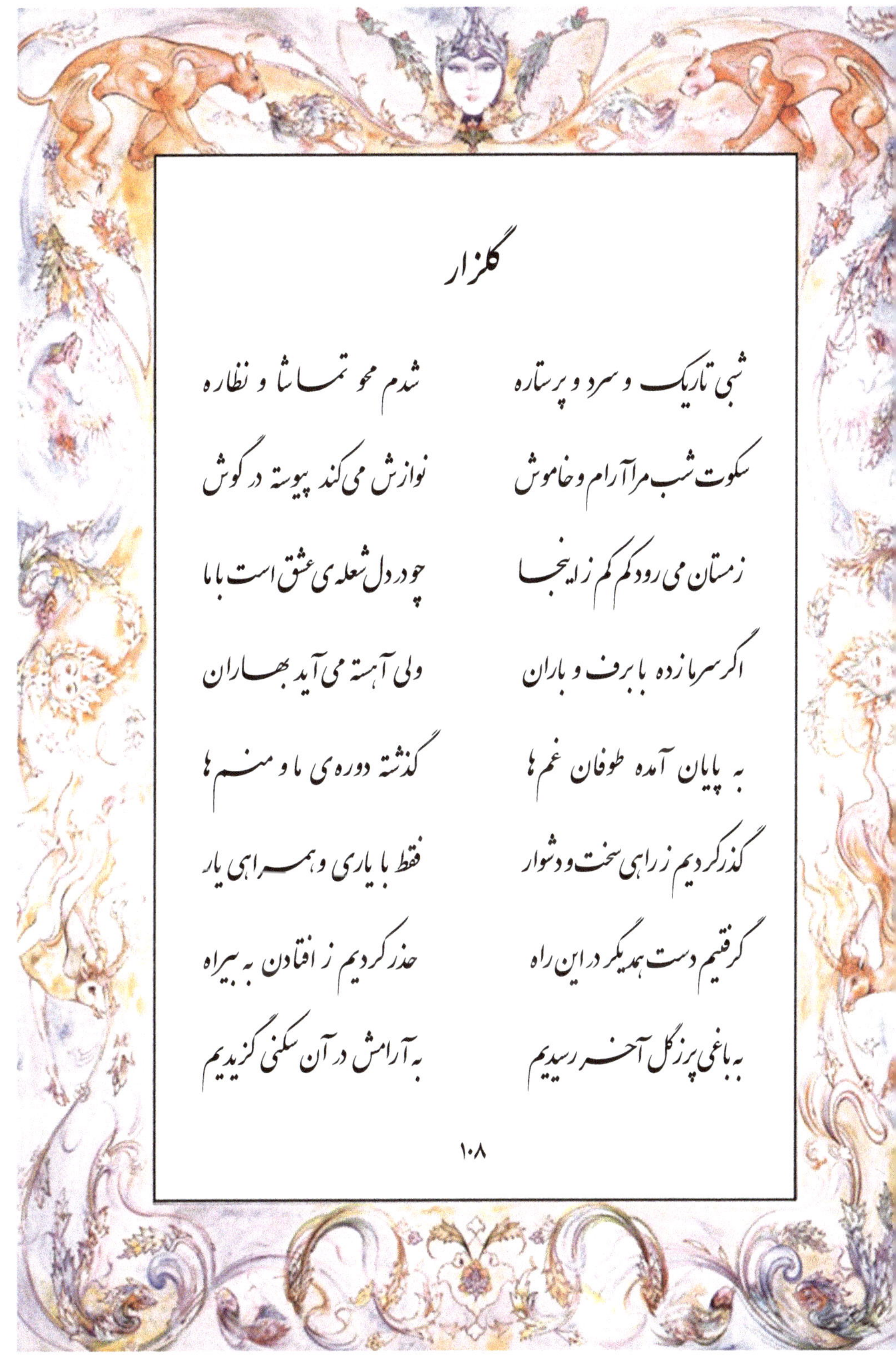

گلزار

شبی تاریک و سرد و پر ستاره　　شدم محو تماشا و نظاره
سکوت شب مرا آرام و خاموش　　نوازش می کند پیوسته در گوش
زمستان می رود کم کم ز اینجا　　چو در دل شعله ی عشق است با ما
اگر سرما زده با برف و باران　　ولی آهسته می آید بهاران
به پایان آمده طوفان غم ها　　گذشته دوره ی ما و منم ها
گذر کردیم ز راهی سخت و دشوار　　فقط با یاری و همراهی یار
گرفتیم دست همدیگر در این راه　　حذر کردیم ز افتادن به بیراه
به باغی پر ز گل آخر رسیدیم　　به آرامش در آن سکنی گزیدیم

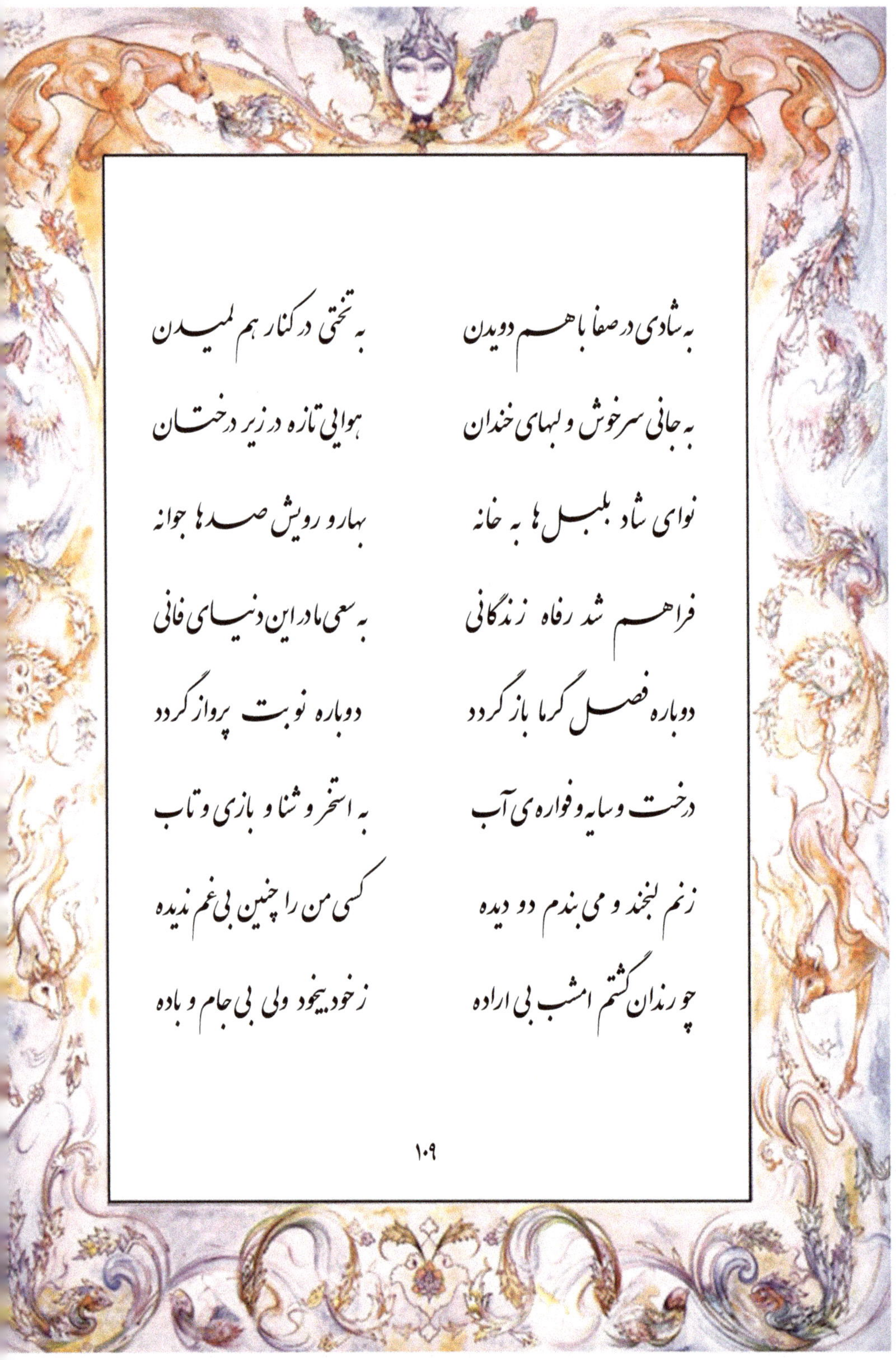

به شادی در صفا با هم دویدن — به تختی در کنار هم لمیدن

به جانی سرخوش و لبهای خندان — هوایی تازه در زیر درختان

نوای شاد بلبل ها به خانه — بهار و رویش صدها جوانه

فراهم شد رفاه زندگانی — به سعی مادر این دنیای فانی

دوباره فصل گرما باز گردد — دوباره نوبت پرواز گردد

درخت و سایه و فواره ی آب — به استخر و شنا و بازی و تاب

زنم لبخند و می بندم دو دیده — کسی من را چنین بی غم ندیده

چو رندان گشتم امشب بی اراده — ز خود بیخود ولی بی جام و باده

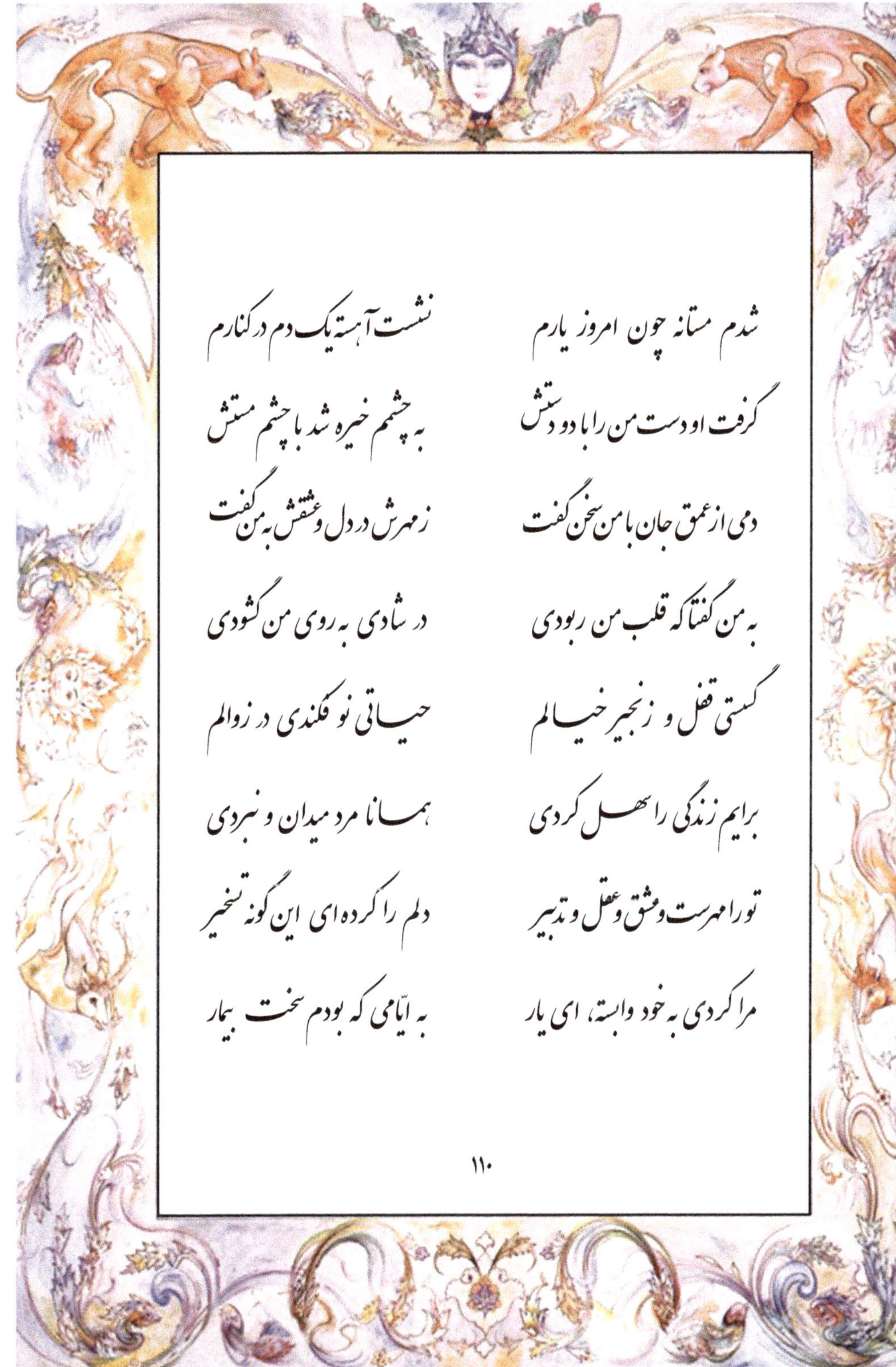

شدم مستانه چون امروز یارم — نشست آهسته یک دم در کنارم

گرفت او دست من را با دو دستش — به چشمم خیره شد با چشم مستش

دمی از عمق جان با من سخن گفت — ز مهرش در دل و عشقش به من گفت

به من گفتا که قلب من ربودی — در شادی به روی من گشودی

گسستی قفل و زنجیر خیالم — حیاتی نو فکندی در زوالم

برایم زندگی را سهل کردی — همانا مرد میدان و نبردی

تو را مهر است و عشق و عقل و تدبیر — دلم را کرده ای این گونه تسخیر

مرا کردی به خود وابسته، ای یار — به ایّامی که بودم سخت بیمار

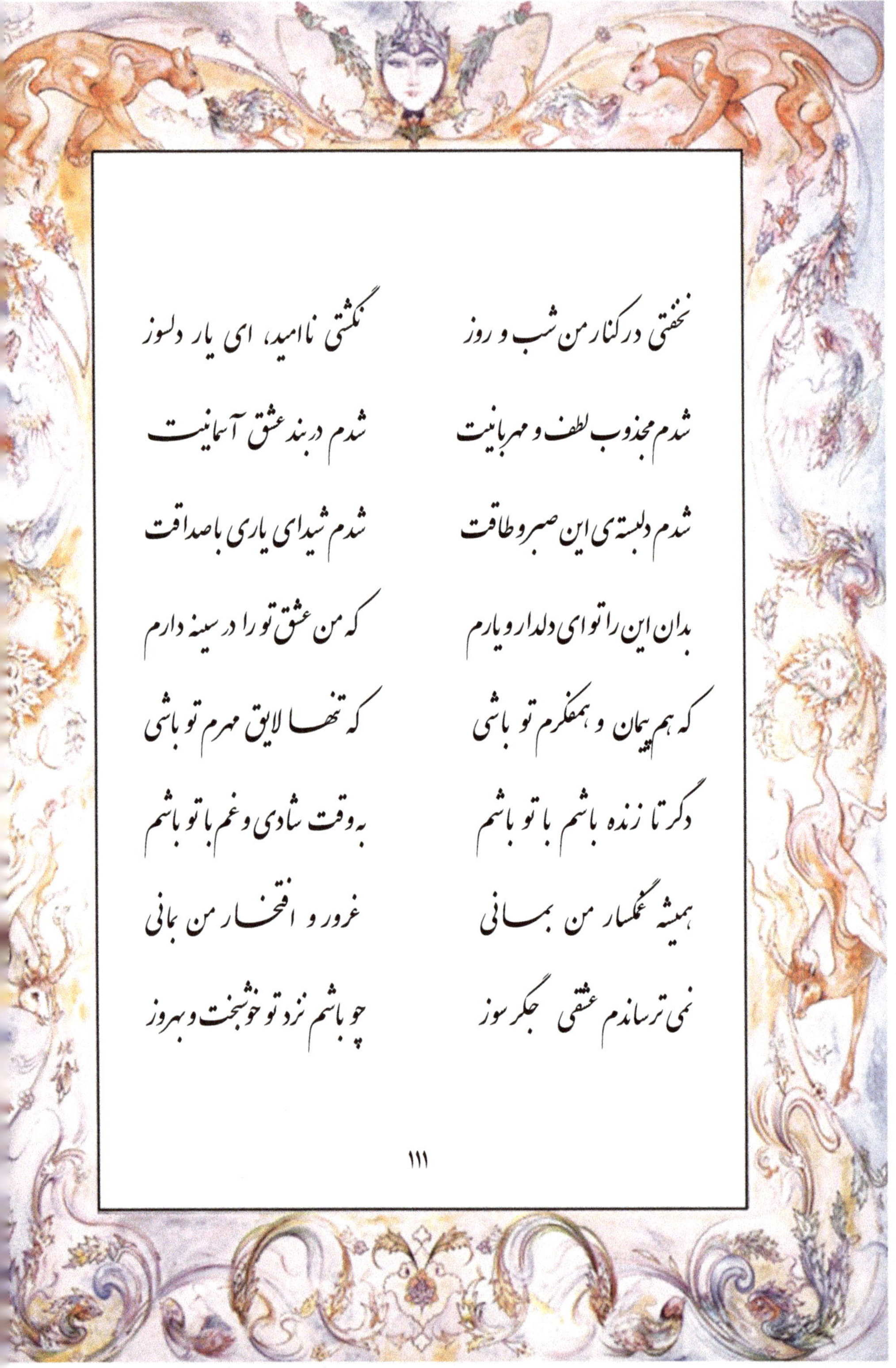

نخفتی در کنار من شب و روز نگشتی ناامید، ای یار دلسوز
شدم مجذوب لطف و مهربانیت شدم در بند عشق آسمانیت
شدم دلبسته ی این صبر و طاقت شدم شیدای یاری باصداقت
بدان این را تو ای دلدار و یارم که من عشق تو را در سینه دارم
که هم پیمان و همفکرم تو باشی که تنها لایق مهرم تو باشی
دگر تا زنده باشم با تو باشم به وقت شادی و غم با تو باشم
همیشه غمگسار من بمانی غرور و افتخار من بمانی
نمی ترساندم عشقی جگرسوز چو باشم نزد تو خوشبخت و بهروز

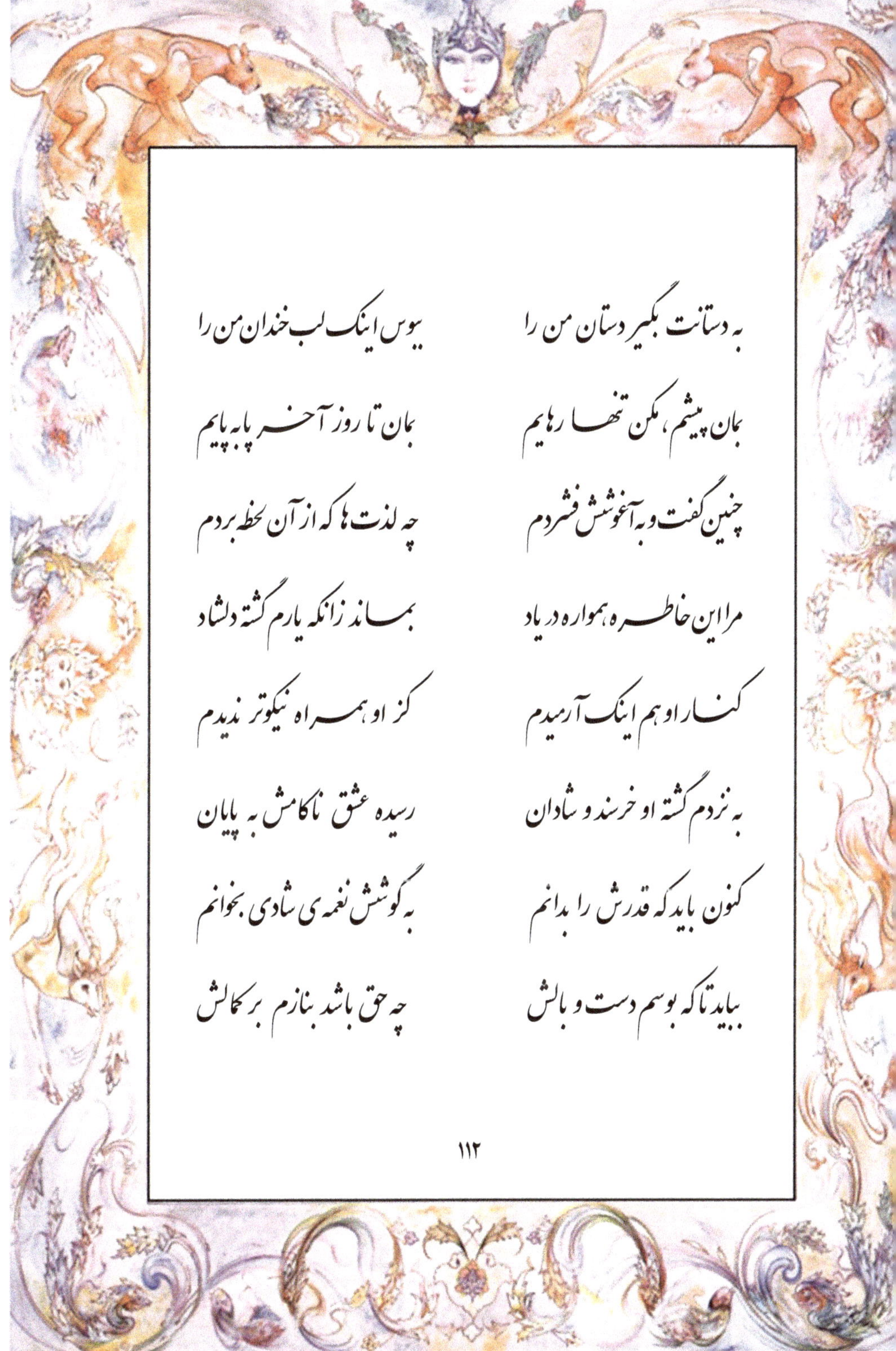

به دستانت بگیر دستان من را / ببوس اینک لب خندان من را

بمان پیشم، مکن تنها رهایم / بمان تا روز آخر پا به پایم

چنین گفت و به آغوشش فشردم / چه لذت ها که از آن لحظه بردم

مرا این خاطره همواره در یاد / بماند زانکه یارم گشته دلشاد

کنار او هم اینک آرمیدم / کز او همراه نیکوتر ندیدم

به نزدم گشته او خرسند و شادان / رسیده عشق ناکامش به پایان

کنون باید که قدرش را بدانم / به گوشش نغمه ی شادی بخوانم

بباید تا که بوسم دست و بالش / چه حق باشد بنازم بر کمالش

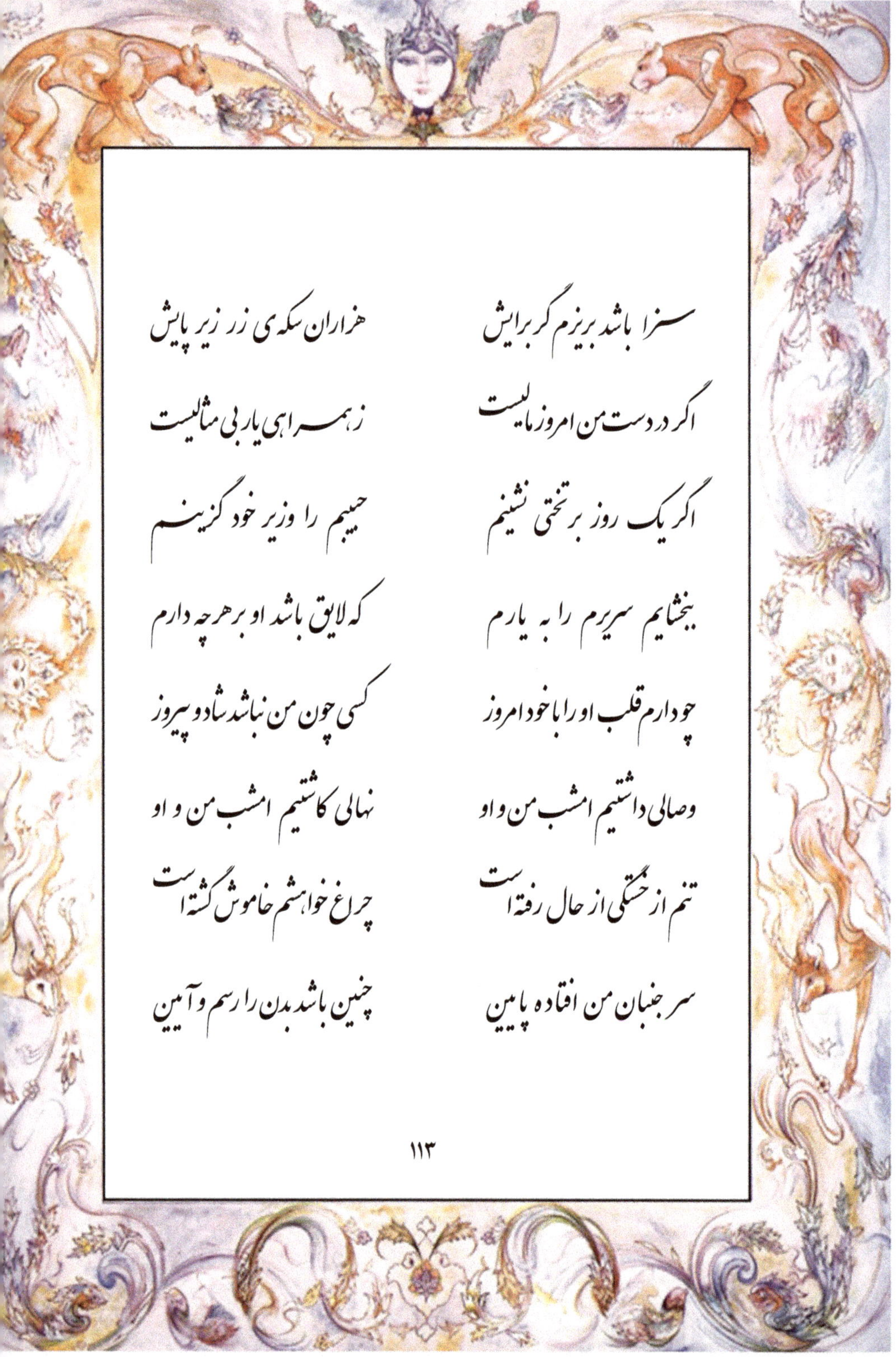

سزا باشد بریزم گر برایش
هزاران سکه ی زر زیر پایش

اگر در دست من امروز مالیست
ز همراهی یار بی مثالیست

اگر یک روز بر تختی نشینم
حبیبم را وزیر خود گزینم

ببخشایم سریرم را به یارم
که لایق باشد او بر هرچه دارم

چو دارم قلب او را با خود امروز
کسی چون من نباشد شاد و پیروز

وصالی داشتیم امشب من و او
نهالی کاشتیم امشب من و او

تنم از خستگی از حال رفته است
چراغ خواهشم خاموش گشته است

سر جنبان من افتاده پایین
چنین باشد بدن را رسم و آیین

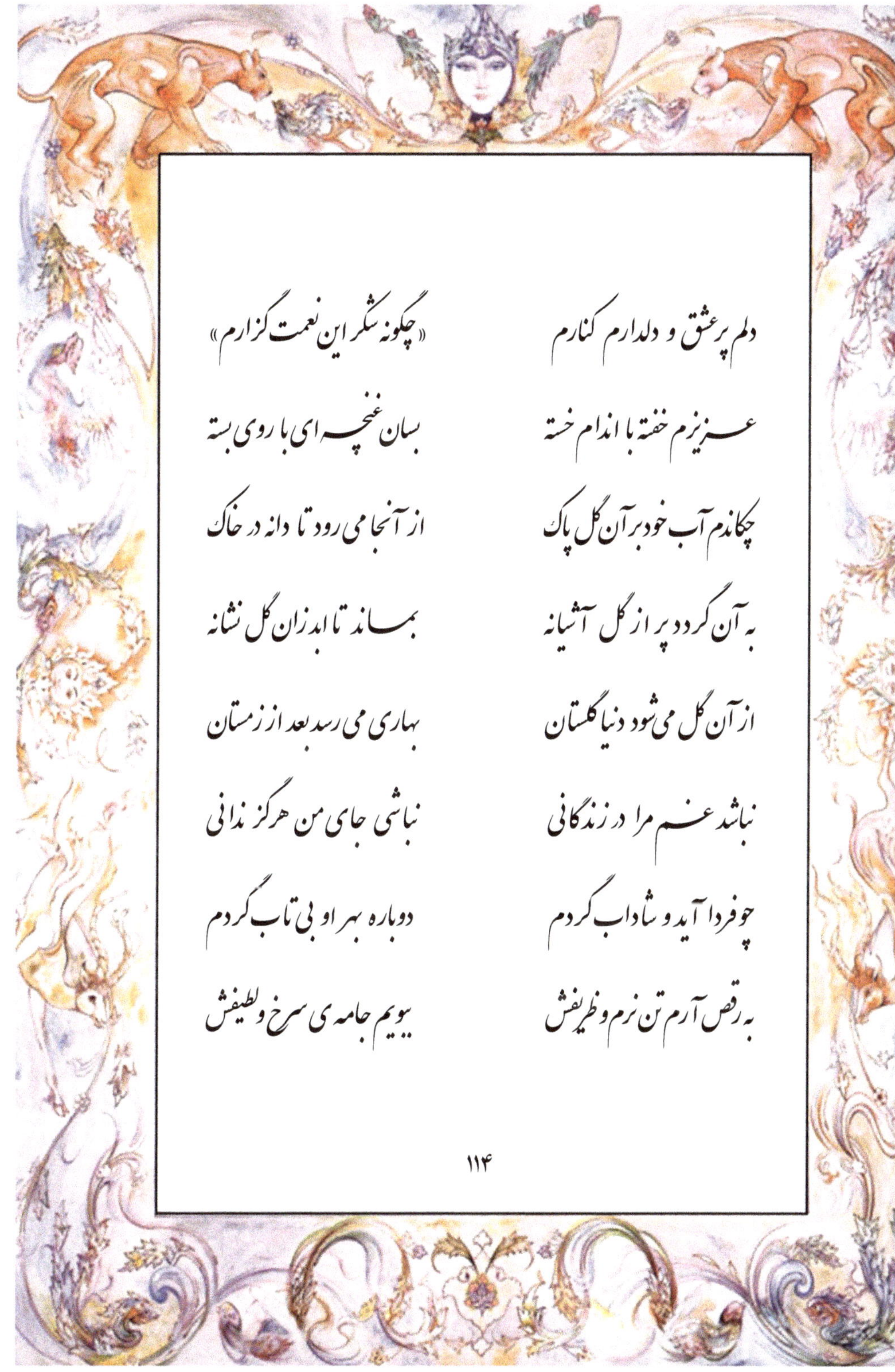

دلم پر عشق و دلدارم کنارم
«چگونه شکر این نعمت گزارم»

عزیزم خفته با اندام خسته
بسان غنچه ای با روی بسته

چکاندم آب خود بر آن گل پاک
از آنجا می رود تا دانه در خاک

به آن گردد پر از گل آشیانه
بماند تا ابد زان گل نشانه

از آن گل می شود دنیا گلستان
بهاری می رسد بعد از زمستان

نباشد غم مرا در زندگانی
نباشی جای من هرگز ندانی

چو فردا آید و شاداب گردم
دوباره بهر او بی تاب گردم

به رقص آرم تن نرم و ظریفش
ببویم جامه ی سرخ و لطیفش

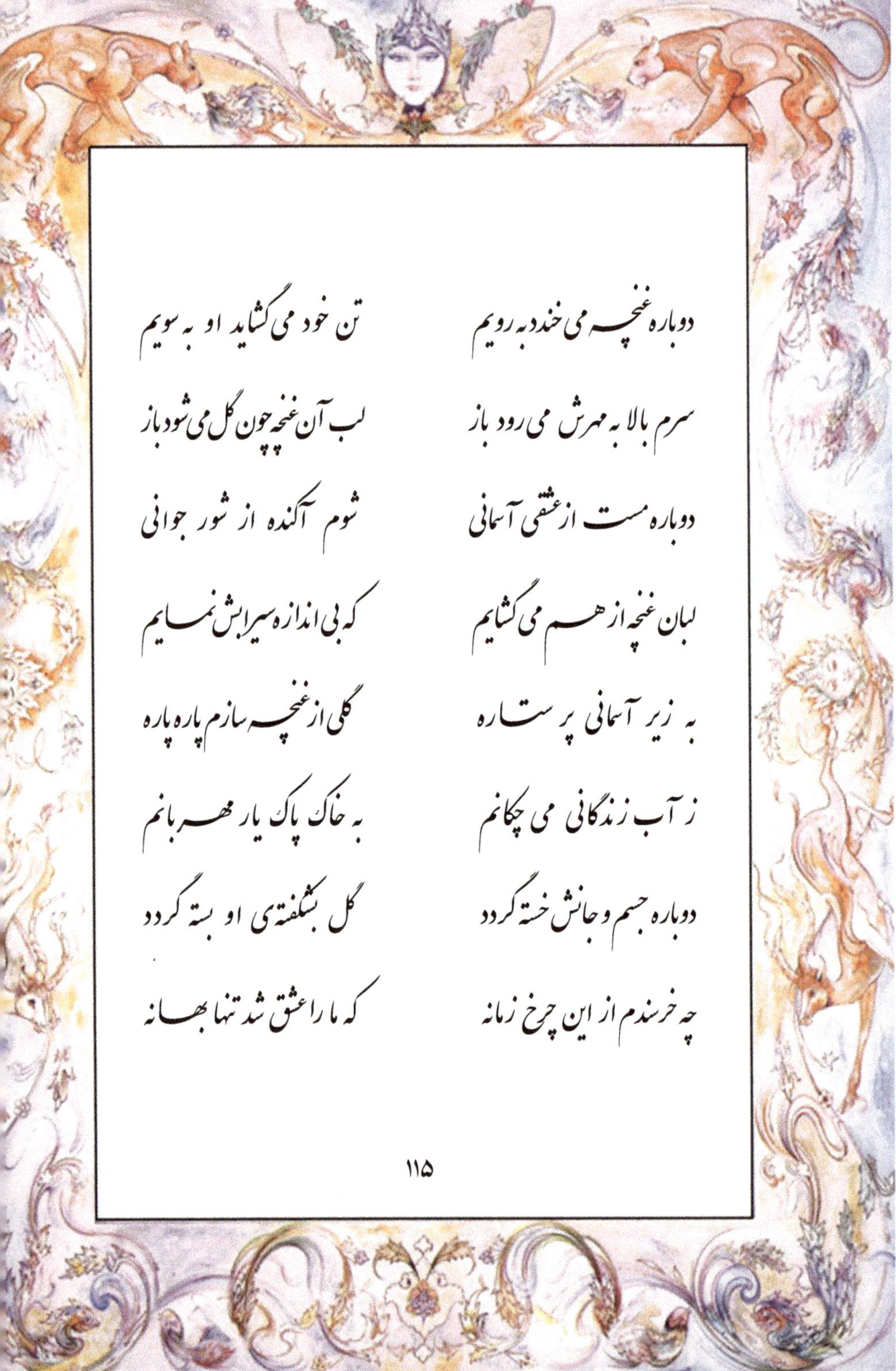

دوباره غنچه می خندد به رویم
تن خود می گشاید او به سویم

سرم بالا به مهرش می رود باز
لب آن غنچه چون گل می شود باز

دوباره مست از عشقی آسمانی
شوم آکنده از شور جوانی

لبان غنچه از هم می گشایم
که بی اندازه سیرابش نمایم

به زیر آسمانی پر ستاره
گلی از غنچه سازم پاره پاره

ز آب زندگانی می چکانم
به خاک پاک یار مهربانم

دوباره جسم و جانش خسته گردد
گل بشکفته ی او بسته گردد

چه خرسندم از این چرخ زمانه
که ما را عشق شد تنها بهانه

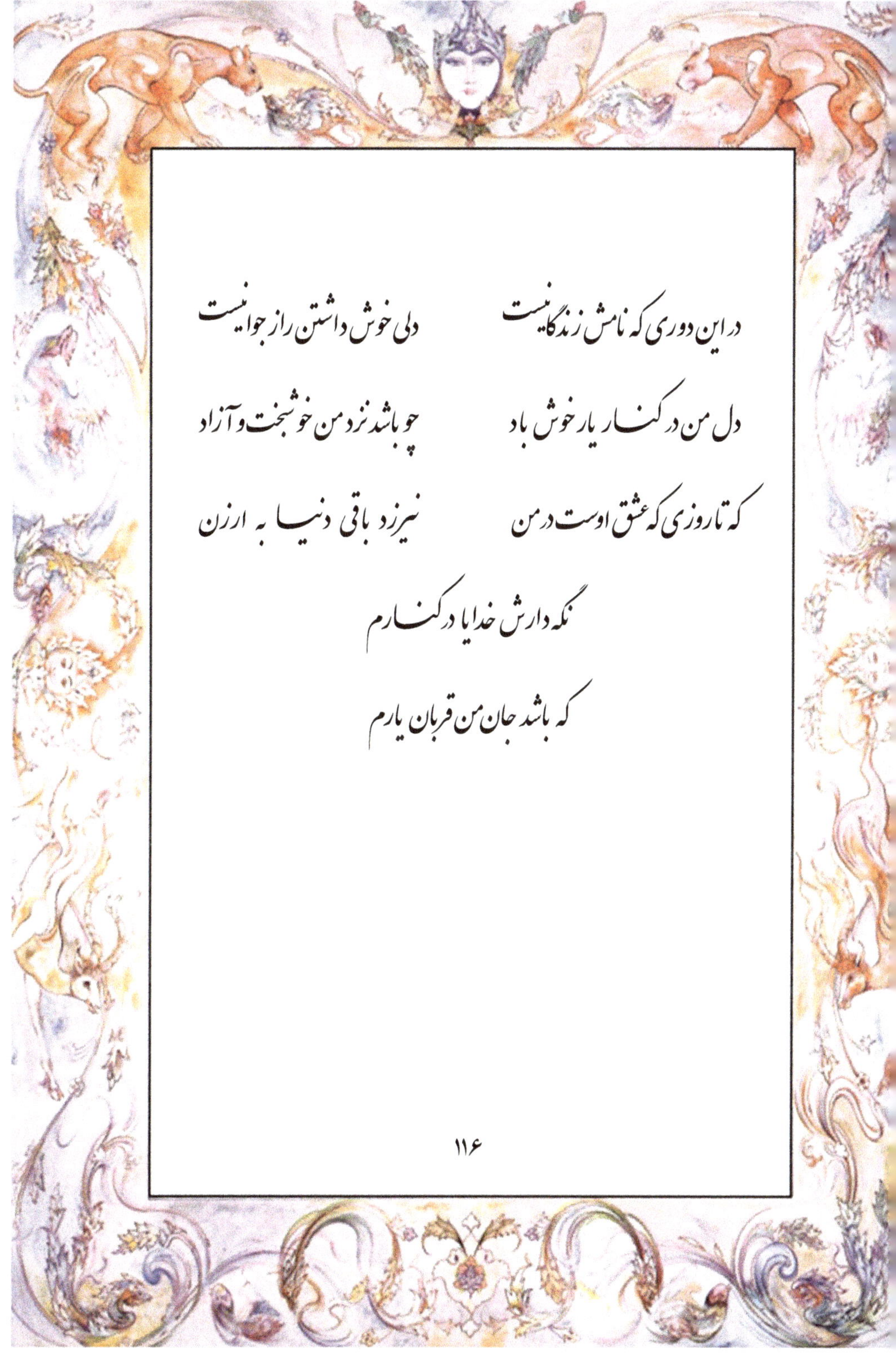

در این دوری که نامش زندگانیست		دلی خوش داشتن راز جوانیست
دل من در کنار یار خوش باد		چو باشد نزد من خوشبخت و آزاد
که تا روزی که عشق اوست در من		نیرزد باقی دنیا به ارزن
نگه دارش خدایا در کنارم
که باشد جان من قربان یارم

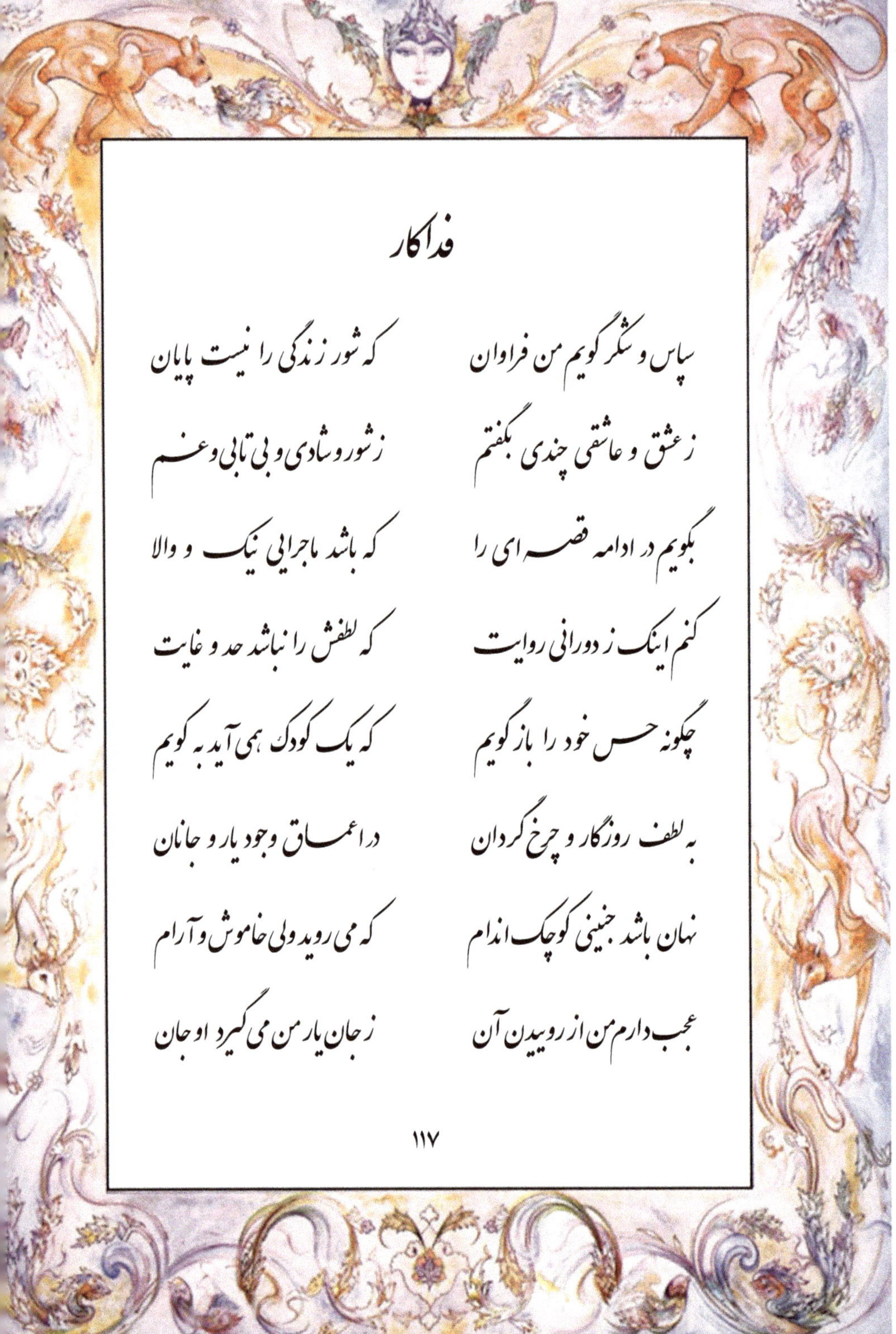

فداکار

سپاس و شکر گویم من فراوان
که شور زندگی را نیست پایان

ز عشق و عاشقی چندی بگفتم
ز شور و شادی و بی تابی و غم

بگویم در ادامه قصه ای را
که باشد ماجرایی نیک و والا

کنم اینک ز دورانی روایت
که لطفش را نباشد حد و غایت

چگونه حس خود را باز گویم
که یک کودک همی آید به کویم

به لطف روزگار و چرخ گردان
در اعماق وجود یار و جانان

نهان باشد جنینی کوچک اندام
که می روید ولی خاموش و آرام

عجب دارم من از روییدن آن
ز جان یار من می گیرد او جان

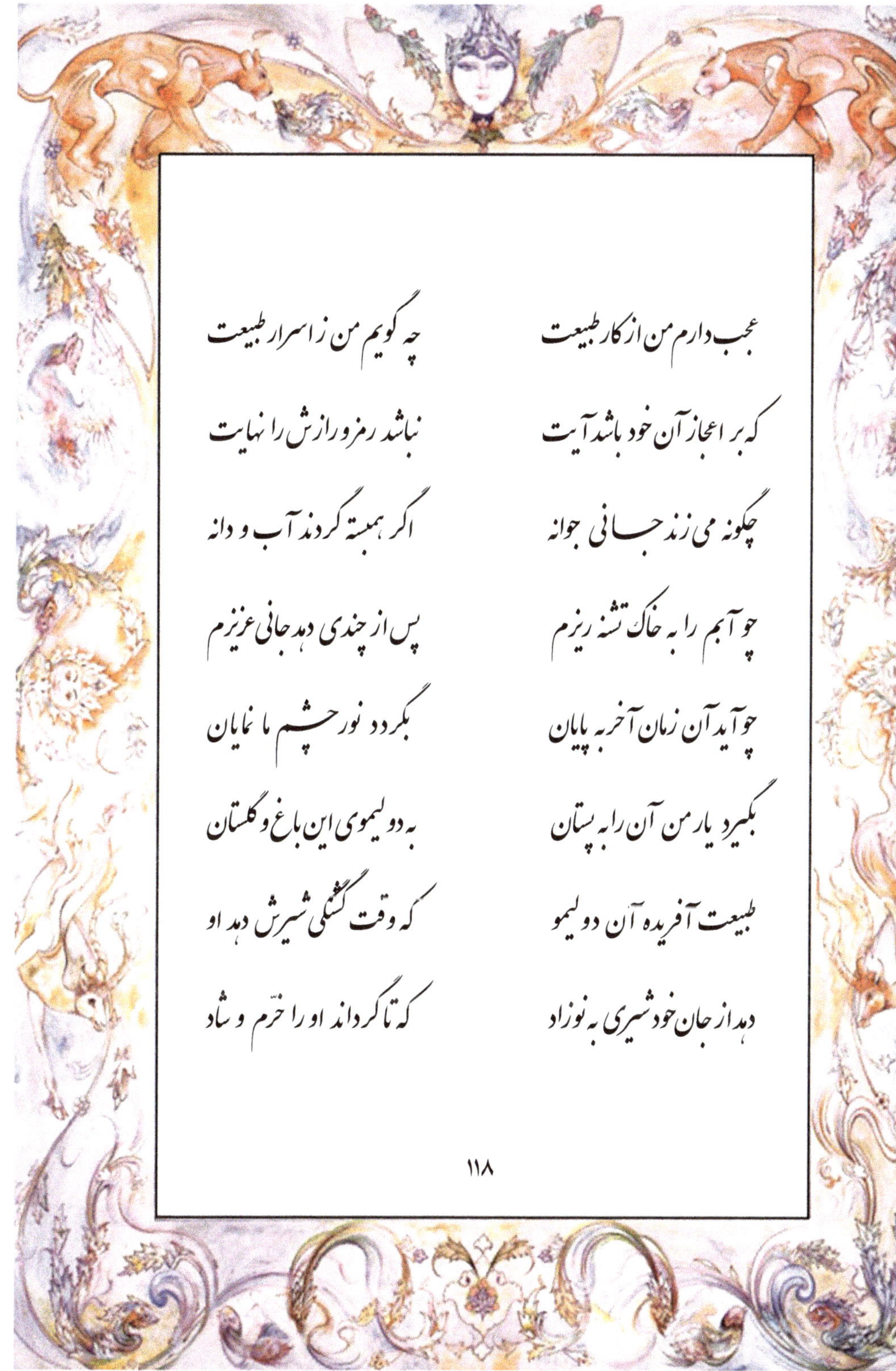

عجب دارم من از کار طبیعت چه گویم من ز اسرار طبیعت
که بر اعجاز آن خود باشد آیت نباشد رمز و رازش را نهایت
چگونه می زند جانی جوانه اگر همبسته گردند آب و دانه
چو آبم را به خاک تشنه ریزم پس از چندی دهد جانی عزیزم
چو آید آن زمان آخر به پایان بگردد نور چشم ما نمایان
بگیرد یار من آن را به پستان به دو لیموی این باغ و گلستان
طبیعت آفریده آن دو لیمو که وقت گشنگی شیرش دهد او
دهد از جان خود شیری به نوزاد که تا گرداند او را خرّم و شاد

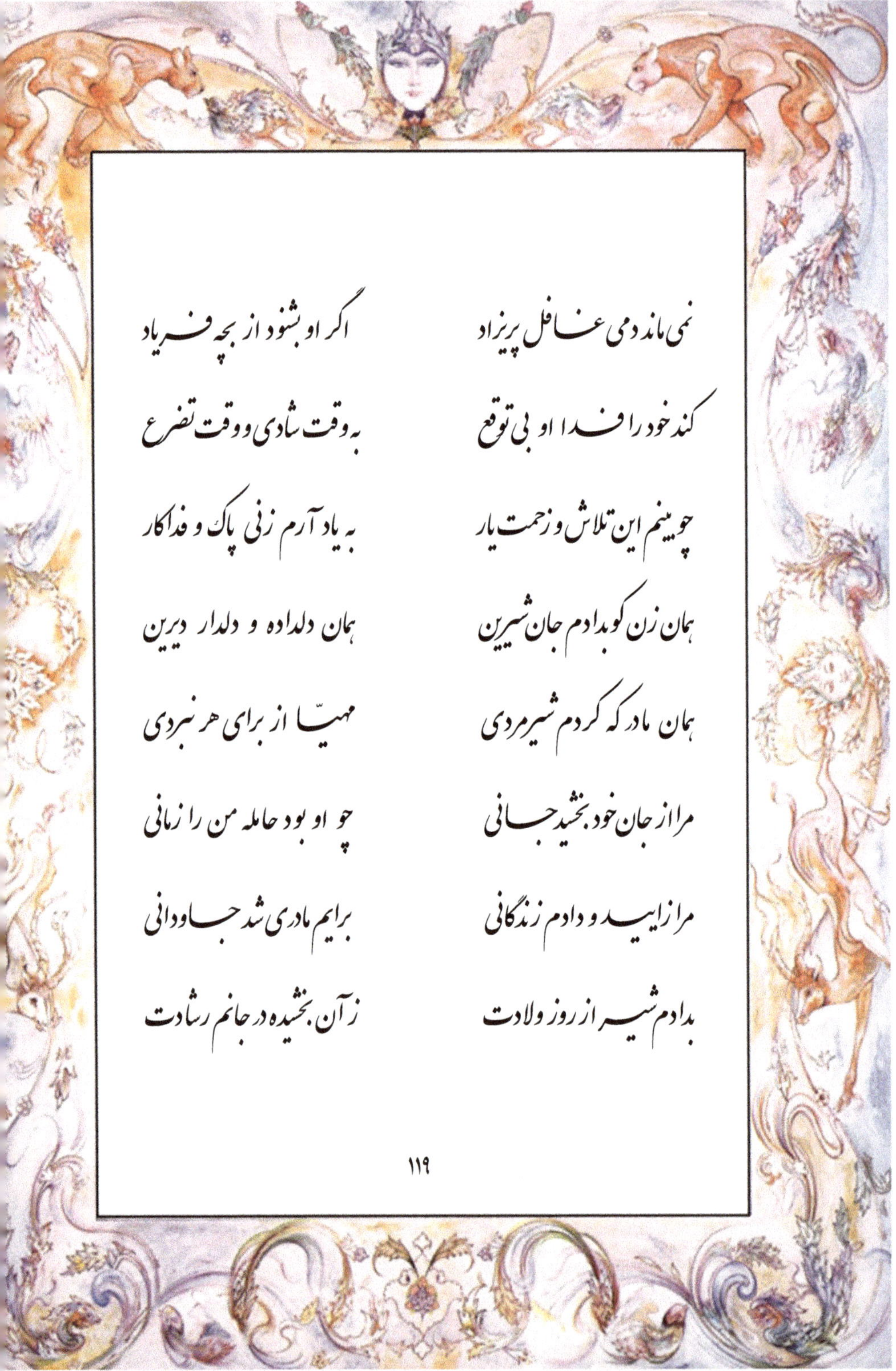

نمی ماند دمی غافل پریزاد — اگر او بشنود از بچه فریاد

کند خود را فدا او بی توقع — به وقت شادی و وقت تضرع

چو بینم این تلاش و زحمت یار — به یاد آرم زنی پاک و فداکار

همان زن کو بدادم جان شیرین — همان دلداده و دلدار دیرین

همان مادر که کردم شیرمردی — مهیّا از برای هر نبردی

مرا از جان خود بخشید جانی — چو او بود حامله من را زمانی

مرا زایید و دادم زندگانی — برایم مادری شد جاودانی

بدادم شیر از روز ولادت — ز آن بخشیده در جانم رشادت

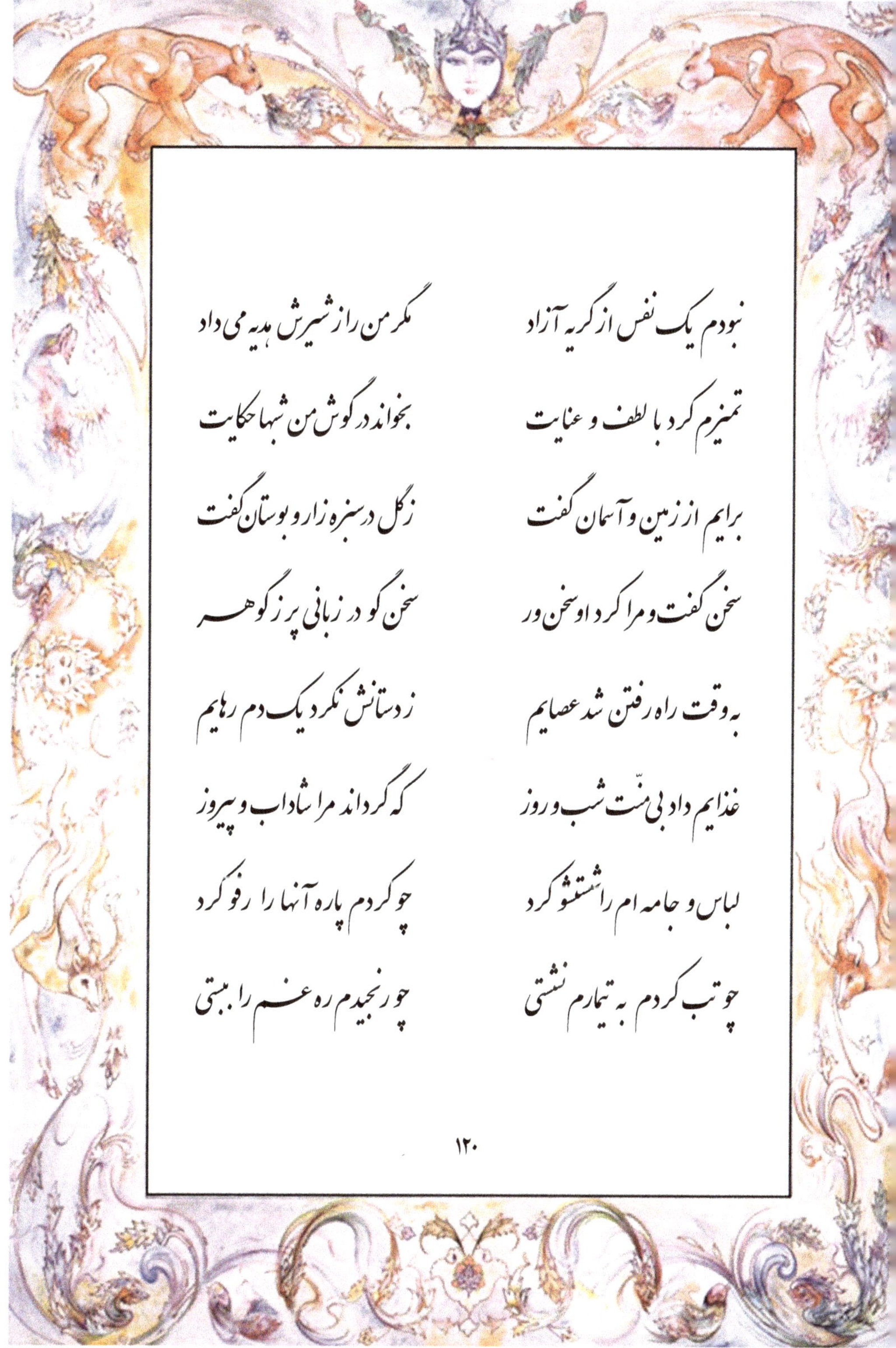

نبودم یک نفس از گریه آزاد — مگر من راز شیرش هدیه می داد

تمیزم کرد با لطف و عنایت — بخواند در گوش من شبها حکایت

برایم از زمین و آسمان گفت — ز گل در سبزه زار و بوستان گفت

سخن گفت و مرا کرد او سخن ور — سخن گو در زبانی پر ز گوهر

به وقت راه رفتن شد عصایم — ز دستانش نکرد یک دم رهایم

غذایم داد بی منّت شب و روز — که گرداند مرا شاداب و پیروز

لباس و جامه ام را شستشو کرد — چو کردم پاره آنها را رفو کرد

چو تب کردم به تیمارم نشستی — چو رنجیدم ره غم را ببستی

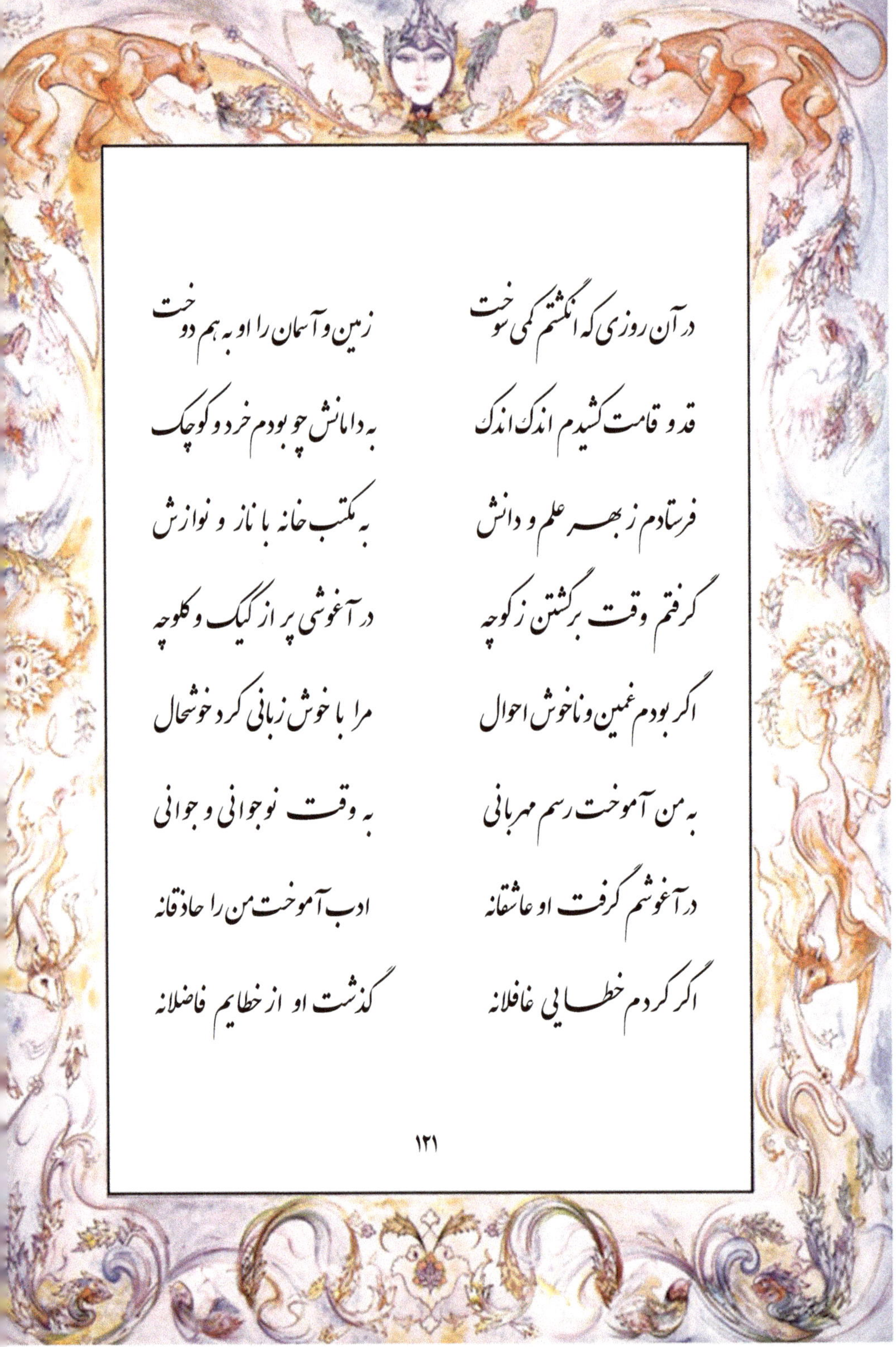

در آن روزی که انگشتم کمی سوخت
زمین و آسمان را او به هم دوخت

قد و قامت کشیدم اندک اندک
به دامانش چو بودم خرد و کوچک

فرستادم ز بهر علم و دانش
به مکتب خانه با ناز و نوازش

گرفتم وقت برگشتن ز کوچه
در آغوشی پر از کیک و کلوچه

اگر بودم غمین و ناخوش احوال
مرا با خوش زبانی کرد خوشحال

به من آموخت رسم مهربانی
به وقت نوجوانی و جوانی

در آغوشم گرفت او عاشقانه
ادب آموخت من را حاذقانه

اگر کردم خطایی غافلانه
گذشت او از خطایم فاضلانه

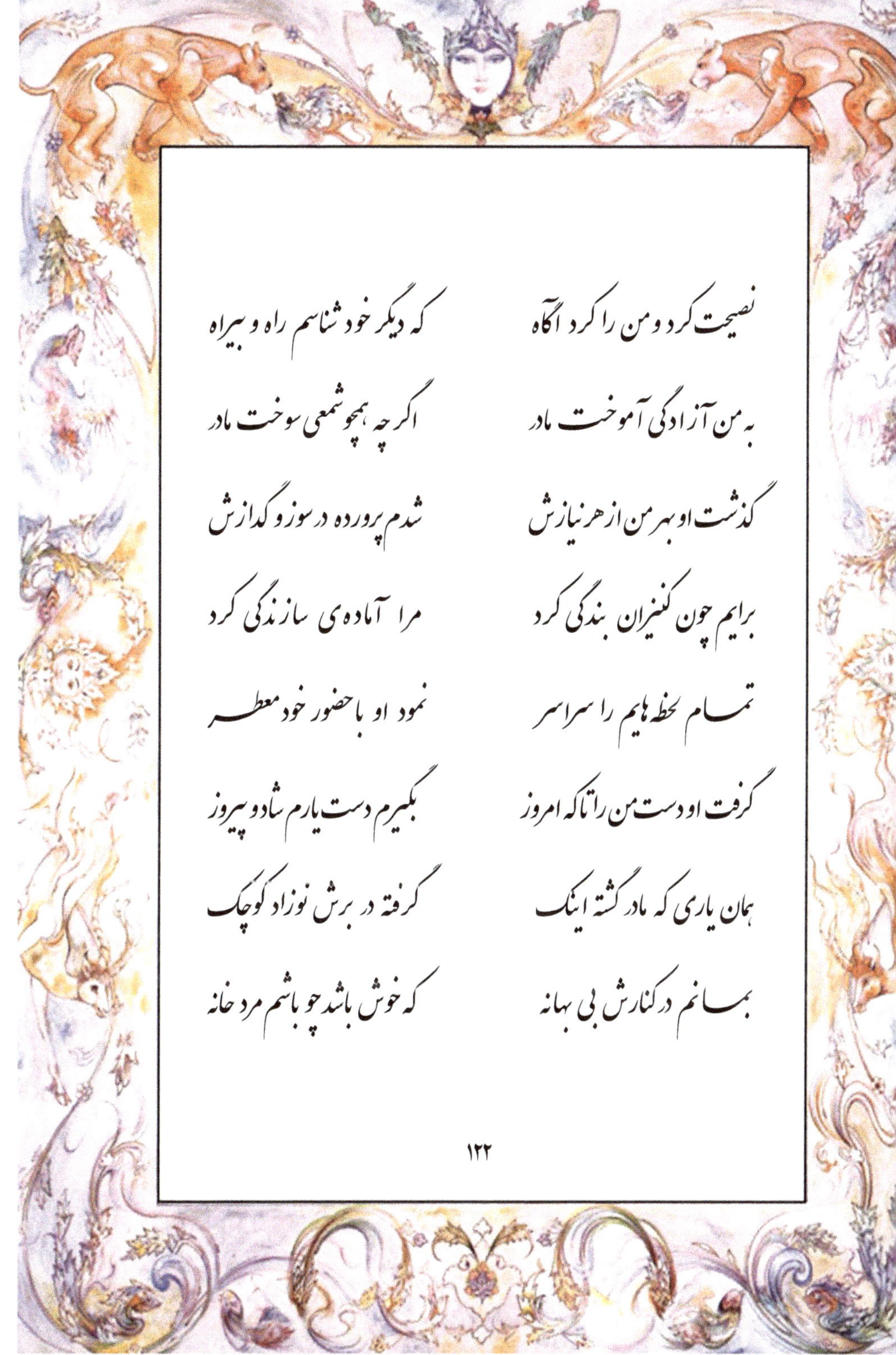

نصیحت کرد و من را کرد آگاه — که دیگر خود شناسم راه و بیراه

به من آزادگی آموخت مادر — اگر چه همچو شمعی سوخت مادر

گذشت او بهر من از هر نیازش — شدم پرورده در سوز و گدازش

برایم چون کنیزان بندگی کرد — مرا آماده‌ی سازندگی کرد

تمام لحظه‌هایم را سراسر — نمود او با حضور خود معطر

گرفت او دست من را تا که امروز — بگیرم دست یارم شاد و پیروز

همان یاری که مادر گشته اینک — گرفته در برش نوزاد کوچک

بمانم در کنارش بی بهانه — که خوش باشد چو باشم مرد خانه

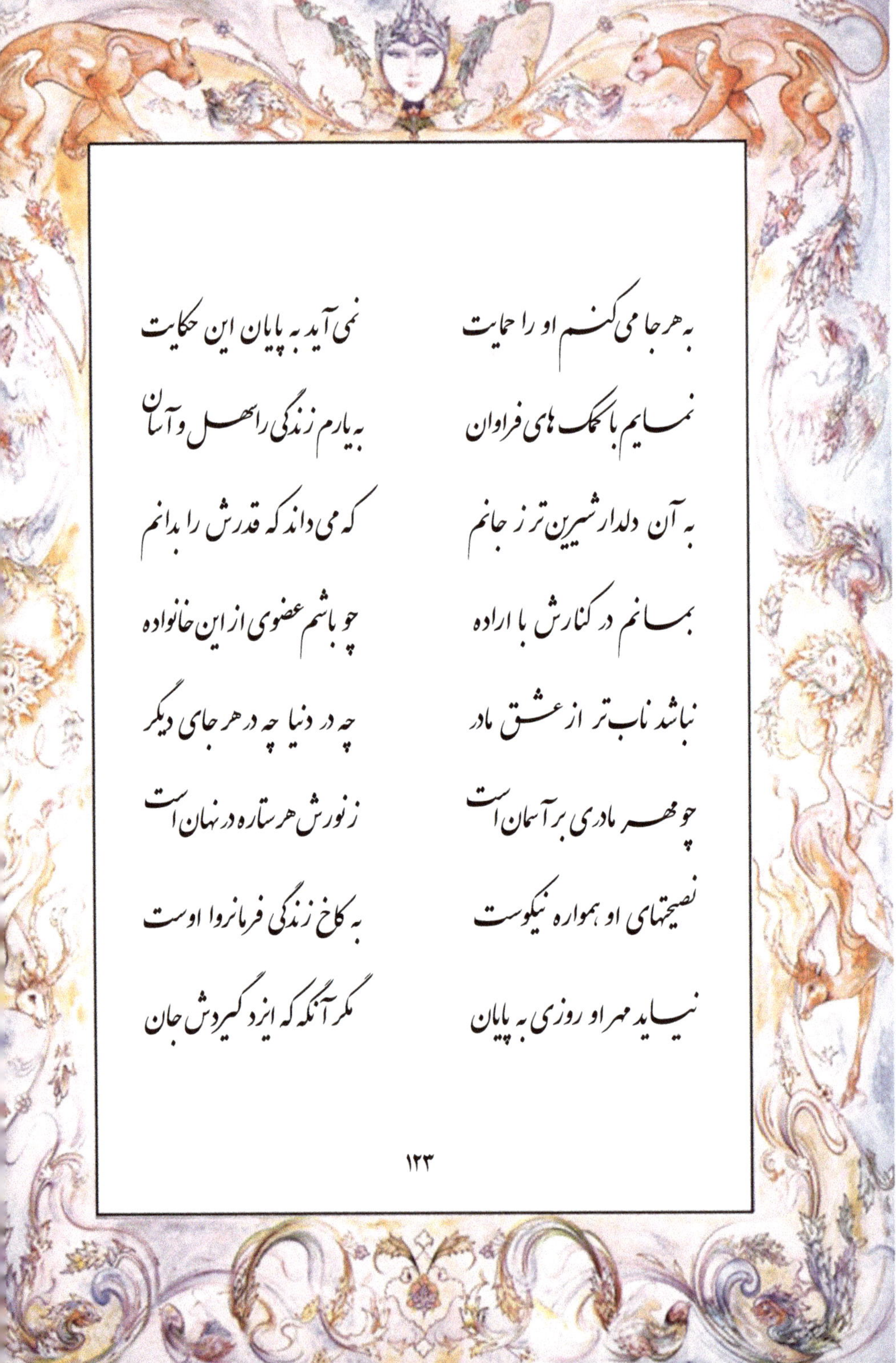

به هر جا می کنم او را حمایت
نمی آید به پایان این حکایت

نمایم با کمک های فراوان
به یارم زندگی را سهل و آسان

به آن دلدار شیرین تر ز جانم
که می داند که قدرش را بدانم

بمانم در کنارش با اراده
چو باشم عضوی از این خانواده

نباشد ناب تر از عشق مادر
چه در دنیا چه در هر جای دیگر

چو مهر مادری بر آسمان است
ز نورش هر ستاره در نهان است

نصیحتهای او همواره نیکوست
به کاخ زندگی فرمانروا اوست

نیاید مهر او روزی به پایان
مگر آنگه که ایزد گیردش جان

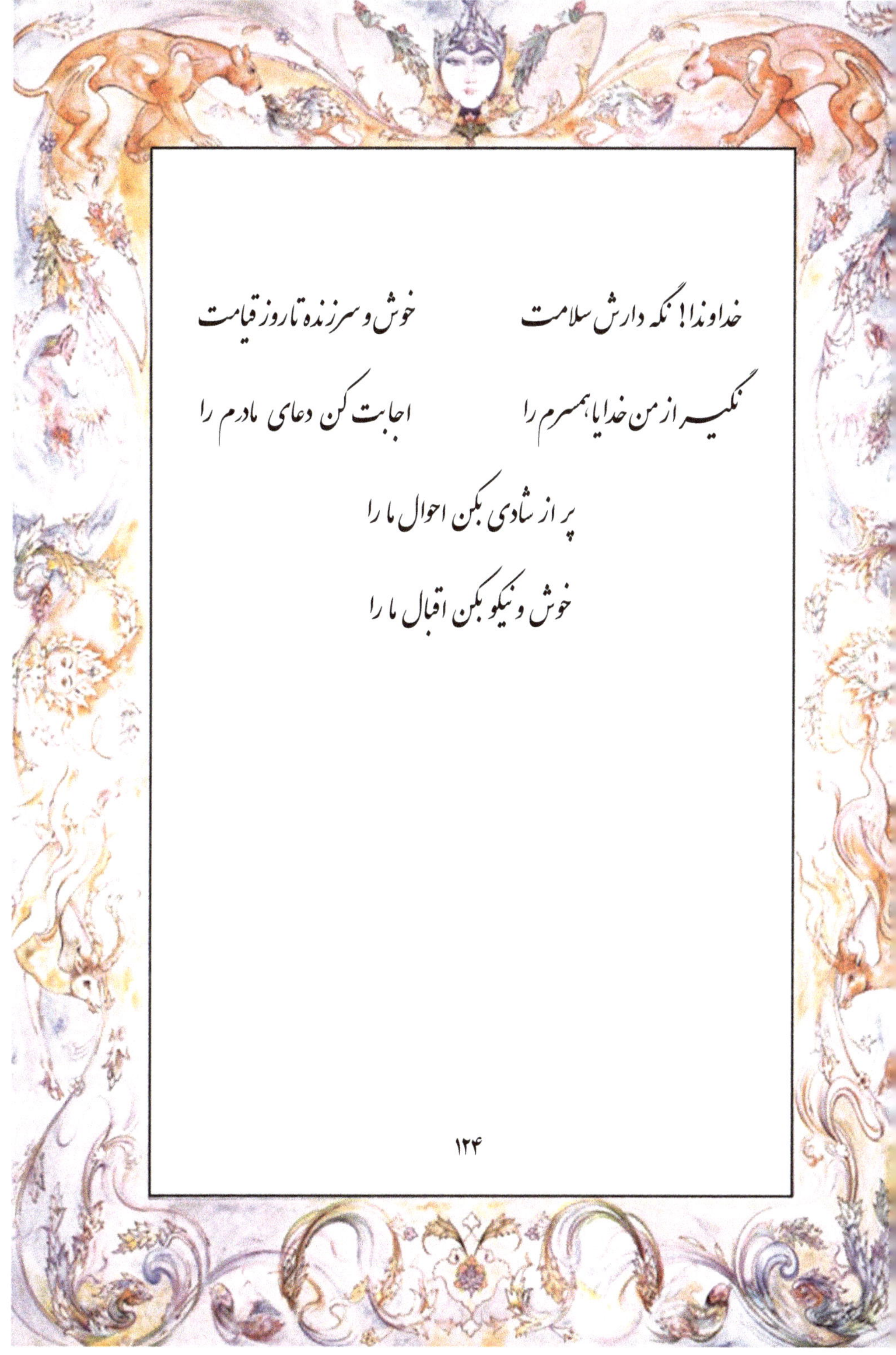

خداوندا! نگه دارش سلامت　　خوش و سرزنده تا روز قیامت

نگیر از من خدایا، همسرم را　　اجابت کن دعای مادرم را

پر از شادی بکن احوال ما را

خوش و نیکو بکن اقبال ما را

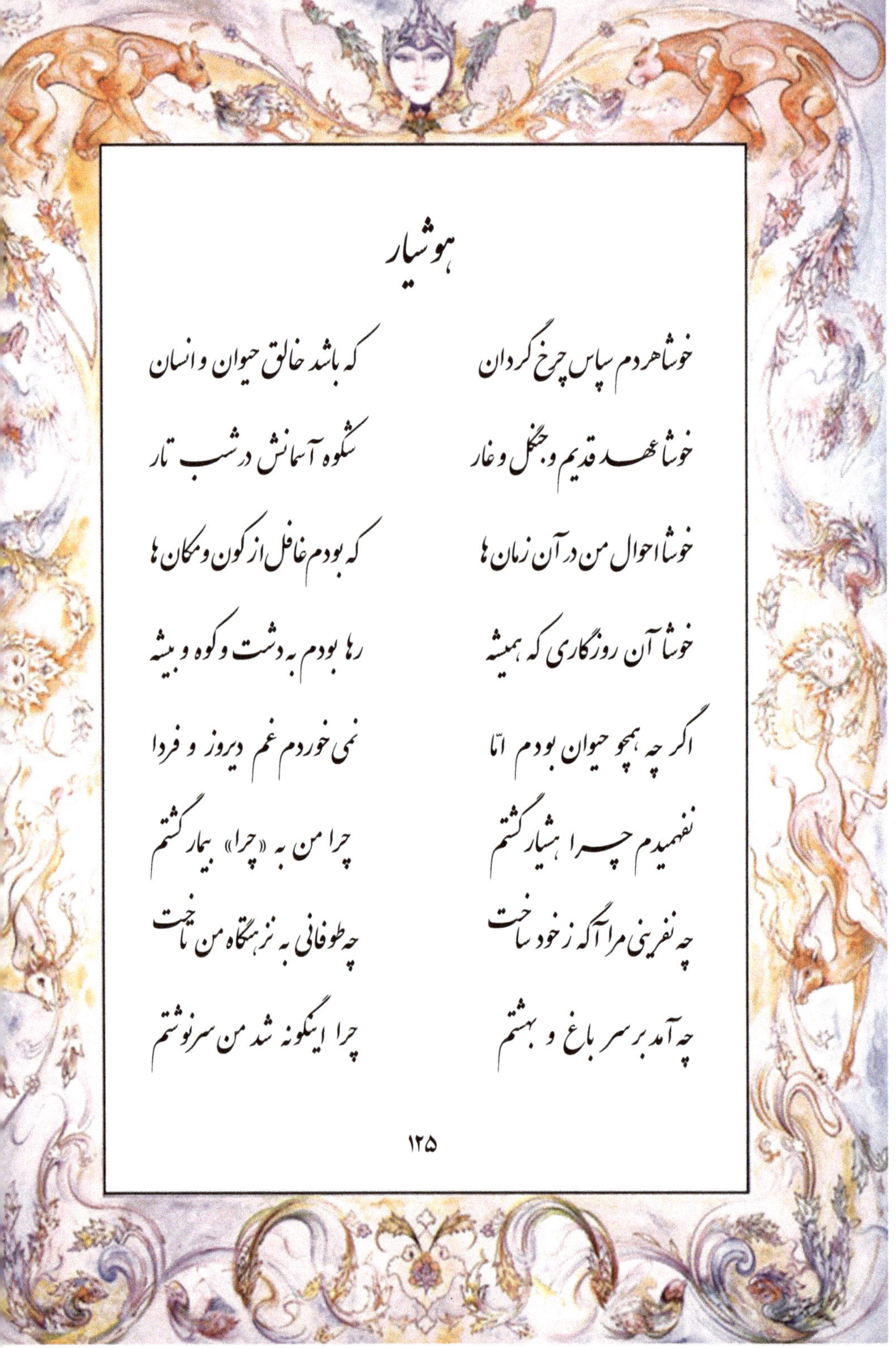

هوشیار

خوشا هر دم سپاس چرخ گردان | که باشد خالق حیوان و انسان
خوشا عهد قدیم و جنگل و غار | شکوه آسمانش در شب تار
خوشا احوال من در آن زمان ها | که بودم غافل از کون و مکان ها
خوشا آن روزگاری که همیشه | رها بودم به دشت و کوه و بیشه
اگر چه همچو حیوان بودم امّا | نمی خوردم غم دیروز و فردا
نفهمیدم چرا هشیار گشتم | چرا من به «چرا» بیمار گشتم
چه نفرینی مرا آگه ز خود ساخت | چه طوفانی به نزهتگاه من تاخت
چه آمد بر سر باغ و بهشتم | چرا اینگونه شد من سرنوشتم

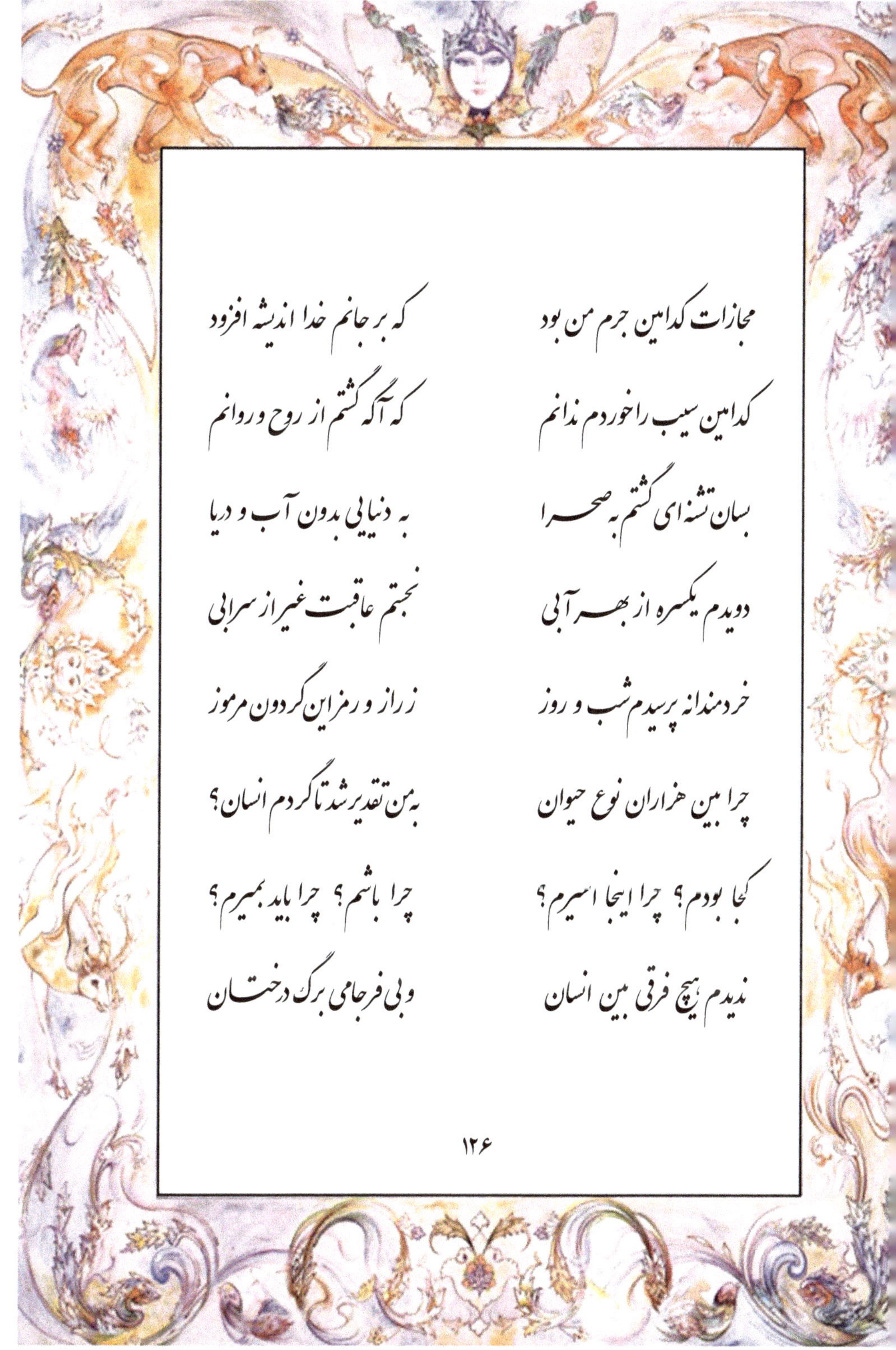

مجازات کدامین جرم من بود　　　که بر جانم خدا اندیشه افزود

کدامین سیب را خوردم ندانم　　　که آگه گشتم از روح و روانم

بسان تشنه ای گشتم به صحرا　　　به دنیایی بدون آب و دریا

دویدم یکسره از بهر آبی　　　نجستم عاقبت غیر از سرابی

خردمندانه پرسیدم شب و روز　　　ز راز و رمز این گردون مرموز

چرا بین هزاران نوع حیوان　　　به من تقدیر شد تا گردم انسان؟

کجا بودم؟ چرا اینجا اسیرم؟　　　چرا باشم؟ چرا باید بمیرم؟

ندیدم هیچ فرقی بین انسان　　　و بی فرجامی برگ درختان

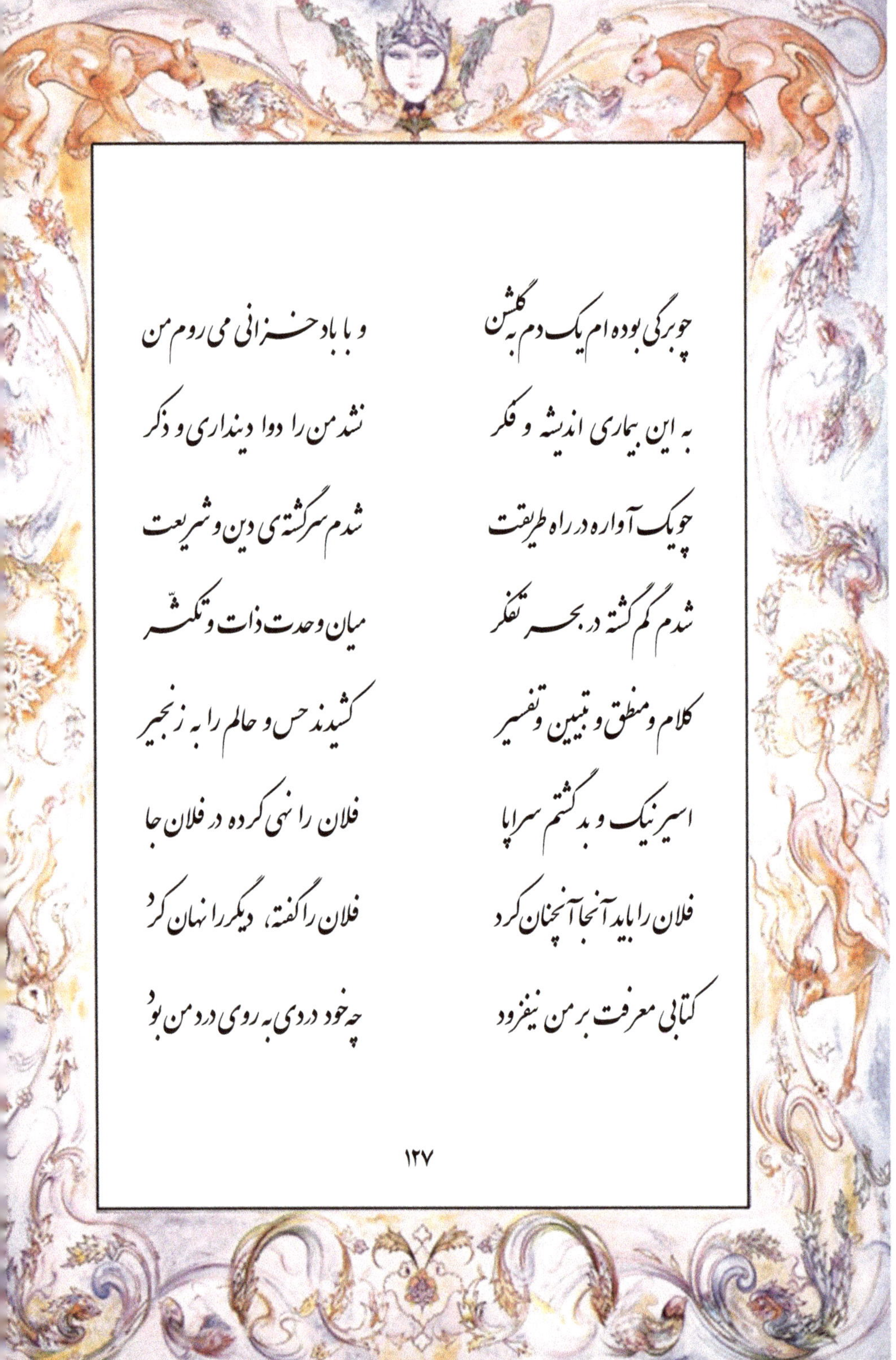

چو برگی بوده ام یک دم به گلشن — و با باد خزانی می روم من

به این بیماری اندیشه و فکر — نشد من را دوا دینداری و ذکر

چو یک آواره در راه طریقت — شدم سرگشته ی دین و شریعت

شدم گم گشته در بحر تفکر — میان وحدت ذات و تکثّر

کلام و منطق و تبیین و تفسیر — کشیدند حس و حالم را به زنجیر

اسیر نیک و بد گشتم سراپا — فلان را نهی کرده در فلان جا

فلان را باید آنجا آنچنان کرد — فلان را گفته، دیگر را نهان کرد

کتابی معرفت بر من نیفزود — چه خود دردی به روی درد من بود

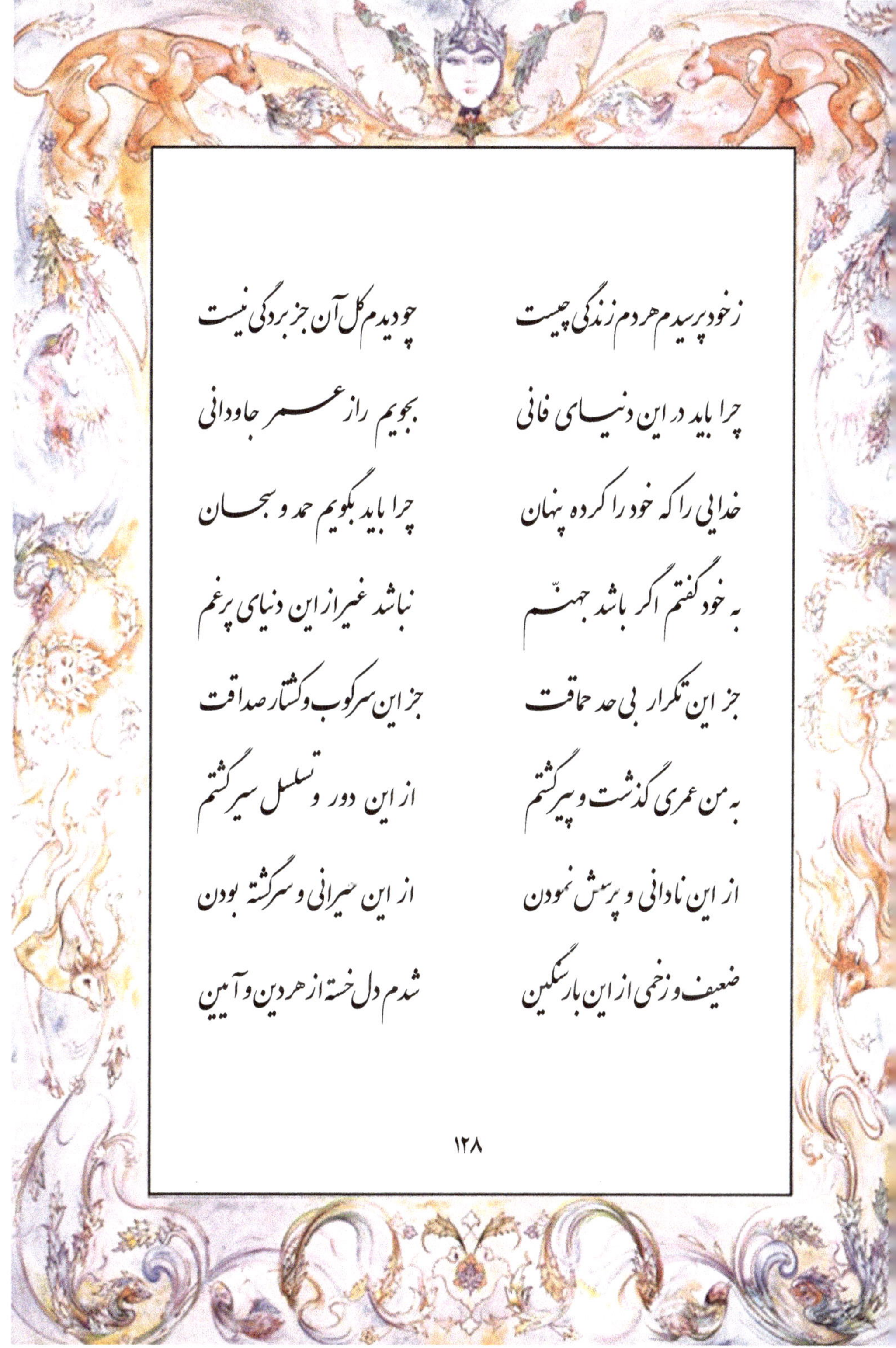

ز خود پرسیدم هر دم زندگی چیست
چو دیدم کل آن جز بردگی نیست

چرا باید در این دنیای فانی
بجویم راز عمر جاودانی

خدایی را که خود را کرده پنهان
چرا باید بگویم حمد و سبحان

به خود گفتم اگر باشد جهنّم
نباشد غیر از این دنیای پر غم

جز این تکرار بی حد حماقت
جز این سرکوب و کشتار صداقت

به من عمری گذشت و پیر گشتم
از این دور و تسلسل سیر گشتم

از این نادانی و پرسش نمودن
از این حیرانی و سرگشته بودن

ضعیف و زخمی از این بار سنگین
شدم دل خسته از هر دین و آیین

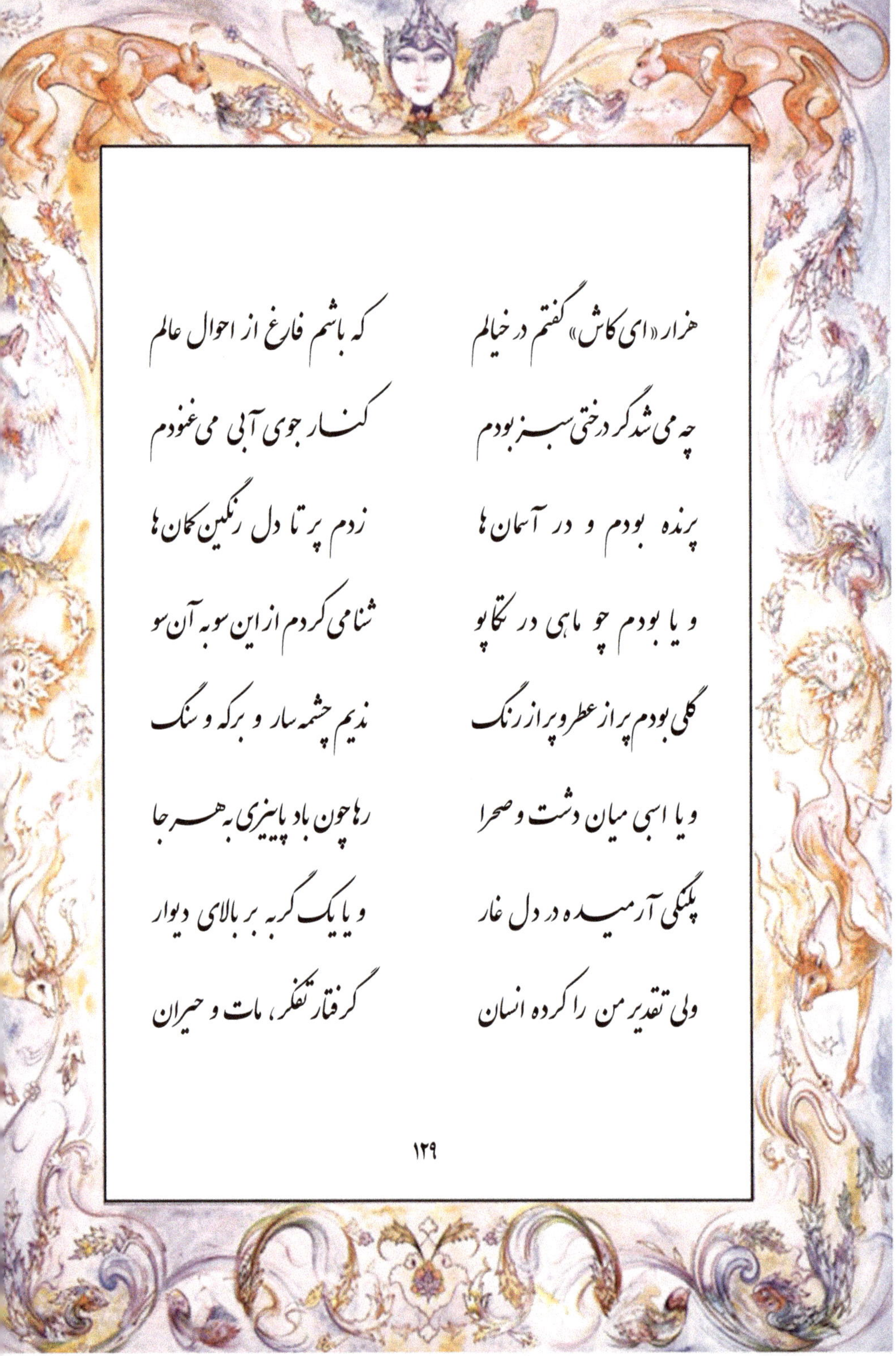

هزار «ای کاش» گفتم در خیالم
که باشم فارغ از احوال عالم

چه می شد گر درختی سبز بودم
کنار جوی آبی می غنودم

پرنده بودم و در آسمان ها
زدم پر تا دل رنگین کمان ها

و یا بودم چو ماهی در تکاپو
شنا می کردم از این سو به آن سو

گلی بودم پر از عطر و پر از رنگ
ندیم چشمه سار و برکه و سنگ

و یا اسبی میان دشت و صحرا
رها چون باد پاییزی به هر جا

پلنگی آرمیده در دل غار
و یا یک گربه بر بالای دیوار

ولی تقدیر من را کرده انسان
گرفتار تفکر، مات و حیران

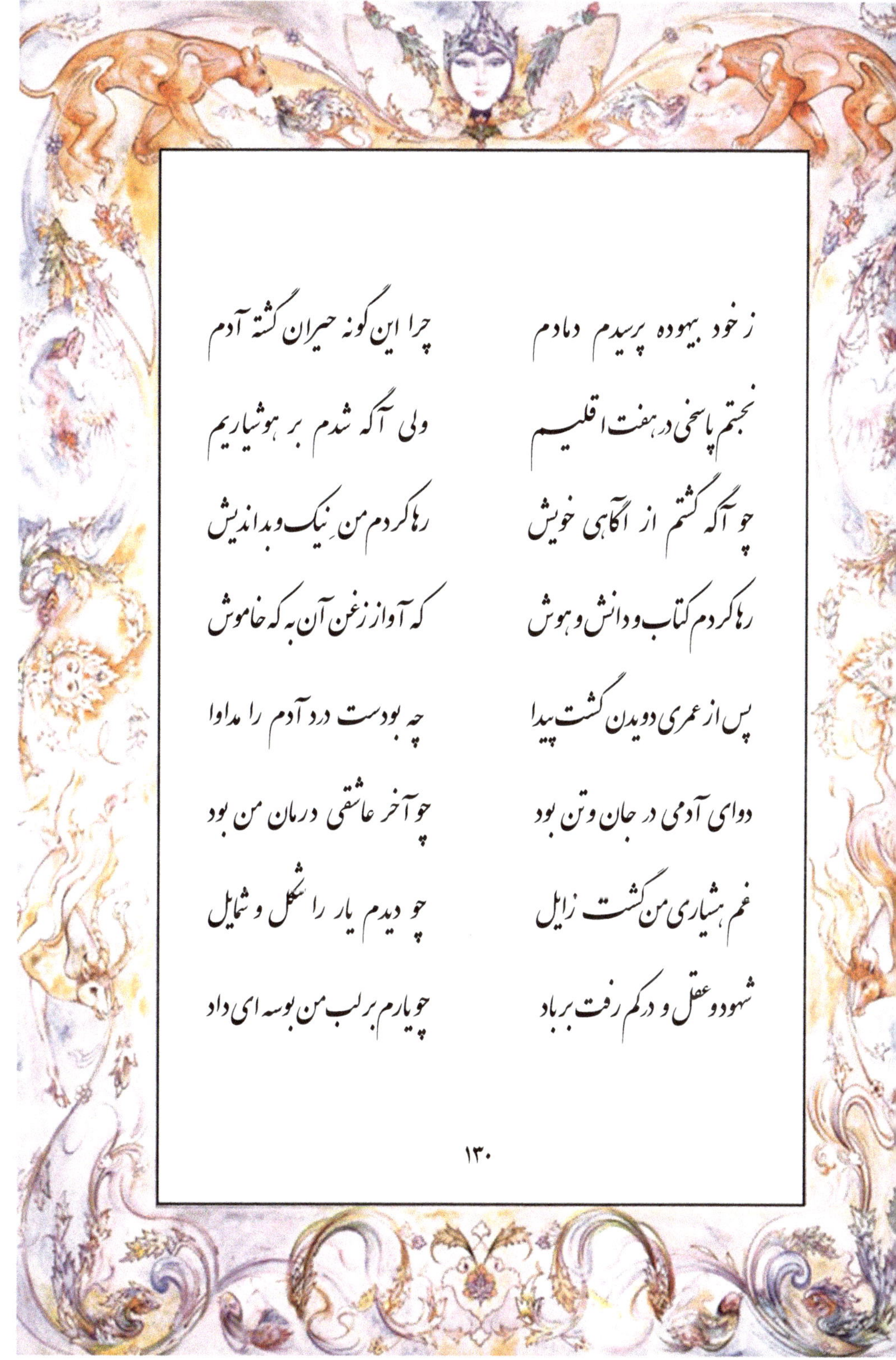

ز خود بیهوده پرسیدم دمادم　　چرا این گونه حیران گشته آدم

نجستم پاسخی در هفت اقلیم　　ولی آگه شدم بر هوشیاریم

چو آگه گشتم از آگاهی خویش　　رها کردم من نیک و بد اندیش

رها کردم کتاب و دانش و هوش　　که آواز زغن آن به که خاموش

پس از عمری دویدن گشت پیدا　　چه بودست درد آدم را مداوا

دوای آدمی در جان و تن بود　　چو آخر عاشقی درمان من بود

غم هشیاری من گشت زایل　　چو دیدم یار را شکل و شمایل

شهود و عقل و درکم رفت برباد　　چو یارم بر لب من بوسه ای داد

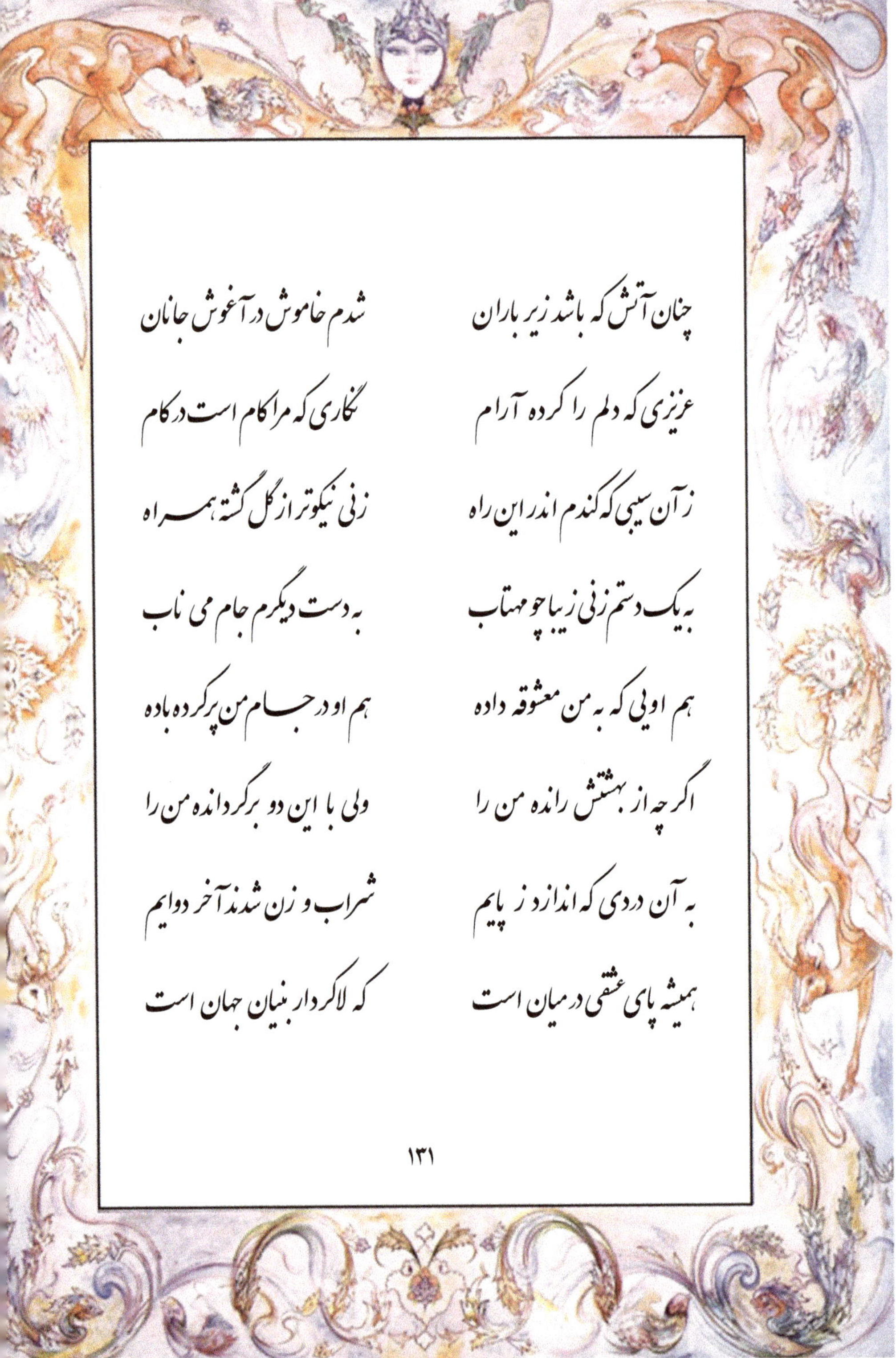

چنان آتش که باشد زیر باران
شدم خاموش در آغوش جانان

عزیزی که دلم را کرده آرام
نگاری که مرا کام است در کام

ز آن سیبی که کندم اندر این راه
زنی نیکوتر از گل گشته همراه

به یک دستم زنی زیبا چو مهتاب
به دست دیگرم جام می ناب

هم اوی که به من معشوقه داده
هم او در جام من پر کرده باده

اگر چه از بهشتش رانده من را
ولی با این دو برگردانده من را

به آن دردی که اندازد ز پایم
شراب و زن شدند آخر دوایم

همیشه پای عشقی در میان است
که لاکردار بنیان جهان است

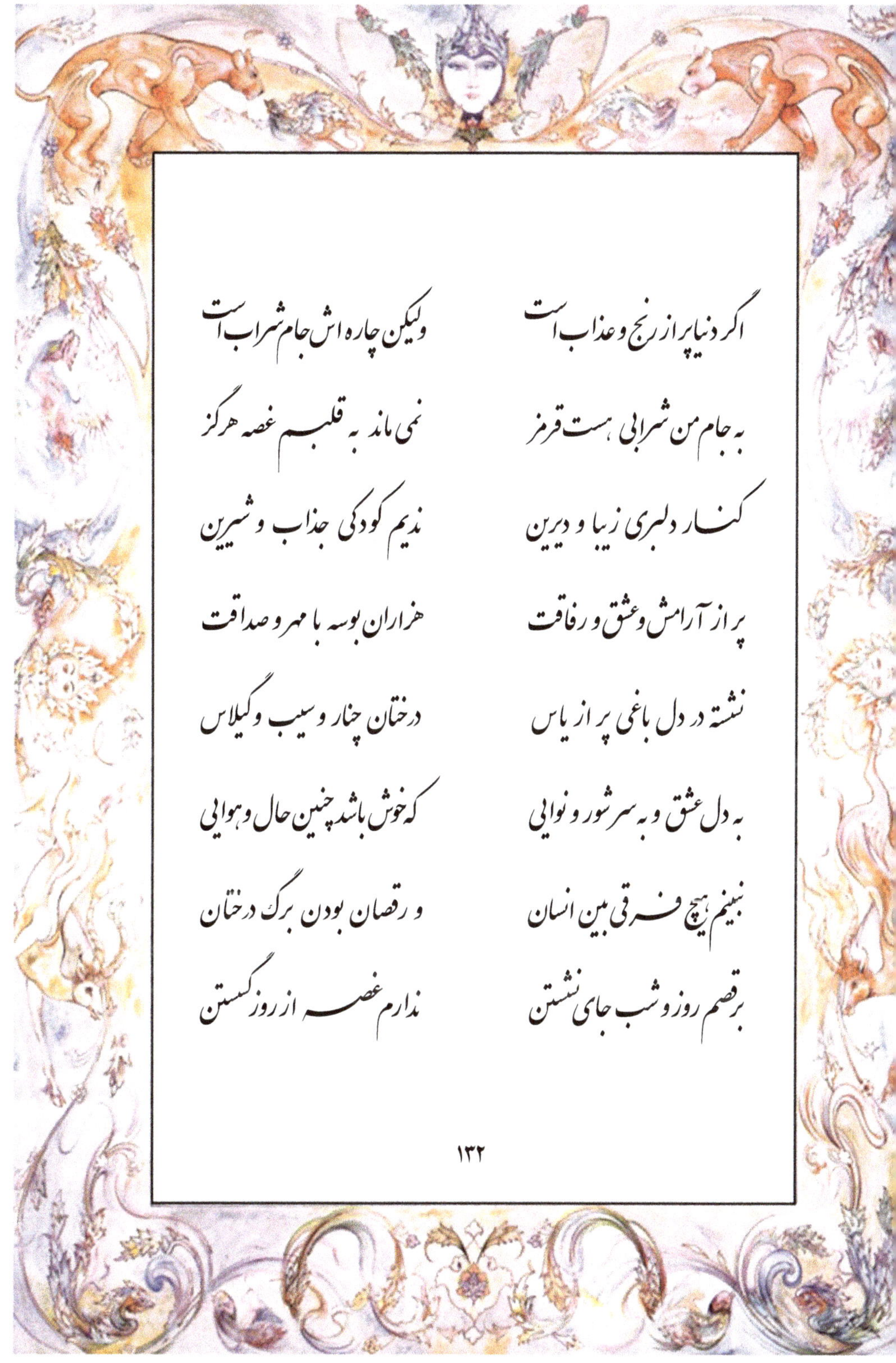

اگر دنیا پر از رنج و عذاب است
ولیکن چاره اش جام شراب است

به جام من شرابی هست قرمز
نمی ماند به قلبم غصه هرگز

کنار دلبری زیبا و دیرین
ندیم کودکی جذاب و شیرین

پر از آرامش و عشق و رفاقت
هزاران بوسه با مهر و صداقت

نشسته در دل باغی پر از یاس
درختان چنار و سیب و گیلاس

به دل عشق و به سر شور و نوایی
که خوش باشد چنین حال و هوایی

نبینم هیچ فرقی بین انسان
و رقصان بودن برگ درختان

برقصم روز و شب جای نشستن
ندارم غصه از روز گسستن

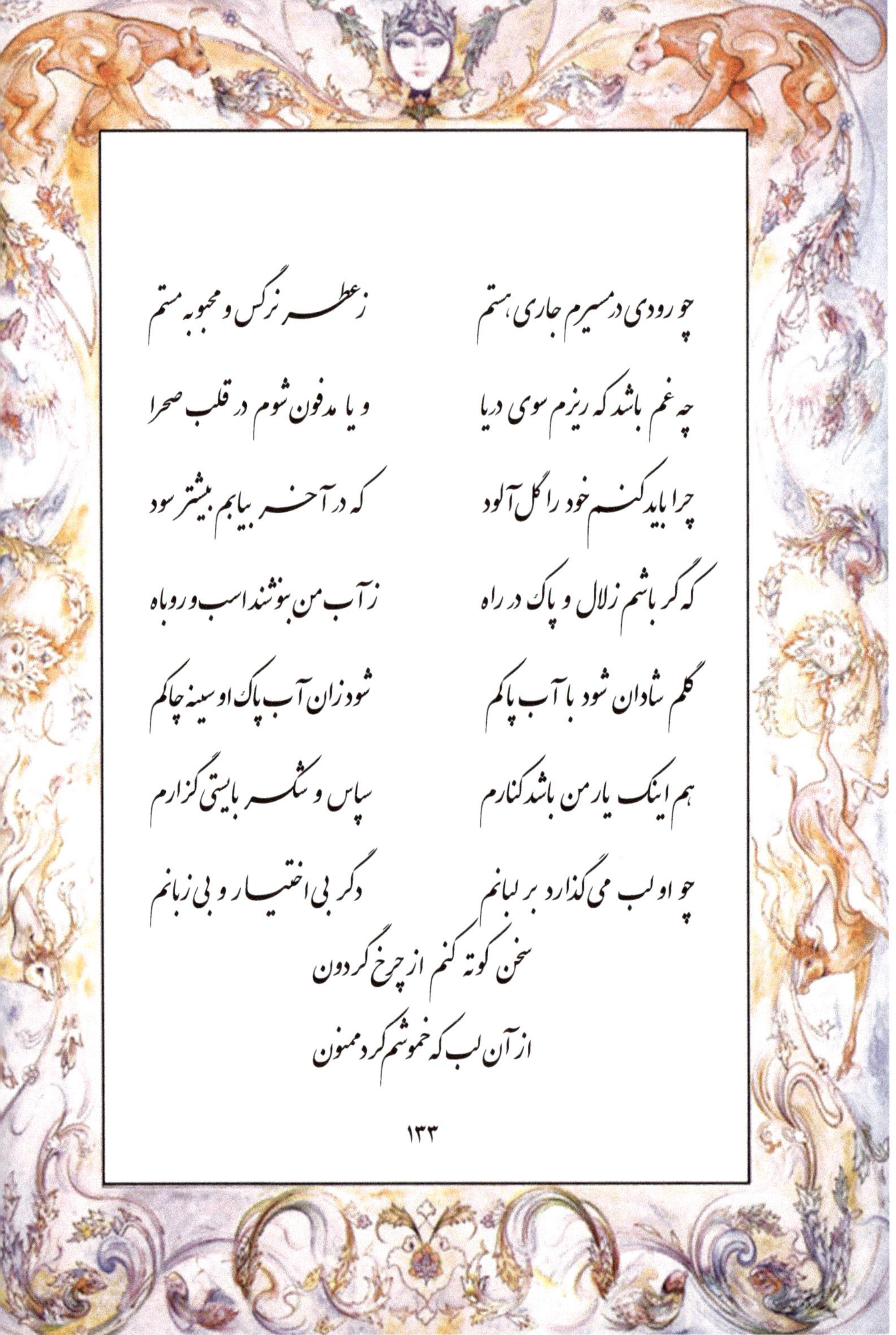

چو رودی در مسیرم جاری، هستم
زعطر نرگس و محبوبه مستم

چه غم باشد که ریزم سوی دریا
و یا مدفون شوم در قلب صحرا

چرا باید کنم خود را گل آلود
که در آخر بیابم بیشتر سود

که گر باشم زلال و پاک در راه
ز آب من بنوشند اسب و روباه

گلم شادان شود با آب پاکم
شود زان آب پاک او سینه چاکم

هم اینک یار من باشد کنارم
سپاس و شکر بایستی گزارم

چو او لب می گذارد بر لبانم
دگر بی اختیار و بی زبانم

سخن کوته کنم از چرخ گردون
از آن لب که خموشم کرد ممنون

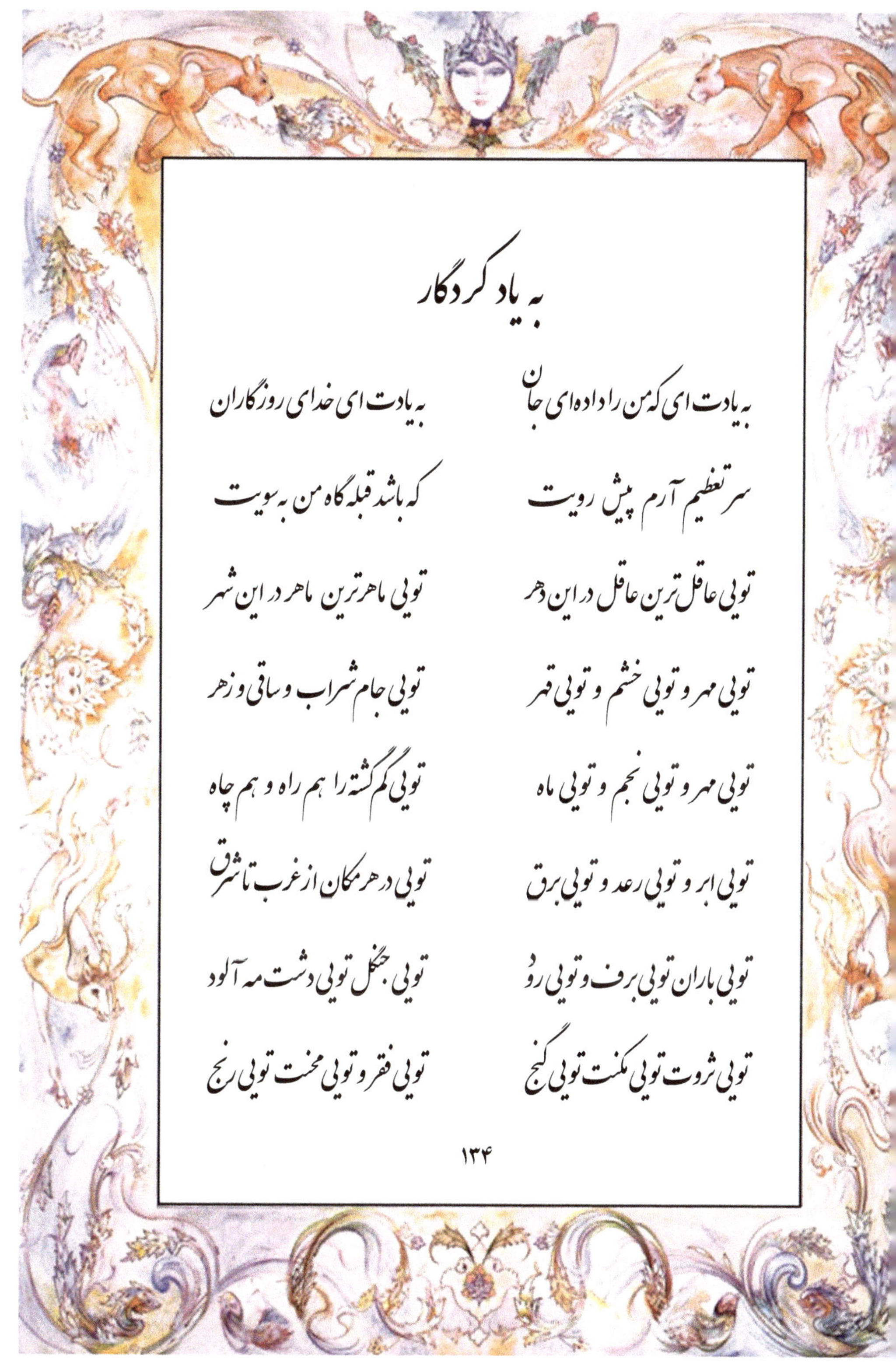

به یاد کردگار

به یادت ای که من را داده‌ای جان
به یادت ای خدای روزگاران

سر تعظیم آرم پیش رویت
که باشد قبله گاه من به سویت

تویی عاقل ترین عاقل در این دهر
تویی ماهرترین ماهر در این شهر

تویی مهر و تویی خشم و تویی قهر
تویی جام شراب و ساقی و زهر

تویی مهر و تویی نجم و تویی ماه
تویی گم گشته را هم راه و هم چاه

تویی ابر و تویی رعد و تویی برق
تویی در هر مکان از غرب تا شرق

تویی باران تویی برف و تویی رود
تویی جنگل تویی دشت مه آلود

تویی ثروت تویی مکنت تویی گنج
تویی فقر و تویی محنت تویی رنج

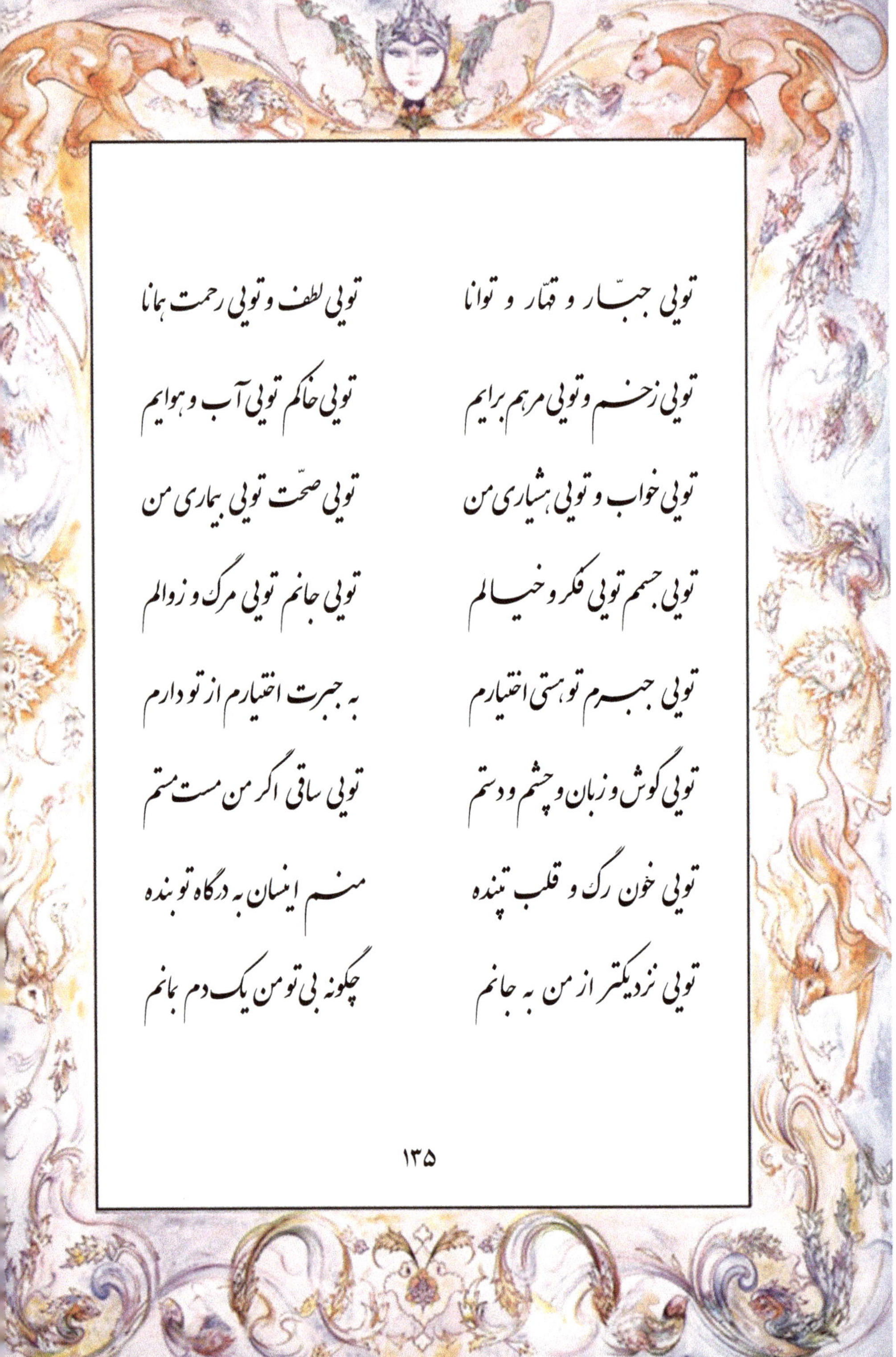

تویی جبّار و قهّار و توانا   تویی لطف و تویی رحمت همانا

تویی زخم و تویی مرهم برایم   تویی خاکم تویی آب و هوایم

تویی خواب و تویی هشیاری من   تویی صحّت تویی بیماری من

تویی جسمم تویی فکر و خیالم   تویی جانم تویی مرگ و زوالم

تویی جبرم تو هستی اختیارم   به جبرت اختیارم از تو دارم

تویی گوش و زبان و چشم و دستم   تویی ساقی اگر من مست مستم

تویی خون رگ و قلب تپنده   منم اینسان به درگاه تو بنده

تویی نزدیکتر از من به جانم   چگونه بی تو من یک دم بمانم

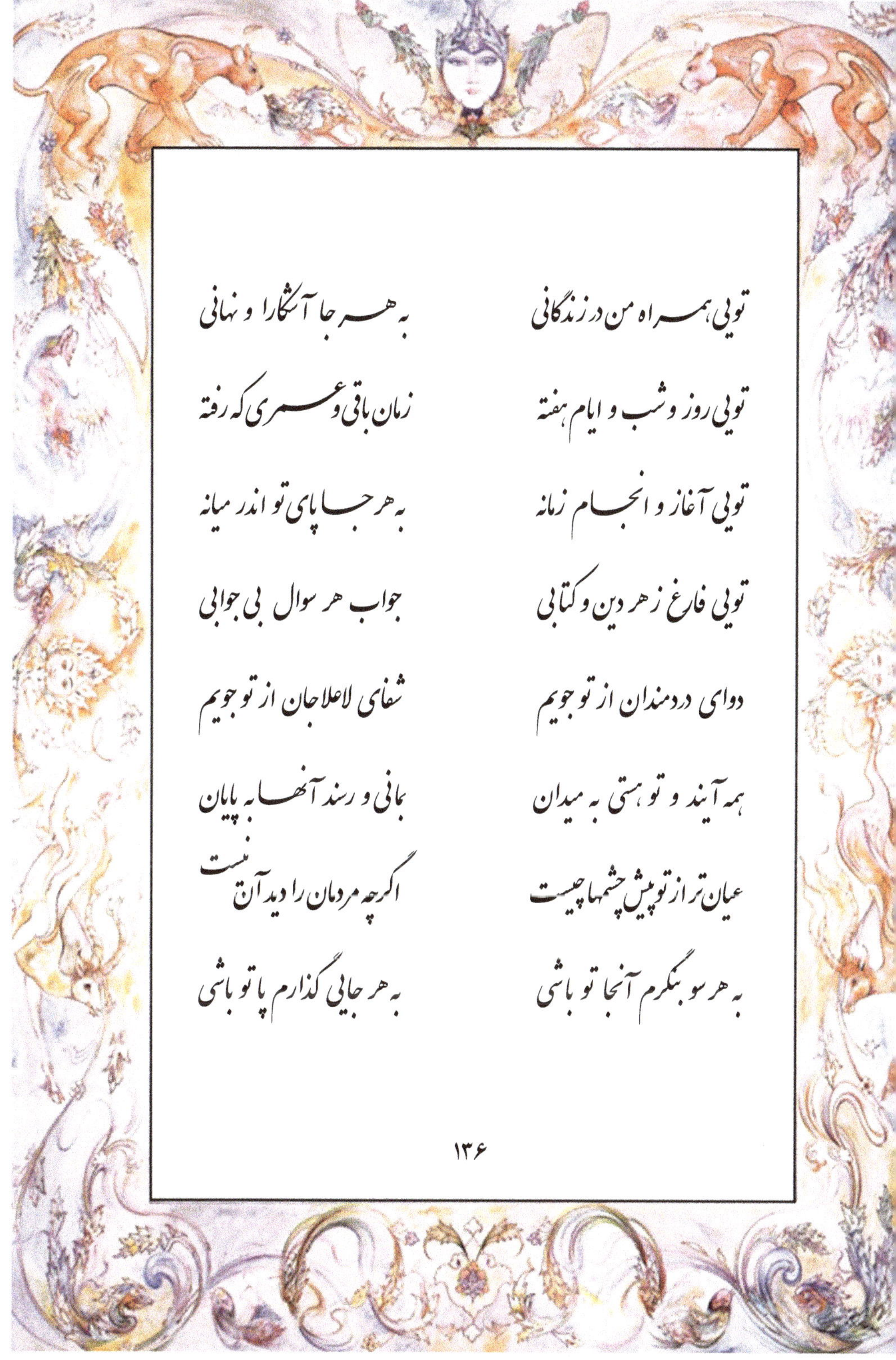

تویی همراه من در زندگانی — به هر جا آشکارا و نهانی

تویی روز و شب و ایام هفته — زمان باقی و عمری که رفته

تویی آغاز و انجام زمانه — به هر جا پای تو اندر میانه

تویی فارغ ز هر دین و کتابی — جواب هر سوال بی جوابی

دوای دردمندان از تو جویم — شفای لاعلاجان از تو جویم

همه آیند و تو هستی به میدان — بمانی و رسند آنها به پایان

عیان تر از تو پیش چشمها چیست — اگرچه مردمان را دید آن نیست

به هر سو بنگرم آنجا تو باشی — به هر جایی گذارم پا تو باشی

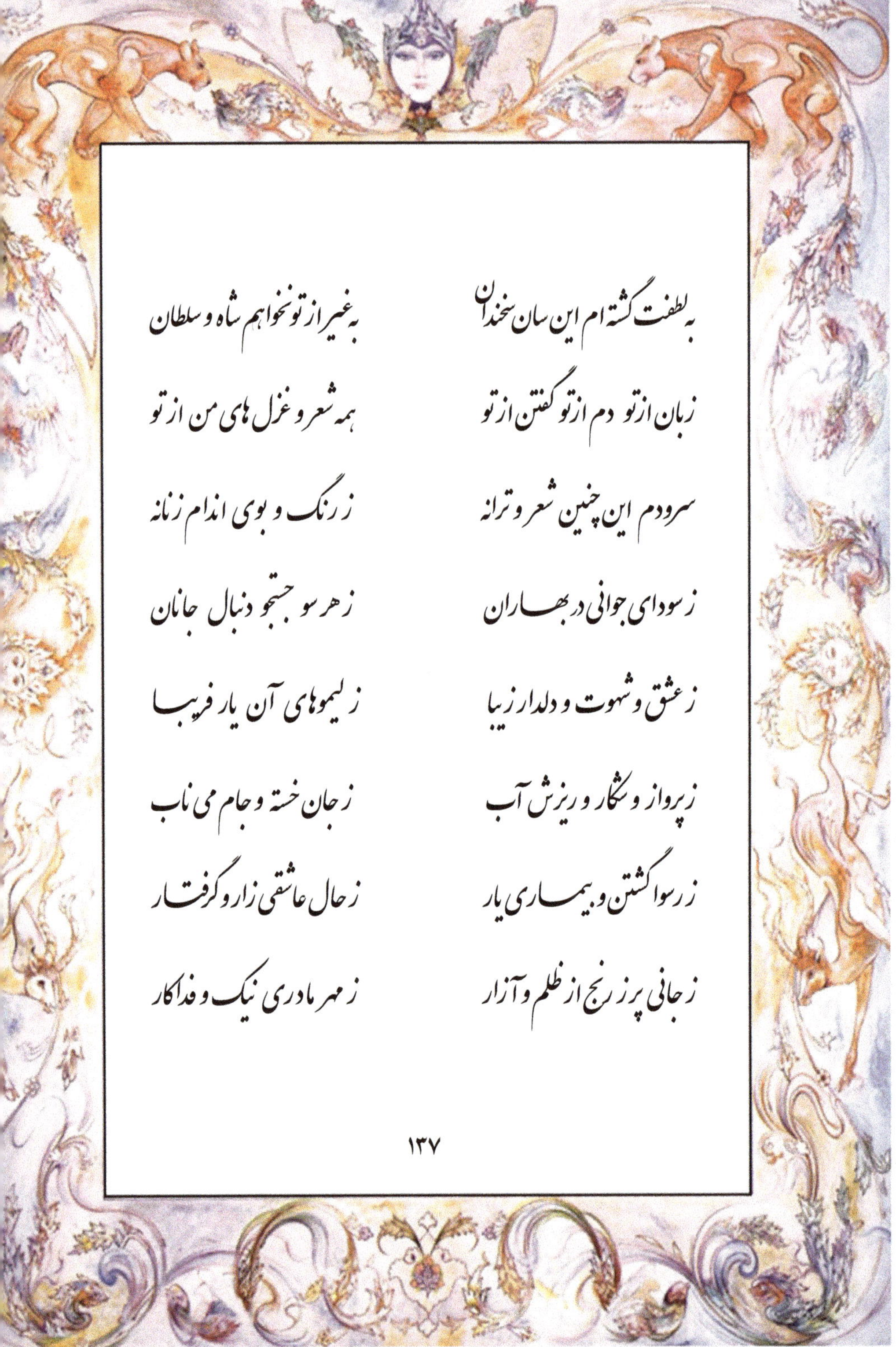

به لطفت گشته ام این سان سخندان   به غیر از تو نخواهم شاه و سلطان

زبان از تو دم از تو گفتن از تو   همه شعر و غزل های من از تو

سرودم این چنین شعر و ترانه   ز رنگ و بوی اندام زنانه

ز سودای جوانی در بهاران   ز هر سو جستجو دنبال جانان

ز عشق و شهوت و دلدار زیبا   ز لیموهای آن یار فریبا

ز پرواز و نگار و ریزش آب   ز جان خسته و جام می ناب

ز رسوا گشتن و بیماری یار   ز حال عاشقی زار و گرفتار

ز جانی پر ز رنج از ظلم و آزار   ز مهر مادری نیک و فداکار

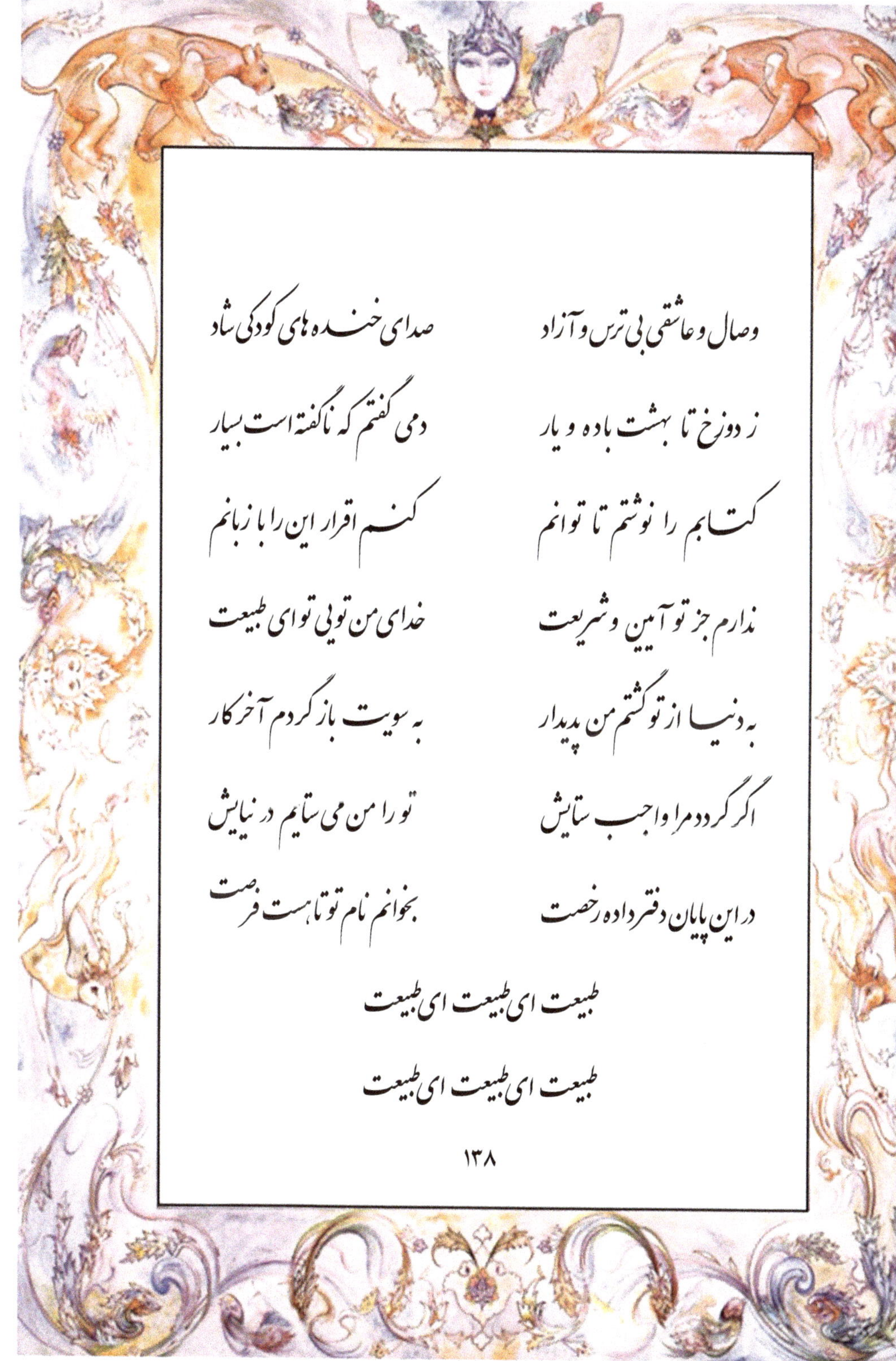

وصال و عاشقی بی ترس و آزاد — صدای خنده های کودکی شاد

ز دوزخ تا بهشت باده و یار — دمی گفتم که ناگفته است بسیار

کتابم را نوشتم تا توانم — کنم اقرار این را با زبانم

ندارم جز تو آیین و شریعت — خدای من تویی تو ای طبیعت

به دنیا از تو گشتم من پدیدار — به سویت باز گردم آخر کار

اگر گردد مرا واجب ستایش — تو را من می ستایم در نیایش

در این پایان دفتر داده رخصت — بخوانم نام تو تا هست فرصت

طبیعت ای طبیعت ای طبیعت

طبیعت ای طبیعت ای طبیعت

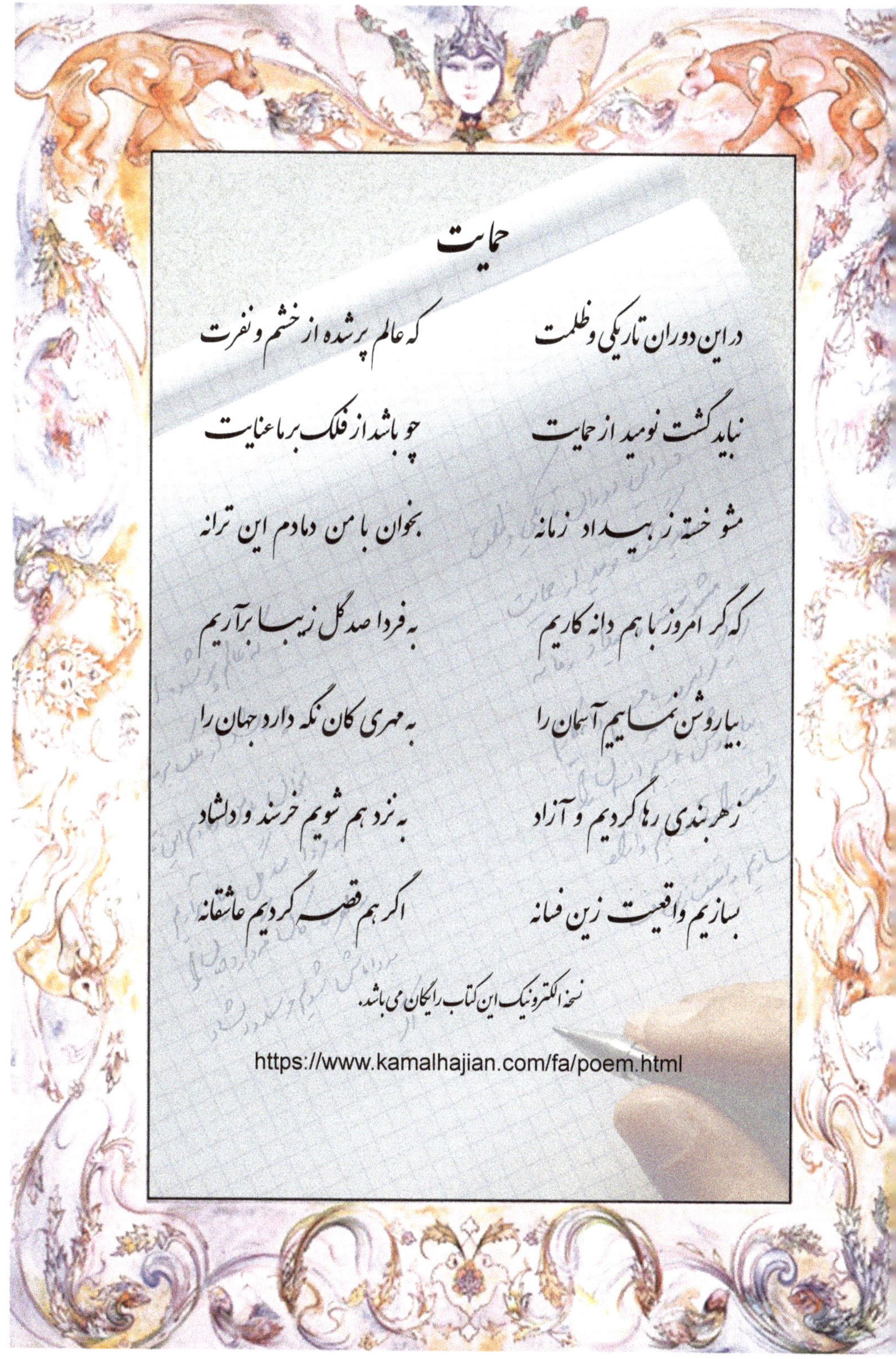

حمایت

در این دوران تاریکی و ظلمت | که عالم پر شده از خشم و نفرت

نباید گشت نومید از حمایت | چو باشد از فلک بر ما عنایت

مشو خسته ز بیداد زمانه | بخوان با من دمادم این ترانه

که گر امروز با هم دانه کاریم | به فردا صد گل زیبا برآریم

بیا روشن نماییم آسمان را | به مهری کان نگه دارد جهان را

ز هر بندی رها گردیم و آزاد | به نزد هم شویم خرسند و دلشاد

بسازیم واقعیت زین فسانه | اگر هم قصه گردیم عاشقانه

Two lemons

Kamal Hajian

Ornament: from Ali Asghar Tajvidi

Book and cover design: Kamal Hajian

ISBN: 978-625-400-658-6